에베에셀의 하나님을 경험하라

이상철 지음

쿰란출판사

머리말

열두 살에 시작한 신앙생활에 많은 은혜와 축복과 기적을 체험했다. 셀 수 없는 하나님의 은총, 눈물 어린 감격의 순간들, 감당할 수 없는 복들을 뒤돌아 보며 고비고비마다 밟아 온 발자국들과 그때마다 세워 놓았던 작은 감사의 표현(기념비)들이 나를 감동시켰고, 새로운 발견을 하게 했다.

이 은혜는 어디서 오는 것일까? 이 축복은 언제부터 시작되었는가? 이 기적의 원천은 무엇인가? 그것은 놀랍게도 에벤에셀 기념비였다. 사무엘상 7장 12~14절에 기록된 사무엘의 에벤에셀 기념비는 여호수아의 요단 강의 기념비와 더불어 축복의 비결을 가르쳐 주었고, 사울과 압살롬의 자신을 위한 기념비는 너무나 큰 경각심을 일깨워 주었다. 옥합을 깨뜨려 예수 그리스도의 십자가 죽음을 기념한 마리아처럼, 자신의 살과 피로 성찬식을 통한 영원한 기념을 명령하셨던 예수님처럼, 하나님의 위대하심과 은혜에 평생 감격의 노래를 불렀던 다윗처럼, 나의 짧은, 그러나 그 깊은 수렁, 기가 막힐 웅덩이, 질곡의 터널을 빠져나올 수 있었던 놀라운 비결인 에벤에셀 기념비의 은혜를, 하나님을 신뢰하고 예수 그리스도 안에서 거듭나서 보혜사 성령님의 인도를 받는 모든 천국 백성들과 나누고 싶다.

　　기념비란 여기까지 도우신 하나님의 은혜를 감사로 표현하며, 나도 알고 이웃도 알고 하나님은 물론 아시는 하나님의 은총을 특히 후손들에게 잊지 않도록 추억시키는 표징이다. 에벤에셀의 기념비를 세우는 자에게 하나님은 임마누엘로 함께하시고, 여호와 이레로 인도하시며 여호와 닛시와 라파와 샬롬의 은혜를 더하신다.

　　사무엘에게 평생 지키시고 보호하시며 원수가 들어오지 못하도록 손으로 막아 주시며 회복시키시고 평화를 주셨던 복이 이 책을 읽는 모든 이들과 특히 상록수명륜교회 성도들에게 함께하길 기원하며, 특히 엄마 아빠를 여기까지 도우셨던 하나님의 은혜를 영원토록 잊지 말고 전수하기를 바라면서 이 책을 사랑하는 아들 준희와 예쁜 딸 신희에게 주고 싶다.

2008년 8월의 푸르른 날, 내 영혼의 산실인 서재에서
예수 그리스도의 작은 종 **이 상 철** 목사

차례

머리말 - 2

1. 에벤에셀의 하나님(사무엘상 7장 10~14절)   7

2. 하나님 나라를 심으라(갈라디아서 6장 7~9절)   15

3. 감사하는 자의 서원(사무엘상 7장 10~14절)   30

4. 미스바로 모이라(사무엘상 7장 3~11절)   43

5. 오직 감사(시편 50편 22~23절)   56

6. 감사하는 성도(골로새서 3장 16~17절)   72

7. 성도의 네 가지 삶(시편 37편 4~8절)   85

8. 도우시고 지키시는 하나님(시편 121편 1~8절)   98

9. 감사와 사랑이 기적입니다(창세기 45장 1~28절)   110

10. 학개야, 축제를 벌여라(학개 1장 1~15절)   124

11. 하늘의 복을 받아야 땅의 복을 받는다(에베소서 1장 3~6절)   136

12. 고난도 감사하라(베드로전서 1장 7~8절) 151

13. 믿는 자의 권세를 사용하라(누가복음 10장 17~19절; 22장 35~38절) 168

14. 메시아께 감사하라(히브리서 13장 1~15절) 188

15. 너는 내 아들이다(히브리서 1장 5~6절) 203

16. 긍정의 힘을 믿습니다(마태복음 13장 1~9절) 217

17. 구원의 KTX를 타라(요한복음 10장 10절) 224

18. 마리아의 사랑노래(누가복음 1장 26~38절) 241

19. 여호와께 감사로 응답하자(호세아 6장 1~3절) 251

20. 눈물의 기도(열왕기하 20장 2~7절) 266

21. 민족을 구한 기도(에스더 4장 15~17절) 274

22. 오직 기도뿐이라(시편 108편 1~13절) 285

1. 에벤에셀의 하나님

사무엘상 7장 10~14절

사무엘이 번제를 드릴 때에 블레셋 사람이 이스라엘과 싸우려고 가까이 오매 그 날에 여호와께서 블레셋 사람에게 큰 우레를 발하여 그들을 어지럽게 하시니 그들이 이스라엘 앞에 패한지라 이스라엘 사람들이 미스바에서 나가서 블레셋 사람을 따라 벧갈 아래에 이르기까지 쳤더라 사무엘이 돌을 취하여 미스바와 센 사이에 세워 가로되 여호와께서 여기까지 우리를 도우셨다 하고 그 이름을 에벤에셀이라 하니라 이에 블레셋 사람이 굴복하여 다시는 이스라엘 경내에 들어오지 못하였으며 여호와의 손이 사무엘의 사는 날 동안에 블레셋 사람을 막으시매 블레셋 사람이 이스라엘에게서 빼앗았던 성읍이 에그론부터 가드까지 이스라엘에게 회복되니 이스라엘이 그 사방 지경을 블레셋 사람의 손에서 도로 찾았고 또 이스라엘과 아모리 사람 사이에 평화가 있었더라

저는 제 인생을 되돌아보며 잘한 것이 별로 없는 사람임을 느낍니다. 그래도 한 가지 정도는 잘한 게 있지 않을까 싶어 기도했더니 그래도 한 가지는 있다는 것을 깨달았습니다. 그것은 아주 어려서부터 주님을 믿었다는 사실입니다. 정말 하나님의 은혜가 아닐 수 없습니다.

어려서 교회를 다니다 보니 여러 가지 유익이 많았습니다. 그중의 한 가지가 성경 각 권의 제목을 다 외운다는 사실입니다. 마치 "태정태세문단세 예성연중인명선" 하면서 조선 왕들의 이름을 다 외우듯이, 주일학교 다니면서 그리고 해마다 하는 여름성경학교를 통해서 "창세기 출애굽기 레위기 민수기 신명기 여호수아 사사기 룻기 사무엘상하……" 이렇게 외운 덕에 지금도 성경 찾는 일은 남에게 뒤지지 않습니다. 그리고 어려서 성경을 많이 읽어 지금도 잊혀지지 않는 내용이 많습니다.

그렇게 40여 년 가까이 교회에서 살면서 많은 축복을 받았습니다. 하지만 한 가지 궁금한 게 있었습니다. 지나온 세월 동안 보니, 그렇게 기도 많이 하던 분들의 신앙이 자라지를 않는다는 사실이었습니다. '왜 그럴까?' '장성한 성도의 분량까지 이르지 못하고 왜 낙마할까?' '저분 정도면 나중에 참으로 훌륭한 주의 일꾼이 될 터인데, 왜 저기서 더 이상 성장하지 못할까?' 하는 의문이 생기는 경우가 많았습니다.

복 있는 사람이라면 성경이 말하는 대로 자꾸 자라서 열매를 맺어야 하는데 열매가 없습니다. 잎사귀만 무성합니다. 20~30년, 혹은 대를 이어 믿지만 영적으로 자라지 못합니다. 그렇다고 돈이라도 많이 버느냐? 그것도 아닙니다.

언젠가 한번 장로님들을 당회실에 모아 놓고 물어보았습니다. "돈 벌기 어려우시죠?" 그랬더니 장로님들이 이구동성으로 돈 벌기가 어렵다고 하시며 "목사님도 돈을 안 벌어 보셔서 그렇지……." 하시기에 제가 그랬습니다. "장로님! 목회도 얼마나 어려운데요……."

목회자들의 고민이 무엇이냐면, 성도들의 신앙이 자라지도 않고 돈이라도 많이 버느냐 하면 그것도 아니고, 자녀를 똑 부러지게 키웠느냐 하면 그것도 아니고, 부부 사이가 좋으냐 하면 그것도 아니라는 것입니다.

그래서 개인적으로 그게 너무나 궁금해 기도 가운데 하나님께 여쭈어 보기도 했습니다. 왜 그렇게 믿은 지는 오래되었는데 저렇게 열매가 없는지. 그러다가 본격적으로 단독 목회를 하면서 깨닫게 되었습니다. 다른 사람 나무랄 것도 없이 가만히 돌아보니 저의 삶이 그랬습니다. 제가 성장이 없고, 제가 열매가 없고, 제가 잎만 무성한 것이었습니다. 그것을 깨닫게 한 것이 오늘 읽은 이 본문입니다. 에벤에셀의 하나님을 만나지 못한 것입니다.

어느 날 새벽기도 중에 이 본문을 보며 큰 은혜를 받았고, 가는 곳마다 부흥회를 인도하면서 두 번째 날이 되면 꼭 성도들에게 이 비밀을 설교했습니다. 그리고 시간이 지난 지금 제 마음 한 구석에 더 많은 사람들에게 이 사실을 알리고 싶어져 '에벤에셀의 하나님'에 대한 책을 내게 된 것입니다. 이 '에벤에셀의 기념비'의 비밀을 나누고 싶었습니다. 이것을 잘 적용하면 주님의 능력을 체험할 것이기 때문이었습니다.

제가 에벤에셀 기념비의 비밀을 배우고 실천하지 못할 때는 불평, 불만, 원망만 가득했습니다. 이것을 깨닫는 데 오랜 세월이 걸렸습니다. 저도 이것을 몰라 영육 간에 많은 수업료를 톡톡히 치렀습니다. 몸으로 깨닫고, 육신을 통과하는 아픔으로 이 체험을 가졌습니다. 그래서 연단을 받지 않은 성도들에게 알려주고 싶었습니다.

누구라도 회복의 역사를 경험하고자 하면 이 에벤에셀의 기념비를 새롭게 세워야 합니다. 에벤에셀의 감사와 기념비를 세우면 우리에게 평화의 축복이 임하는 것을 깨달아야 합니다. 구원에 대한 감사, 정말 구원 받은 것이 믿어진다면 에벤에셀의 기념비를 세워야 합니다.

그러므로 율법에 얽매인 자는 결코 천국을 모르고, 감사를 모를 것입니다. 요셉은 평생 불평이 없었습니다. 그러자 서른 살에 연단이 끝나고 평화와 회복이 왔습니다. 하나님이 닛시, 샬롬, 라파로 응답하셨습니다.

성도 여러분, 하나님의 인도하심에 감사하면 회복이 있고 승리가 있습니다. 마음속으로 그림을 그려 보십시오. 감사는 뿌리입니다. 믿음은 씨앗입니다. 믿음의 씨앗이 감사로 자랍니다. 그리고 감사가 넘쳐야 줄기가 뻗어 나갑니다. 그래야 열매가 맺힙니다.

세상을 살아가면서 우리는 삶의 모든 과정을 주의 장중에 통치하시고 인도해 주시는 것에 감사해야 합니다. 우리가 맞이하는 하루 하루는 우리 스스로 만들어내거나 돈으로 사서 유지되는 것이 아니라 하나님께서 우리에게 주신 선물이기 때문입니다.

사무엘상 7장 12~14절에서처럼 에벤에셀의 기념비를 세우고 감사하게 되면 어떤 축복을 받을까요? 그것을 저는 세 가지로 정리했습니다.

첫째, 지키시고 보호하시는 하나님을 보게 됩니다.

둘째, 회복시키시는 축복을 받습니다.

셋째, 평화의 축복을 받습니다.

그러면 에벤에셀의 하나님, 임마누엘의 하나님, 여호와 이레,

여호와 닛시, 여호와 샬롬, 여호와 라파를 경험하게 된다는 말씀입니다. 유명한 스페인의 극작가 세르반테스는 하나님이 우리 인간에게 주신 최대의 선물은 '자유'라고 했습니다. 이 자유가 인간에게 주어질 때 사람은 비로소 하나님이 주신 권리를 다 누릴 수 있는 것입니다.

물질, 질병, 또는 어떤 악한 자에게 구속된다면 그는 자유를 상실한 불행한 자가 됩니다. 여러분을 얽매고 있는 줄이 다 벗겨지고 끊어지기를 축원합니다. 마음의 근심도 끊어지고, 질병과 가난도 끊어지고, 마음속의 불안과 공포도 다 떨어져 나가고, 하나님이 주시는 참 평화와 기쁨만이 충만하기를 기원합니다.

고통의 원인은 이스라엘의 완악함

본문에 보면 이스라엘 백성이 오랜 세월 동안 블레셋으로 인해 고통을 당했습니다. 이스라엘 백성들이 농사를 지어 놓으면 곡식을 빼앗아 가고, 짐승을 길러 놓으면 다 빼앗아 가며, 저들을 사로잡아서 노예로 부렸습니다. 그러나 어떤 어려움을 당해도 하나님은 주의 백성을 반드시 도와주시고 역사하심을 믿으시기 바랍니다.

이런 위기에, 법궤마저 블레셋에게 빼앗기고 이스라엘이 말할 수 없는 절망과 좌절에 처해 있을 때 사무엘은 미스바에 온 백성을 모아 놓고 하나님께 제단을 쌓았습니다. 하나님께 부르짖었습니다. 하나님은 주의 백성들의 기도를 들어주시는 하나님이십니다. 주의 백성들의 사정과 형편을 들어주시는 하나님께서 큰 은총을 베푸셔서 블레셋을 모조리 진멸시키고 이스라엘 백성에게 승리를 주셨습니다.

사무엘은 너무너무 이 은혜가 감사해서 돌을 주워서 미스바와 센 사이에 기념비를 세우고 '에벤에셀(여호와께서 여기까지 우리를 도우셨다)' 이라고 하면서 하나님 앞에 감사를 드렸습니다.

목사의 설교는 육화되어야 하는데, 이 말씀이 저의 삶을 관통했습니다. 사무엘은 고백하기를 "내가 기도하던 중에 깨달은 것이 있다. 주의 종으로서 내가 기도하지 않는 것은 죄다"라고 할 정도였습니다. 저에게도 그런 마음의 책망이 일었습니다. '내가 만 명 목회를 꿈꾼다고 하면서 에벤에셀의 기념비를 세우며 감사하지 않는 것은 죄다.'

성경에 보니 하나님은 경건한 자를 찾으시는데, 경건에 대해 칼빈은 '하나님을 경외하며 진심으로 사랑하는 것' 이라고 가르쳐 주었습니다. 사무엘이 이런 기도의 경건을 지켰던 것입니다. 사무엘이 보니 이스라엘은 광야에 있을 때는 경건했지만 가나안 땅에 들어와 살면서 경건이 떨어졌습니다.

오늘날에도 그런 현상들을 봅니다. 교회들마다 성전 건축할 때는 기도를 많이 하는데, 성전 건축이 끝나니 기도가 약해집니다. 그러면 시험이 옵니다.

사무엘은 미스바에서 금식하고 기도하며 온전한 번제를 드리기로 했습니다. 후일 다윗도 블레셋과 싸우기 전 하나님께 "올라가리이까?" 하고 물었습니다(삼하 5:19 참고). 여기에 다윗의 멋진 신앙이 있습니다. 하나님께 먼저 물어보았던 것입니다. 여기에 하나님의 인정함이 있었습니다.

제가 극동방송 "소망의 기도"라는 프로그램을 진행하는 은혜를 받았는데, 계절이 바뀌면 프로그램 개편으로 가끔씩 담당이 바뀝니다. 그런데 그때마다 제가 그 자리를 지켜내었습니다. 어떻게 해서 그 자리를 지킬 수 있었을까요? 전 기도로써 그것을 지켜내었습니다. 경기도의 한 목사님이 같이 그 프로그램을 번갈아 진행하는데, 어느 날 그분이 물었습니다.

"이 목사님, 어떻게 그 자리에서 그렇게 장수하십니까?" 하시기에 제가 "주시옵소서"를 잘해야 한다고 말씀드렸습니다. "주시옵소서"란 말씀에 성도들이 은혜를 받는다고 했더니 그분의 "주시옵소서" 하는 소리가 달라졌습니다. 하지만 전 30년을 "주시옵소서" 한 목사이고, 3일 연습한 목사님과는 다르다고 말씀드려 둘이 배를 잡고 웃은 적이 있습니다.

다윗의 신앙은 "올라가리이까? 말리이까?"를 먼저 묻는 신앙이었습니다. 성숙한 신앙인은 하나님의 뜻을 먼저 묻습니다. 금식하며 기도합니다. 새로이 작정합니다.

우리는 가끔 큰 일을 앞두고 40일 철야 하며 떼를 씁니다. 그러면서 하나님께 "저에게 주시옵소서"라고 합니다. 그것은 하나님을 힘들게 하고 협박하는 기도입니다. 그리고 자신을 학대하는 기도입니다. 그런데 다윗의 기도는 그러지 않았습니다.

기도는 내 뜻을 정해 놓고 하나님께 구하는 게 아닙니다. 먼저 하나님의 뜻을 구하는 것입니다. 사울이 왕으로 세워진 것은 하나님의 뜻이 아니었습니다. 이스라엘 백성들이 하도 "주시옵소서" 하고 떼를 쓰니까 주신 것입니다. 그러나 그것이 그들에게 올무가 된 것입니다. 하나님도 져 주실 때가 있습니다. 하지만 떼써서 받

1. 에벤에셀의 하나님 | 13

아냈다고 해서 내게 복이 되는 것은 아닙니다.

하나님의 뜻대로 하고, 하나님의 지시대로 하고, 하나님의 계획대로 따라가야 복이 됩니다. 다윗이 그래서 복 있는 왕이 된 것입니다. 전쟁을 앞두고 항상 "올라가리이까?" 하고 물어서 주님의 약속이 있으면 그것을 붙들고 전쟁하러 나갔습니다. 여러분도 다윗처럼 약속을 붙들고 나아가길 진심으로 축원합니다.

2. 하나님 나라를 심으라

갈라디아서 6장 7~9절

스스로 속이지 말라 하나님은 만홀히 여김을 받지 아니하시나니
사람이 무엇으로 심든지 그대로 거두리라
자기의 육체를 위하여 심는 자는 육체로부터 썩어진 것을 거두고 성령을 위하여 심는 자는
성령으로부터 영생을 거두리라
우리가 선을 행하되 낙심하지 말지니 피곤하지 아니하면
때가 이르매 거두리라

신앙은 요행을 꿈꾸는 것이 아니라
　　하나님 앞에서 성실한 삶입니다

　사람의 세포에는 두 종류가 있습니다. 살아 있는 세포(a living cell)와 살리는 세포(a life-giving cell)입니다.
　세포가 점점 분화해 성장하는 이면에는 줄기세포가 결정적인 역할을 하게 된다는 것을 안 것은 그리 오래되지 않았습니다. 성경 창세기를 보면 원래 아담과 하와는 영생하도록 생명이 주어졌습니다.

"여호와 하나님이 그 땅에서 보기에 아름답고 먹기에 좋은 나무가 나게 하시니 동산 가운데에는 생명나무와 선악을 알게 하는 나무도 있더라"(창 2:9).

영원히 사는 방법은 에덴 동산 중앙에 있는 생명나무 실과를 먹는 것이었습니다. 그런데 이상합니다. 사람들은 먹으라는 생명나무 실과는 먹지 않고 선악을 알게 하는 죄의 열매를 먼저 먹습니다. 그것은 지금도 그렇습니다.

삿갓을 쓴 중이 길을 가다가 갑자기 변의를 느껴 길가에 앉아서 잠시 변을 보았습니다. 변을 다 보고 일어나려고 하는데 저기서 웬 농부가 옵니다. 들키면 창피할 것 같아 쓰고 있던 삿갓으로 얼른 변을 숨겼습니다. 그리고 삿갓을 손으로 누른 후 짐짓 모른 체하고 있었습니다. 그러자 지나가던 농부가 묻습니다.

"스님, 뭘 하고 계신 건가요?" 그러자 스님 왈, "아 글쎄, 내가 지나가는데 꿩이 한 마리 있기에 삿갓으로 잡았시다. 지금 놈이 꼼짝을 않고 여기에 갇혔으나 잡을 길이 없으니, 이것을 잠시 누르고 계시오. 내가 가서 놈을 잡을 새끼줄을 가져올 테니 절대로 안으로 손을 디밀지 마시오."

스님은 신신당부를 하고 사라져 갔습니다. 스님이 시키는 대로 삿갓을 누르고 있던 농부는 한참이 지나도 스님이 오지 않자 호기심 반 확인 반 하는 마음으로 손을 살포시 삿갓 속으로 디밀었습니다. 그런데 손에 잡힌 것은 꿩이 아니라 물컹한 스님의 변이었습니다.

우스갯소리입니다만 인간의 본성이 유혹에 약하고, 금지하는 것에 대해 하고 싶은 마음이 강하다는 것을 빗대는 이야기입니다. 하와는 선악을 알게 하는 나무의 열매를 따먹음으로 결국 악의 결실을 맺게 되었고, 에덴 동산에서 쫓겨나고 말았습니다.

그러면 생명나무가 상징하는 것은 무엇일까요?

고린도전서 15장 45절에 "기록된 바 첫 사람 아담은 산 영이 되었다 함과 같이 마지막 아담은 살려 주는 영이 되었나니"(So it is written: "The first man Adam became a living being"; the last Adam, a life-giving spirit)"라고 하였습니다.

여기서 아담은 산 영(a living being)이라고 했고, 예수님은 살려 주는 영(a life-giving spirit)이 되었다는 것입니다. 즉 예수님이 우리 생명의 영원한 줄기세포라는 것입니다. 사람들은 예수님 없이 과학으로 영생나무를 만들어 보고자 하나 그것은 부질없는 짓임을 성경은 이미 경고하고 있습니다. 생명나무는 화염검으로 막혀 있기 때문입니다.

아담과 하와가 왜 에덴 동산에서 쫓겨났을까요? 선악을 알게 하는 나무 열매를 따먹어서입니다. 맞습니다. 그러나 더 정확한 대답은 생명나무 실과를 따먹고 영생할까 봐 내보내신 것입니다.

"여호와 하나님이 가라사대 보라 이 사람이 선악을 아는 일에 우리 중 하나같이 되었으니 그가 그 손을 들어 생명나무 실과도 따먹고 영생할까 하노라 하시고"(창 3:22).

"이같이 하나님이 그 사람을 쫓아내시고 에덴 동산 동편에 그룹들과 두루 도는 화염검을 두어 생명나무의 길을 지키게 하시니라"(창 3:24).

그런데 우리가 차지하게 될 천국에는 이 생명나무 열매가 항상 열려 있다고 했습니다.

"또 저가 수정같이 맑은 생명수의 강을 내게 보이니 하나님과 및 어린양의 보좌로부터 나서 길 가운데로 흐르더라 강 좌우에 생명나무가 있어 열두 가지 실과를 맺히되 달마다 그 실과를 맺고 그 나무 잎사귀들은 만국을 소성하기 위하여 있더라"(계 22:1~2).

새로운 삶을 살기 원하면 목적을 바꿔야 합니다

이제부턴 선악과를 먹지 말고 생명나무 열매를 먹어야 합니다. 감추어져 있었으나 이제 예수님께서 생명나무로 오셨기 때문입니다.

"나는 생명의 포도나무"라고 요한복음 15장에서 주님이 선언하셨습니다. 더 이상 생명을 주지 못하는 세포는 한 번 죽으면 다시 재생하지 못합니다. 그러나 살리는 생명 세포는 죽은 세포를 되살려 다시금 생명을 줍니다. 이렇듯이 예수님은 죄로 인하여 죽은 우리의 영혼을 살리십니다.

인생이란 심고 거두는 일입니다

풍성한 열매는 거저 얻어지지 않습니다. 반드시 씨를 뿌려야 합니다. 그래서 바울은 "스스로 속이지 말라 하나님은 만홀히 여김을 받지 아니하시나니 사람이 무엇으로 심든지 그대로 거두리라"고 말씀했던 것입니다. 심지 않았음에도 열매를 거두려는 마음 자체가 자신을 속이는 것이요, 더 나아가 그러한 법칙을 허락하신 하나님을 만홀히 여기는 것입니다. 우린 심은 대로 열매를 얻습니다. 선한 열매를 얻으려면 선한 씨를 뿌려야 합니다.

현재의 내 모습은 지금까지 내가 뿌려 왔던 씨앗의 결과입니다. 그래서 바울은 "자기의 육체를 위하여 심는 자는 육체로부터 썩어진 것을 거두고 성령을 위하여 심는 자는 성령으로부터 영생을 거두리라"고 했습니다.

모든 세포가 그러하듯이 살리는 세포도 2배수로 분열되어 성장합니다. 우리가 뿌린 씨앗이 30배, 60배, 100배의 열매를 가져다주듯이 말입니다. 주님을 먹는 자는 온 몸이 점점 새로워집니다. 그래서 농부가 울며 씨를 뿌리더라도 그 열매를 거둘 때에는 기쁨으로 거두는 것입니다.

이것은 삶에도 적용되는 법칙입니다. 예수님은 "천국은 마치 사람이 자기 밭에 갖다 심은 겨자씨 한 알 같으니 이는 모든 씨보다 작은 것이로되 자란 후에는 나물보다 커서 나무가 되매 공중의 새들이 와서 그 가지에 깃들이느니라"고 하셨습니다(마 13:31~32). 겨자씨는 작습니다. 그러나 작은 겨자씨가 제대로 심겨지면 어느 날 싹이 나고 자라서 큰 나무가 됩니다. 이것이 천국의 법칙입니다.

오늘 우리가 말씀의 씨앗을 뿌립니다. 기도의 씨앗을 뿌립니다. 이 작은 씨앗이 우리 안에 심겨져 삶과 인격으로 열매를 맺습니다. 뿐만 아니라 그것이 도구가 되어 또 다른 사람에게까지 선한 결실을 맺게 합니다.

우리가 심더라도 바로 열매를 맺는 것은 아닙니다. 때가 되어야 열매를 맺습니다. 씨가 자라 나무가 되고 열매를 맺는 데에는 시간이 필요합니다. 농부는 씨를 뿌리고, 수고의 땀을 흘리고, 가뭄과 태풍으로 가슴 졸이는 순간을 견뎌야 합니다. 이때 필요한 것이 낙심하지 않는 것입니다.

오늘 우리가 선한 일을 했다고 바로 성숙한 인격자가 되는 것은 아닙니다. 하나님의 응답이 즉시 이루어지는 것도 아닙니다. 그래서 우리는 초조해하고 실망합니다. 바울은 "우리가 선을 행하되 낙심하지 말지니"라고 말했습니다.

모든 것에는 때가 있습니다. 인간의 때가 아닙니다. 하나님의 때가 되면 거두게 되는 것입니다. 그때를 기다릴 줄 알아야 합니다. 인내해야 합니다. 하나님은 "때가 이르매 거두리라"고 약속하십니다.

무엇보다 심는 것이 중요합니다. 심지 않고는 아무것도 거둘 수 없기 때문입니다. 또한 우리는 심은 것보다 더 많은 것을 거둘 것입니다. 죄를 심으면 죄의 나무가 자라서 사망의 열매를 거두지만, 믿음을 심으면 구원의 나무가 자라 영생의 열매를 거둡니다. 결과가 바로 나타나지 않는다 하더라도 낙심하지 말아야 합니다. 심은 것은 반드시 열매 맺게 되어 있습니다. 하나님은 신실하시기 때문입니다.

그러면 하나님의 생명의 나무, 생명의 줄기세포이신 예수님이 마음 밭에 뿌려지면 어떤 일이 일어날까요?

미국 영적 대각성기에 가장 큰 영향을 미쳤던 인물, 프린스턴 대학 총장을 지낸 조나단 에드워즈(Jonathan Edwards)의 후손을 추적하며 그의 가계(家系)를 연구한 결과입니다. 직계 후손 873명 가운데 대학 총장을 지낸 사람이 12명, 교수 65명, 의사 60명, 성직자 100명, 군인 75명, 저술가 85명, 변호사 100명, 판사 30명, 공무원 80명, 하원의원 3명, 상원의원 2명, 미국 부통령 1명, 그리고 평범한 그리스도인 260명이었습니다.

한편, 조나단 에드워즈에게는 어린 시절 교회 주일학교에 같이 다니던 맥스 쥬크라는 친구가 있었는데, 언제부터인가 교회를 떠나고 방탕한 길로 들어서서 신앙 없는 여자와 결혼해서 자녀를 두었습니다. '조나단 에드워즈'를 연구한 사람은 그의 친구인 맥스 쥬크의 후손들도 추적 연구해 보았는데, 그의 후손 1,292명 가운데 유아 사망 309명, 불구자 440명, 거지 310명, 매춘부 50명, 도둑 60명, 살인자 70명, 별 볼일 없이 산 사람 53명이라는 조사 결과가 나왔다고 합니다.

어떤 조상이 될 것인가는 오늘 여러분의 선택에 달려 있습니다. 예수님을 믿는 삶을 살 것인가? 아니면 그대로 살 것인가? 그 결과는 훗날 여러분 가계의 역사가 말해 줄 것입니다.

하나님이 제정하신 원칙

하나님의 자연법칙은 무엇을 심든지 그대로 거둔다는 것입니다. "콩 심은 데 콩 나고, 팥 심은 데 팥 난다"는 것입니다. As you sow, so shall you reap. 심은 대로 거두리라.

언젠가 아내와 함께 텃밭에 옥수수를 심은 적이 있습니다. 가장 잘 익은 것을 골라서 옥수수 알이 몇 개인지 세어 봤습니다. 자그 마치 569알이나 되었습니다. 하나를 심어서 569배를 남겼다는 생각을 하니 세상에 이런 남는 장사가 없었습니다. 옥수수가 하나만 열리는 것이 아니니, 569배가 아니라 그 이상을 남긴 것입니다.

보통 감자는 60배, 벼는 120배, 조는 1만 배 정도의 수확을 얻습니다. 과일나무는 매년 반복해서 열매를 맺기 때문에 셀 수 없는 많은 수확량을 얻습니다.

여러분이 이 시간 마음 밭에 예수님을 심으면 그로 인한 천국의 열매가 최소한 569배 열리는 것입니다. 반대로 오늘 선악을 알게 하는 나무의 열매를 심으면 569배 지옥의 열매가 맺힌다는 것입니다.

로마서 5장 12절 "한 사람으로 말미암아 죄가 세상에 들어오고 죄로 말미암아 사망이 왔나니 이와 같이 모든 사람이 죄를 지었으므로 사망이 모든 사람에게 이르렀느니라"는 말씀과 같이 죄와 저주는 유전됩니다.

조상이 후손의 삶에 미치는 영향력을 무시하는 것은 위험합니다. 왜 그렇습니까? 역사는 반복되고 있기 때문입니다. 한 세대에서 일어난 사건이 다음 세대에서 종종 반복됩니다. 이러한 현상은 가정치료학과 상담심리학, 그리고 현대 의학에서 입증됩니다. 또한 지나간 역사를 보아도 알 수 있습니다.

신명기 1장 36절에 "여분네의 아들 갈렙은 온전히 여호와를 순종하였은즉"이라고 언급된 것을 보면, 갈렙은 하나님의 말씀을 철저하게 따랐던 순종의 사람이었던 것을 알 수 있습니다. 갈렙의 특징을 정리한다면, 일관된 믿음과 철저한 순종과 하나님이 함께 하신다는 임마누엘의 믿음을 가진 사람이었습니다. 사사기 3장 9

절을 보면 사사 옷니엘은 바로 그 갈렙의 아우였습니다. "그는 곧 갈렙의 아우 그나스의 아들 옷니엘이라." 옷니엘을 소개하려면 당연히 형 갈렙을 말해야 할 만큼 그는 갈렙의 영향을 많이 받았습니다.

옷니엘은 가나안 정복전쟁의 영웅 갈렙을 형으로 둔, 다시 말하면 믿음의 형을 두었던 사람입니다. 그는 믿음의 가문에서 성장하였습니다. 이것이 중요합니다. 우리 자녀가 어떠한 가정환경에서 자라느냐에 따라 자녀의 인생이 달라집니다. 그래서 옛날부터 자녀들을 결혼시킬 때 배우자만 볼 것이 아니라, 꼭 배우자의 가정까지 보라는 말이 있지 않습니까?

어느 가정에 입만 열면 "이놈, 저놈, 이 새끼, 저 새끼" 하면서 욕과 반말을 하는 부모가 있었습니다. 그 자녀 역시 부모를 본받아 반말을 하는데 어느 날 아이가 갑자기 아버지에게 오더니 "아버지, 진지 드셨어요?"라고 아주 예의바른 말을 하더랍니다. 이 말을 듣고 아버지가 너무 좋아서 "야, 너 어디서 존댓말을 배웠니?"라고 물었습니다. 그러자 이 아이가 아버지를 쳐다보면서 "야! 나는 농담도 못하니?" 하더랍니다. 피할 수 없이 자녀들은 부모를 닮습니다.

그래서 동양에는 부전자전(父傳子傳)이란 말이 있고, 서양에도 "그 아버지에 그 아들(Like father, like son)"이라는 말이 있습니다. 좋은 부모 밑에 좋은 자녀가 나옵니다.

여러분의 가정이 자자손손 복을 받고, 장수하고, 영광스런 가문이 되게 하고 싶다면 여기에는 순서가 있습니다.

전제 단계 : 무엇보다 생명나무에 이식되어야 합니다.

그래서 새로운 의사소통, 즉 커뮤니케이션이 생겨나야 합니다. 예수님을 영접해야 한다는 말입니다.

요한복음 15장 7절에서 주님은 "너희가 내 안에 내 말이 너희 안에 거하면 무엇이든지 원하는 대로 구하라 그리하면 이루리라"고 하셨습니다. 그러므로 무엇보다 먼저 인간의 몸으로 오신 예수 그리스도를 하나님으로 믿고, 그분을 단순히 사람이 아니라 나의 하나님, 즉 전능하신 하나님으로 영접해야 합니다.

이런 이야기가 있습니다. 인도에 간 어느 선교사가 그곳에서 중과 함께 길을 가다가 실수로 개미의 집을 밟았습니다. 이것을 본 중은 많은 생명을 죽였다고 깜짝 놀라며 안타까워했습니다. 선교사가 대단히 민망하여 "내가 밟고 싶어서 밟은 것이 아니라 발가락에 눈이 없어서 실수를 한 것이니 정말 미안하오. 어떻게 하면 개미에게 사과를 할 수 있겠소?"라고 물었더니, 윤회설을 믿고 있는 중은 다음과 같은 방법을 말했다고 합니다.

"당신이 죽어서 개미가 되어야겠소." 윤회설을 믿는 우매한 입장에서는 맞는 얘기입니다. 죽어서 개미가 되어야 개미에게 미안하다고 사과할 수 있으니 말입니다. 선교사는 중의 대답을 듣는 순간 정색을 하고 "그래요, 바로 그런 이유 때문에 하나님께서 사람의 모습을 하고 이 땅에 오셨습니다"라고 말했다고 합니다.

우리가 어린아이와 이야기할 때는 어린아이의 언어를 써야 하듯이, 하나님께서 인간을 사랑하시므로 육신의 몸을 입고 직접 인간을 찾아오셨습니다. 내가 처한 형편, 이 현실 속에서 나를 만나 주시기 위해 나와 같은 모습으로 오신 것입니다. "말씀이 육신이 되었다"는 성육신 사건은 우리에 대한 하나님의 사랑의 표현입니다.

우리는 날마다 매스컴을 통해 지구촌에서 일어나는 온갖 소식을 접하고 있습니다. 그 뉴스들 중에는 개인 혹은 한 민족의 삶에 지대한 영향을 미칠 만한 초미의 관심사가 되는 것도 있습니다. 그러나 이 세상이 시작된 이래로 창조주 하나님이 피조물인 인간의 몸을 입고 지상에 오셨다는 소식처럼 빅 뉴스는 없었습니다.

첫째, 영접 후 계속해서 주님의 훈계를 들어야 합니다
"그(하나님, 예수 그리스도, 말씀) 안에 생명이 있었으니 이 생명은 사람들의 빛이라"(요 1:4)고 했습니다. 빛이 아무리 좋아도 빛을 피하면 그 따스함과 온기를 누릴 수 없습니다. 아무리 생명나무 실과가 있어도 매일 따먹지 않으면 또 지에 빼기고 쇠폐의 길로 가는 것입니다.

주님은 훈계의 말씀으로 우리를 새롭게 하십니다. 몸은 떡(양식)으로 살며, 영은 말씀으로 삽니다.

어느 조각 작품을 보니 어머니의 유방은 풍만하여 젖이 철철 넘쳐 흐르고 있는데 그 어머니 품안에 안겨 있는 어린아이는 바짝 말라 피골이 상접한 모습이었습니다. 그 이유를 자세히 살펴보니, 어머니는 애써 젖을 먹이려고 안간힘을 쓰는데 어린아이는 도무지 먹지 않으려고 발버둥치고 있는 것입니다.

아무리 어머니의 젖이 풍부해도 거절하고 먹지 않으면 아무 소용이 없습니다. 마찬가지로 하나님은 인간을 축복하시고자 말씀과 성령으로 사람들에게 참된 양식을 충만히 공급하려 하시는데 사람이 거절하고 받아들이지 않으면 아무 유익이 없는 것입니다.

하나님은 날마다 강단을 통하여 여러분을 훈계하십니다. 그런데 주일 낮 설교만으로는 훈계를 받을 수 없습니다. 주일 낮 설교는 대개 젖으로 된 부드러운 음식만 주기 때문입니다. 좀더 단단한 식물, 즉 훈계의 말씀은 주일 저녁, 그리고 수요일과 금요일 또 새벽기도회 때 듣게 됩니다. 주일 낮 설교 한 편만으로 습관이 굳은 신자는 훈계의 말씀에 익숙하지 못합니다. 결국 훈계와 경고를 받지 못해 또 선악과 열매를 따먹고 마는 것입니다.

둘째, 지혜를 얻어야 합니다

잠언 3장 18절에 "지혜는 그 얻은 자에게 생명나무라 지혜를 가진 자는 복되도다" 했습니다. 지혜가 생명나무, 즉 주님이라는 것입니다.

또 잠언 22장 17~18절에 "너는 귀를 기울여 지혜 있는 자의 말씀을 들으며 내 지식에 마음을 둘지어다 이것을 네 속에 보존하며 네 입술에 있게 함이 아름다우니라"고 하였습니다. 지혜가 없으면 다 이루어 놓은 것도 빼앗기는 법입니다.

셋째, 의논이 있어야 합니다

잠언 15장 22절에 "의논이 없으면 경영이 파하고 모사가 많으면 경영이 성립하느니라"고 했습니다. 혼자서 일하는 사람치고 성공하는 사람이 별로 없습니다. 의논하면 함께 책임질 수 있는 일도, 혼자 하면 혼자 책임져야 하기 때문입니다.

넷째, 지략이 있어야 합니다

잠언 12장 1절에서 "훈계를 좋아하는 자는 지식을 좋아하나니 징계를 싫어하는 자는 짐승과 같으니라"고 했습니다. 데이비드 김이라는 목사님의 책에 나오는 말입니다. "책을 읽지 않는 자를 두려워하지 말라. 그는 지식이 없음으로 곧 무너질 것이기 때문이다. 말씀을 읽지 않는 자를 불쌍히 여기라. 그는 곧 넘어질 것이기 때문이다."

다섯째, 재원이 있어야 합니다

잠언 22장 26~27절에 "너는 사람으로 더불어 손을 잡지 말며 남의 빚에 보증이 되지 말라 만일 갚을 것이 없으면 네 누운 침상도 빼앗길 것이라 네가 어찌 그리하겠느냐"고 하였습니다.

여러분이 하나님을 위하여 목적 있는 삶을 살려고 하는데 빚쟁이가 와서 여러분의 침상을 빼앗아 간다면 어떻게 하겠습니까? 내일부터 정말 주님을 위해서 살려고 결심했는데 채권자가 와서 여러분의 옷장에 차압 딱지를 붙이면 어떻게 하겠습니까?

성경은 결코 빚을 내어 일을 하라고 말씀하지 않습니다. 내 수입의 한도 내에서, 내 능력의 한계 안에서 계획을 세우고 기도하라고 말씀합니다. 자기의 능력이나 한계를 넘어선 것은 욕심이며 죄라고 말씀하십니다.

여섯째, 성실해야 합니다

지금까지 말씀드린 다섯 가지가 충분할 때 성실해야 합니다. 이미 망하는 길로 들어섰는데 성실한 것은 망하는 길로 더 빨리

가는 방법일 뿐입니다.

잠언 22장 29절에 보니 "네가 자기 사업에 근실한 사람을 보았느냐 이러한 사람은 왕 앞에 설 것이요 천한 자 앞에 서지 아니하리라"고 했습니다.

일곱 번째, 절제해야 합니다

고린도전서 9장 25절에서 바울 사도는 "이기기를 다투는 자마다 모든 일에 절제하나니 저희는 썩을 면류관을 얻고자 하되 우리는 썩지 아니할 것을 얻고자 하노라"고 했습니다.

절제하지 못하는 자는 공든 탑 밑에 웅덩이를 파는 자와 같습니다. 있는 구덩이도 막아야 할 터인데 파내고 있다면 탑이 아무리 높은들 무엇 하겠습니까? 무너뜨리기 위하여 쌓는 탑에 불과한 것입니다.

결론입니다. 우리의 생명나무는 다름 아닌 예수 그리스도이십니다. 누구라도 예수 그리스도께 접붙임되면 새로운 생명의 성체줄기세포가 생겨납니다. 그러므로 누구라도 예수님을 영접지 않고는 자신의 가계에 흐르는 죄의 저주를 끊을 길이 없습니다.

그 다음 예수님을 이미 영접하신 분들이 알아야 할 사실입니다. 예수님을 영접했으니 모든 것이 다 끝났다는 생각을 버리시기 바랍니다. 여러분은 매일 생명나무 열매를 따먹느냐 아니면 선악과를 따먹느냐 하는 마음의 에덴 동산에 서 있습니다. 하나님 안에서 정말 축복 받는 삶을 살고 싶다면, 앞에서 소개해 드린 조나단 에드워즈와 같은 아름다운 가문을 만들고 싶다면, 여러분이 목적 있는 삶을 살아야 합니다. 목적 있는 삶을 살려면 오늘 말씀드린 일곱 가지의 지혜를 잘 배우고 순종해야 합니다. 오늘 내가 무엇을 심든지 내일 내가 거두기 때문입니다.

3. 감사하는 자의 서원

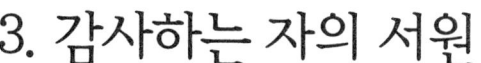

사무엘상 7장 10~14절

사무엘이 번제를 드릴 때에 블레셋 사람이 이스라엘과 싸우려고 가까이 오매 그 날에 여호와께서 블레셋 사람에게 큰 우레를 발하여 그들을 어지럽게 하시니 그들이 이스라엘 앞에 패한지라 이스라엘 사람들이 미스바에서 나가서 블레셋 사람을 따라 벧갈 아래에 이르기까지 쳤더라 사무엘이 돌을 취하여 미스바와 센 사이에 세워 가로되 여호와께서 여기까지 우리를 도우셨다 하고 그 이름을 에벤에셀이라 하니라
이에 블레셋 사람이 굴복하여 다시는 이스라엘 경내에 들어오지 못하였으며 여호와의 손이 사무엘의 사는 날 동안에 블레셋 사람을 막으시매 블레셋 사람이 이스라엘에게서 빼앗았던 성읍이 에그론부터 가드까지 이스라엘에게 회복되니 이스라엘이 그 사방 지경을 블레셋 사람의 손에서 도로 찾았고 또 이스라엘과 아모리 사람 사이에 평화가 있었더라

하나님의 목적

전 하나님의 성도로 부르심을 받은 이후 세상 욕심이 별로 없어졌습니다. 어려서는 소 꼴 베고 나뭇짐을 질 때도 지게 작대기를 달달달 떨면서 일어설 정도로 잔뜩 채워 넣곤 했었습니다. 또

공부에서도 항상 1등만 바라보았습니다. 하지만 이젠 그런 욕심을 많이 비워냈습니다. 대신 거룩한 욕심이 생겼습니다. 부흥사는 한 80살까지만 하기로 했습니다.(웃음) 목회는 100세까지만 하기로 마음먹었습니다. 수명은 모세처럼 120세까지만 살게 해달라고 욕심 없이 기도하고 있습니다. 더더구나 교회도 100만 명 이상은 욕심이 없습니다. 교회 대지는 딱 10만 평만 가지면 좋겠습니다. 그 이상은 욕심도 없고, 줘도 감당할 자신이 없습니다.(웃음)

저는 분명히 사람마다 나게 하신 목적이 있다고 믿습니다. 그래서 하나님이 저를 만드신 목적이 무엇인지 항상 하나님께 물어봅니다. 여러분을 집사 시켜 주신 목적이 어디 있을까요? 장로님들은 장로님대로, 권사님들은 권사님들대로, 집사님은 집사님들대로 하나님의 목표로 나아가야 합니다.

우리가 그 목적을 이루려고 할 때 하나님은 그 길을 인도하시는 법입니다. 사람마다 사물마다 목적이 있다고 했습니다. 하나님은 우리를 목적 가운데 만드셨습니다. 하나님이 다양하시기에 사람도 다양하게 지으셨습니다. 자세히 살펴보십시오. 다 다릅니다.

그래서 저는 제 아내를 사랑합니다. 제 아내 닮은 여인이 없기 때문입니다. 창조 이후로 제 아내같이 아름다운 사람은 없습니다. 예언하지요. 주님 다시 오실 때까지도 아마 그런 사람은 태어나지 않을 것입니다. 그래서 저는 유일한 아름다움을 가진 제 아내를 사랑합니다.

또, 하나님이 만드신 목적에 따라 사랑해야 합니다. 전 저의 덧니를 가지고 참 많이 기도했습니다. 꿈속에서 30번도 더 넘게 빠지는 꿈을 꾸었는데 깨어 보면 아닙니다. 놀랄 일은 나타나지 않왔습니다. 하나님의 방법을 찾아야 하는 이유가 여기에 있습니다. 하나님의 목적이 있기에 우리는 그것에 순종하는 기도를 할 뿐입니다.

그런데 그 목적 중에 공통된 목적이 있습니다. 그 공통된 목적, 즉 하나님이 사람을 만드신 가장 중요한 목적은 예배드리는 것입니다. 찬양드리는 것입니다. 하나님께 영광을 돌려드리는 것입니다. 우리가 개인적으로 다른 중요한 목적을 이룬다고 하더라도 하나님께 드리는 예배, 찬양, 하나님께 드리는 영광을 잊어버리면 우리는 다 잊어버린 것이 됩니다.

오늘 본문을 보십시오. 가장 먼저 한 일이 무엇입니까? 그것은 그들의 본분을 찾는 것입니다. 블레셋이 쳐들어오자 사무엘이 미스바에서 하나님께 온전한 번제를 드렸습니다(삼상 7:9). 이 제사가 바로 하나님이 기뻐하시는 예배의 원형입니다.

하나님께서 설계하신 것이 몇 개가 있는데 첫 번째가 인간의 몸(신체)입니다. 그리고 노아의 방주, 모세의 성막, 솔로몬의 성전입니다. 이 모든 것은 제사(예배)와 관련이 있습니다.

노아가 방주에서 나온 후 가장 먼저 번제를 드렸습니다. 그만큼 중요하다는 뜻입니다. 모세의 성막이 왜 만들어졌습니까? 아무 데서나 드려지던 제사가 이제 하나님의 회막에서 정기적으로, 그리고 상시적으로 드려졌다는 것을 가르쳐 줍니다. 솔로몬 때가 되어 성전이 지어졌습니다. 성전은 성막보다 더 발전된 것입니다. 그곳에서 그들은 이제 이동하지 않아도 되는 예배 처소를 얻었습니다.

이 모든 것이 다 하나님의 설계 작품입니다. 설계자가 하나님이시라는 말씀입니다. 하나님은 건축가이시고 설계자이십니다. 하나님이 직접 설계하시고 만드는 것을 지시하셨다면 그만큼 중요하다는 뜻입니다. 그러면 이 모든 것의 영적 의미가 무엇일까요? 바로 하나님 앞에 드리는 온전한 번제가 그만큼 중요하다는 뜻입니다.

하나님이 직접 설계하셨다는 것은 그만큼 중요하다는 뜻입니다. 우리 교회에서 가장 중요한 것이 목사님의 계획이고 지시이듯이 하나님이 직접 계획하시고 지시하는 것은 중요한 것입니다.

하나님은 또 디자이너이십니다. 하나님이 직접 디자인하신 옷이 있습니다. 제사장들이 입는 에봇입니다. 하나님의 디자인은 위대하며 영원한 것입니다. 에봇은 열두 지파를 상징하는 보석이 달린 옷입니다.

언젠가 저는 이런 생각을 해본 적이 있습니다. '이 세상에 부자 되려면 두 가지만 찾으면 된다. 첫째는 솔로몬의 법궤요, 둘째는 제사장의 옷인 에봇이다. 그것들만 찾으면 돈이 되는데……' 하고 말입니다. 여러분이 한번 찾아보면 어떨까요?

최근 삼성 이건희 회장의 부인 홍라희 여사가 샀다는 그림 한 점이 문제가 되었습니다. 미국의 유명한 경매장에서 99억이나 주고 샀다는 그 그림은 따지고 보면 원가가 100만 원도 들어가지 않은 작품입니다. 하지만 제사장의 옷은 원가만 해도 수십억이 넘습니다. 만약 그 에봇이 미국의 크리시티 경매장에 나온다면 얼마나 받을까요? 아마 수조 원의 가치로 경매되지 않을까 생각합니다.

첫째, 그 옷은 역사적인 가치가 있기 때문입니다. 그 옷은 하나님이 직접 디자인하신, 역사상 유례가 없는 옷입니다. 둘째, 세상적인 가치와는 비교할 수 없는 영적인 가치가 있기 때문입니다. 제사장이 에봇을 입고 하는 일은 죄인들의 죄를 씻는 죄 사함 아닌가요? 그 옷이 사람들의 죄를 대신 짊어지고 나아가는 제사장의 위대한 속죄의 옷이라고 생각할 때에 누가 감히 그 옷의 가치를 평가하겠습니까?

성경을 가만히 살펴볼 때 선지자는 부성이, 제사장은 모성이 있어야 한다는 생각을 해보았습니다. 그런데 목사는 이 두 가지가 다 있어야 합니다. 그만큼 목회자는 양면성이 필요하며, 힘들다는 뜻입니다. 집안에서 사모와 싸우다가도 권사님 만나면 "할렐루야" 하고 얼굴색을 고쳐야 하니 '거룩한 위선자'가 아닐 수 없습니다.

장례식에 갔다가 마음이 잔뜩 흐려져 있는데 다시 예식장에 가서 주례 서면 실수할 수도 있습니다. 결혼식장에서 혹시 며칠 후 요단강 건너가 만나자고 말실수를 할 수도 있으니 말입니다. 장례식장에서도 찬송가 잘 골라야 하고 결혼식장에서도 그렇습니다. 초점을 잘 맞추어야 한다는 뜻입니다. 정말 부성과 모성을 잘 조화시켜야 합니다.

하루는 장로님이 찾아와서 긴히 드릴 말씀이 있다고 해서 들어보니 7부 저녁 예배 때 은혜가 안 된다고 하십니다. 청년들이랑 학생들이 저녁에 찬양을 한다고 저녁마다 "주의 자비가 내려와 내려와" 하는데 아무것도 내려오지 않는다고, 더더구나 지난 추수감사주일엔 비보이(B-boy)가 와서 공연을 하니 은혜가 안 된다고 제게 불평하셨습니다. 그 말씀을 들으니 그것도 일견 일리가 있었습니다. 그래서 찬양 인도자를 불렀습니다. 이제부터는 내가 골라 주는 찬송만 해달라고 했습니다.

그렇게 한 달간 했더니 저녁 예배 시간에 남는 사람은 노인들뿐이었습니다. 점점 숫자가 줄더니 이제는 그 노인들마저 하나 둘씩 빠져 예배 분위기가 영 말이 아니었습니다. 한 달 뒤에 그 장로님을 불러 의견을 물어보았더니 고개를 숙이며 다시 예전으로 돌아가자고 하셨습니다. 교회가 새 신자에게, 어린이에게, 청년에게 초점을 맞춘 이유를 설명했더니 따라 하겠다고 동의하셨습니다.

교회가 살려면 어린이와 학생들, 청년들이 살아야 합니다. 또 오래 다닌 성도들보다는 새 신자들에게 초점을 맞추어야 합니다. 이것이 하나님이 기뻐하시는 제사요, 하나님이 기뻐하시는 번제입니다. 하나님 앞에 어린 심령, 가난한 심령, 그리고 죄를 짓고 상한 심령이 마음껏 와서 예배를 드리게 하는 것, 이것이 온전한 번제입니다.

먼저 믿었다는 이유 때문에 먼저 이 교회에 출석했다는 이유 때문에 다른 사람의 번제와 예배를 가로막는다면 그것 또한 온전한 예배가 될 수 없다는 뜻입니다. 나보다 남을 배려하고, 나보다 약한 자를 배려하는 마음으로 예배를 드릴 때 하나님이 기뻐하실 줄 믿습니다.

자, 사무엘과 함께 온 백성이 온전한 번제를 드렸더니 어떤 일이 일어났습니까? 잘 보십시오. 정말 놀라운 일이 일어났습니다.

첫째는 "우레를 발하여"(10절)라고 기록되어 있습니다.

둘째는 "사무엘이 번제를 드릴 때에 블레셋 사람이……이스라엘 앞에 패한지라"(10절)라고 기록되어 있습니다. 온전한 번제, 예배만 하나님께 잘 드려도 하나님은 원수들을 무찌르시고 급기야 대적들을 넘어뜨리십니다.

옛날 가데스바네아에서 열두 명의 정탐꾼을 보냈을 때를 기억해 보십시오. 열 명의 정탐꾼은 사람의 눈을 가졌고, 여호수아와 갈렙은 하나님의 눈을 가졌습니다. 지금 위급할 때 전쟁을 준비하지 않고 예배를 준비하고 번제를 드린다는 것은 하나님의 눈으로 문제를 보겠다는 신앙고백입니다. 전쟁을 하나님의 시각으로 보겠다는 뜻입니다.

이 시각이 문제입니다. 이 눈이 문제입니다. 사람의 눈을 가지면 메뚜기 콤플렉스가 생깁니다. 나는 메뚜기 같고 적은 거인 같아 보이는 것이 메뚜기 콤플렉스입니다. 사람의 눈을 가지면 자신을 과소평가하게 됩니다. 여호수아와 갈렙은 하나님의 눈으로 보았습니다. 그래서 뭐라고 고백하였습니까? "그들은 우리의 밥이다"라고 했습니다. 그래서 강하고 담대해진 것입니다.

다윗이 보니 골리앗은 '밥'이었습니다. 그는 하나님의 눈으로 보면서 전장에 나갔습니다. 생각을 바꾸면 방법이 보입니다. 다윗은 '크니까 무섭지만 맞추기도 쉽다'고 생각했던 것입니다. 그래서 골리앗이 큰 것을 오히려 감사하고 나갔습니다. 하나님의 눈으로 보면서 물맷돌로 그를 쓰러뜨렸습니다.

작다고 다 나쁜 것이 아닙니다. 다윗은 열네 살 어린아이입니다. 갑옷이 너무 커서 입고 나갈 수도 없었습니다. 다른 사람들은 저렇게 작은 아이가 전쟁터에 어떻게 나가느냐고 생각했습니다. 그렇습니다. 작으면 손해입니다. 하지만 입장을 바꾸어 생각해 봅시다. 작으면 표적이 작아지니 피하기도 쉽다고 생각할 수 있지 않을까요? 이처럼 시야를 바꾸면 단점이 장점이 되고, 위기가 기회가 됩니다.

민수기 14장에 보면 열 정탐꾼의 보고를 들은 이스라엘 백성들이 여호수아와 갈렙을 돌로 치려 했습니다. 우리를 애굽에 살게 내버려 두지, 아니면 광야에 살게 내버려 두지 이렇게 죽이려고 데리고 왔느냐고 말입니다. 애굽으로 돌아가겠다고 말입니다.

교회에서도 그런 현상이 나타납니다. 교회가 어려워지거나 성도 간에 문제가 생기면 목사를 향하여 돌을 듭니다. 모세를 향해 던지기 뭐하니 여호수아와 갈렙을 향해 돌을 든 것입니다. 아니, 하나님께 대놓고 따지기 뭐하니 주의 종들에게 돌을 드는 것입니다. 또 목사에게 던지기 뭐하니 사모에게 돌을 듭니다. 이것은 온전한 번제가 아닙니다. 온전한 제사도 아니고, 온전한 예배도 아닙니다. 인간의 시야를 가지니 그렇습니다.

우리는 하나님의 시야를 가져야 합니다. 하나님의 시각으로 전쟁에 나가고 사업을 해야 합니다. 범사가 하나님과 관계되어 있다는 사실을 믿어야 합니다.

기념비를 확실히 세워라

사무엘이 온전한 번제를 드릴 때에 하나님은 블레셋 사람들 앞에 우레를 발하시고 그들을 넘어뜨리셨습니다. 하나님께서 사무엘과 이스라엘 백성들의 중심을 보시고 위급한 상황에서 구원해 주셨습니다. 이 사건을 기념하기 위해 7장 12절에 보니, 사무엘이 돌을 취하여 미스바와 센 사이에 세워 '에벤에셀'이라고 이름 붙였습니다. 하나님은 이것을 또 귀하게 여겨 축복을 주셨는데, 감사의 기념비를 세우는 성도에게 주시는 복입니다.

첫째, 하나님의 보호하심입니다

13절에 사무엘의 사는 날 동안 블레셋 사람을 막으셨다고 했습니다. 성경에서 하나님이 구원 사역을 펼쳐 나가실 때 빼놓을 수 없는 중요한 것이 있습니다. 하나님은 먼저 사람을 세우시고 그를 들어 쓰십니다. 사무엘의 존재는 이스라엘의 건재(健在)와 깊은 연관이 있습니다. 엘리야 역시 이스라엘의 방패요 창이라고 말씀하고 있지 않습니까? 교회에서 주의 종 목사의 존재는 바로 교회의 건재와 관련 있음을 알고 목사를 세우고 높이는 성도가 되기를 바랍니다.

둘째, 회복의 은총입니다

14절에 보면, 블레셋 사람이 이스라엘에게서 빼앗았던 성읍이 에그론부터 가드까지 이스라엘에게 회복되니 이스라엘이 사방 지경을 찾게 되었습니다.

우리가 믿음으로 하나님을 섬기고 번제를 드리는 것은 하나님의 축복을 받기 위해서입니다. 더 나아가 사는 날 동안 하나님의 도움으로 빼앗겼던 것이 회복되는 역사를 체험하기 위함입니다.

셋째, 평화의 복입니다

하늘의 평화를 맛보고 축복을 누리려면 번제를 드려야 하며, 동시에 진정한 은혜의 기념비를 세워야 합니다. 은혜의 기념비가 무엇입니까? 각자 기도하면서 예배드리면서 서원한 마음의 약속을 지키는 것입니다.

오늘날 많은 성도들이 위급할 때 하나님께 약속을 드립니다. 스스로 마음에 거리낌이 있기 때문에 하는 약속입니다. 그래서 "하나님, 이 문제만 해결해 주시면 제가 이러이러한 일을 하겠습니다"라고 서원합니다. 한국의 모든 성도들이 마음으로 하나님께 서원한 것만 다 갚아도 교회들은 더 부흥하고, 세계 선교를 더 많이 하였을 것입니다.

제가 많은 교회에 부흥회를 다니면서 보니 오늘날 많은 성도들이 마음의 작정은 잘하는데, 실천하는 데는 소홀합니다. 아무리 어려워도 1960~70년대보다는 잘 사는데 말입니다. 우선순위가 바뀌었기 때문입니다. 지금은 1번이 자녀입니다. 자녀들을 위해서는 큰돈도 아끼지 않고, 아깝게 생각하지 않습니다. 하나님께 드리겠다고 약속한 것조차도 어기고 다른 곳에 먼저 지출합니다.

하나님이 기뻐하시는 삶은 기념비를 세우는 것입니다. 하나님이 여기까지 도우셨으니 내가 이곳에 기념의 제단을 쌓으리라, 이곳에 하나님께 감사의 단을 쌓으리라고 하며 약속을 지키는 것입니다. 그래야 에벤에셀의 하나님을 만나게 됩니다.

오늘날 성도들에게 가장 부족한 것이 이 에벤에셀의 약속을 지키지 않는 것입니다. 병이 나거나, 문제가 생기거나, 죽을 일을 만나면 별의별 서원을 다 합니다. 그러나 해결되고 나면, 병이 낫고 나면 모두 잊어버립니다. 시쳇말로 화장실 갈 적 다르고 올 적 다릅니다. 이것이 교만입니다.

나의 약한 것이 축복입니다. 제가 서울약대 나온 것을 감사하게 생각합니다. 여기서 서울약대는 서울대학교에서 약간 떨어진 대학을 말함이니 오해는 없으시기 바랍니다.

감사의 기념비를 세우면 평화의 복을 받게 된다고 하였습니다. 교회가 10년만 분란이 없으면 부흥합니다. 싸움이 있고 분란이 있으면 실패합니다.

하나님 앞에 돌 하나 세웠을 뿐인데 평생 평화의 복을 주셨습니다. 병 나은 분, 에벤에셀의 기념비를 세우시기 바랍니다. 문제 해결받은 분, 에벤에셀의 기념비를 세우시기 바랍니다. 하나님은 우리를 지키시는 분이십니다. 이 땅은 하나님이 지키십니다.

이 민족이 역사 이래 5년에 한 번씩 전란이 있었지만 기독교인들이 기도하니 지난 50년이 넘게 이 땅에 평화를 주셨습니다. 기도하는 성도들, 온전히 하나님 앞에 기념비를 세우는 성도들의 믿음을 보시고 주신 평화인 줄 믿습니다.

암(癌)은 위아래도 없이 아무에게나 막 들어가 생깁니다. 그러나 하나님이 막으시면 암도 떠납니다. 암이 떠나면 병도 떠납니다. 하지만 하나님을 떠나면 암이 돌아옵니다. 암이 돌아오면 병도 돌아옵니다. 하나님 앞에서 온전한 예배의 삶을 살면 하나님이 평화의 복을 주십니다.

사랑하는 성도 여러분, 돈, 돈 하면 돌아 버린다는 사실을 아십니까? 교회도 부흥, 부흥만 하면 안 됩니다. 저도 한 성질 하는 목사라서 교회도 제 힘으로 해보려고 별짓을 다 해 보았습니다. 하지만 결론은 하나님 앞에서 교회가 성장하려면 하나님께서 구원받는 사람을 날마다 더하게 하셔야 한다는 것을 깨달았습니다 (행 2:47).

하나님이 하실 일과 제가 할 일이 달랐습니다. 우리는 그저 감사하면서 기념비만 세우면 됩니다. 기념비 하나 세웠더니 하나님이 건강도, 교회도, 가정도, 자녀도 회복시켜 주셨습니다. 전 항상 첫 열매를 하나님께 드렸습니다. 그렇게 씨앗으로 드린 것에 대해서는 하나님이 채워 주셨습니다.

하나님께서 하늘의 신령한 축복과 땅의 기름진 축복을 어떤 사람에게 주시느냐? 제가 깨달은 것입니다. 에벤에셀 감사의 기념비를 세우는 자, 영광을 하나님께 돌리는 자에게 주십니다.

저는 아내에게도 감사한 것이 많은데, 자식들을 낳아 주어서 감사하고, 아이를 낳을 때마다 10킬로그램씩 살이 쪄서 감사하고, 튼튼해서 감사하고, 감사한 것이 한두 가지가 아닙니다.

우리가 하나님의 사랑을 기억하면 기념비를 세워야 하지 않을까요?

저는 초등학교 6학년 때 예언과 방언의 은사를 받는 하늘의 은혜를 체험했습니다. 그때부터 부흥회를 열심히 따라다녔습니다. 아무리 추워도 부흥회가 열린다면 먼 곳이라도 다 따라다녔습니다. 언젠가는 조용기 목사님의 동기 되는 목사님이 담임하시는 이웃 교회에서 부흥회가 있었습니다. 때는 장마철이라 비는 장대같이 쏟아지는데, 무엇을 그렇게 사모했는지 비를 맞아가면서 가서 은혜를 받았습니다. 다음 날도 갔습니다. 그때의 그 감격을 잊을 수 없었습니다. 세월이 수십년 흐른 후 언젠가 조 목사님을 만났을 때 그 이야기를 했더니 그렇게 진지하게 들으실 수가 없었습니다.

그때 제가 드린 서원이 주를 위하여 제 생애를 드리겠다는 기념비였습니다. 그래서 신학을 하고 목회자의 길로 들어섰습니다.

그랬더니 제가 오늘 어떤 복을 받았습니까? 필설로 다 표현할 수 없는 은혜를 제가 받았습니다.

사랑하는 성도 여러분, 과거에 대한 감사가 없는데 어찌 현재에 복을 주시겠으며, 또한 미래도 책임져 주시겠습니까? 여기까지 도우신 에벤에셀의 하나님께 감사하며 기념비를 세우면 하나님께서 임마누엘로 함께해 주시고, 또한 여호와 이레의 하나님이시니 미래로 인도해 주실 것입니다.

에벤에셀의 기념비! 이것은 축복의 샘물이요 복의 근원이며, 생명의 씨앗이요 성공의 시작입니다. 지난 날에 진심으로 감사합시다. 여기까지 인도하시고 도와주시고 보호하신 하나님을 찬양합시다.

4. 미스바로 모이라

사무엘상 7장 3~11절

사무엘이 이스라엘 온 족속에게 일러 가로되 너희가 전심으로 여호와께 돌아오려거든 이방 신들과 아스다
롯을 너희 중에서 제하고 너희 마음을 여호와께로 향하여 그만 섬기라
너희를 블레셋 사람의 손에서 건져내시리라
이에 이스라엘 자손이 바알들과 아스다롯을 제하고 여호와만 섬기니라
사무엘이 가로되 온 이스라엘은 미스바로 모이라 내가 너희를 위하여 여호와께 기도하리라 하매
그들이 미스바에 모여 물을 길어 여호와 앞에 붓고 그 날에 금식하고 거기서 가로되
우리가 여호와께 범죄하였나이다 하니라 사무엘이 미스바에서 이스라엘 자손을 다스리니라
이스라엘 자손이 미스바에 모였다 함을 블레셋 사람이 듣고 그 방백들이 이스라엘을 치러 올라온지라
이스라엘 자손이 듣고 블레셋 사람을 두려워하여
사무엘에게 이르되 당신은 우리를 위하여 우리 하나님 여호와께 쉬지 말고 부르짖어
우리를 블레셋 사람의 손에서 구원하시게 하소서
사무엘이 젖 먹는 어린 양을 취하여 온전한 번제를 여호와께 드리고
이스라엘을 위하여 여호와께 부르짖으매 여호와께서 응답하셨더라
사무엘이 번제를 드릴 때에 블레셋 사람이 이스라엘과 싸우려고 가까이 오매 그 날에 여호와께서 블레셋
사람에게 큰 우레를 발하여 그들을 어지럽게 하시니 그들이 이스라엘 앞에 패한지라
이스라엘 사람들이 미스바에서 나가서 블레셋 사람을 따라 벧갈 아래에 이르기까지 쳤더라

모이기를 힘쓰라

오늘날 한국 교회의 병폐가 무엇이냐면 모이기를 힘쓰지 않는 것입니다. 연합모임은 말할 것도 없고, 교회도 성도들이 점점 모이기를 힘쓰지 않습니다.

한국 교회가 지난 세월 얼마나 큰 부흥을 이루었습니까? 그리고 짧은 세월 얼마나 많은 주의 일을 감당하였습니까? 그런데 이제는 그때의 열심을 찾아보기가 힘들고, 그때의 열정이 많이 식은 것을 보게 됩니다.

이스라엘의 역사에도 그런 때가 있었습니다. 오늘 본문 사무엘상 7장 3~11절을 보면 이스라엘의 열정이 식고 순결한 믿음이 오염되어 가고 있을 때, 선지자 사무엘이 특단의 조치를 내립니다. 3절부터 보겠습니다.

"사무엘이 이스라엘 온 족속에게 일러 가로되 너희가 전심으로 여호와께 돌아오려거든 이방신들과 아스다롯을 너희 중에서 제하고 너희 마음을 여호와께로 향하여 그만 섬기라 너희를 블레셋 사람의 손에서 건져 내시리라."

그렇게 선포했더니 4절에 "이에 이스라엘 자손이 바알들과 아스다롯을 제하고 여호와만 섬기니라"라고 순종하는 모습이 나옵니다. 다시 5절에서 "사무엘이 가로되 온 이스라엘은 미스바로 모이라 내가 너희를 위하여 여호와께 기도하리라 하매", 6절에서 "그들이 미스바에 모여 물을 길어 여호와 앞에 붓고 그날에 금식하고 거기서 가로되 우리가 여호와께 범죄하였나이다 하니라 사무엘이 미스바에서 이스라엘 자손을 다스리니라"고 하였습니다.

이렇게 했을 때 하나님께서 어떤 축복을 주십니까?

7~11절을 보십시오.

"이스라엘 자손이 미스바에 모였다 함을 블레셋 사람이 듣고 그 방백들이 이스라엘을 치러 올라온지라 이스라엘 자손이 듣고 블레셋 사람을 두려워하여 사무엘에게 이르되 당신은 우리를 위하여 우리 하나님 여호와께 쉬지 말고 부르짖어 우리를 블레셋 사람의 손에서 구원하시게 하소서 사무엘이 젖 먹는 어린 양을 취하여 온전한 번제를 여호와께 드리고 이스라엘을 위하여 여호와께 부르짖으매 여호와께서 응답하셨더라 사무엘이 번제를 드릴 때에 블레셋 사람이 이스라엘과 싸우려고 가까이 오매 그날에 여호와께서 블레셋 사람에게 큰 우레를 발하여 그들을 어지럽게 하시니 그들이 이스라엘 앞에 패한지라 이스라엘 사람들이 미스바에서 나가서 블레셋 사람을 따라 벧갈 아래에 이르기까지 쳤더라."

저는 이 본문에서 하나님 앞에 우리가 취해야 할 태도를 몇 가지 발견합니다. 첫째는 하나님의 말씀 앞에 변화를 받아야 한다는 사실입니다.

"사무엘이 번제를 드릴 때에 블레셋 사람이 이스라엘과 싸우려고 가까이 오매 그날에 여호와께서 블레셋 사람에게 큰 우레를 발하여 그들을 어지럽게 하시니 그들이 이스라엘 앞에 패한지라"(10절).

여러분, 하나님의 도우심을 구하는 우리에게 언제 하나님께서 역사하십니까? 예배할 때입니다. 구약 시대 제사법 중 하나가 번제인데, 하나님을 가장 가까이 만나고 응답 받을 수 있는 행위 중의 하나가 예배입니다.

요한복음 4장 23절에 보면 "아버지께 참으로 예배하는 자들은 신령과 진정으로 예배할 때가 오나니 곧 이때라 아버지께서는 이렇게 자기에게 예배하는 자들을 찾으시느니라"고 말씀하셨습니다. 그래서 예배가 얼마나 중요한지를 아는 사람들은 열심히 모여서 예배를 드립니다.

여러분, 어려울 때 예배를 드리십시오. 하나님 앞에 제단을 쌓으십시오. 예배 속에 하나님이 임하시고, 만나 주실 줄 믿습니다. 하나님은 잘생기고 똑똑하고 환경 좋은 사람을 찾으시는 것이 아니라 예배하는 자를 찾으십니다. 그래서 구약 시대나 신약 시대나 지금이나 하나님께 예배할 때 하나님이 가장 강하고 가장 놀랍게, 가장 가까이 역사하시고 도와주실 줄 믿으시기 바랍니다. 예배를 귀중히 여겨야 합니다.

하나님께서는 이스라엘 백성들이 번제의 제단을 쌓을 때에 어떤 일을 행하셨습니까? 두 가지 작전을 쓰셨습니다. 큰 우레를 발하여 블레셋 사람들을 어지럽게 하셨습니다. 저들의 정신과 용기, 그리고 군사력을 약하게 만들어 버리셨습니다. 반면에 이스라엘은 큰 힘을 나타내게 하셨습니다. 우리가 하나님께 예배할 때에 이와 같은 역사가 임할 줄 믿으시기 바랍니다.

그 앞에 7~8절에도 보면, "이스라엘 자손이 미스바에 모였다 함을 블레셋 사람이 듣고 그 방백들이 이스라엘을 치러 올라온지라 이스라엘 자손이 듣고 블레셋 사람을 두려워하여 사무엘에게 이르되 당신은 우리를 위하여 우리 하나님 여호와께 쉬지 말고 부르짖어 우리를 블레셋 사람의 손에서 구원하시게 하소서" 하고 사무엘 선지자에게 기도를 요청했습니다.

그때에 하나님께서 저들의 부르짖음을 들으셨습니다. 9절에 보면 "여호와께서 응답하셨더라" 하셨습니다.

우리는 모여서 하나님의 말씀을 듣습니다. 모이는 목적이 말씀을 듣기 위해서라는 뜻입니다. 아무리 잘 모여도 듣는 데에 둔하다면 의미가 없습니다. 또 많이 듣지만 변화가 없다면 그것 역시 의미가 없는 것입니다. 사무엘의 이야기를 듣고, 모인 이스라엘 백성들은 말씀을 받았습니다. 그리고 들은 대로 변화를 추구했습니다. 목사도 성도들도 변화해야 합니다.

인형의 집 신드롬

지금 미국에서는 한 여성의 이야기가 잔잔한 감동을 주고 있습니다. 브렌다 반즈, 43세. 펩시콜라 회사의 미국 담당 최고 경영자로서 그는 미국 여성 중 가장 많은 연봉을 받았습니다. 스물두 살에 펩시콜라에 입사해서 한 우물을 팠습니다. 회사의 기대에 부응하듯 지난 한 해 동안 77억 3천만달러, 우리 돈으로 약 7조 원이나 되는 판매고를 올렸습니다. 순수익만 1조 3천억 원의 엄청난 돈을 벌어들인 것입니다.

주중에는 새벽 3시 30분부터 저녁 7시 30분까지, 게다가 일주일의 3분의 2는 집에도 가지 않고 밤새워 일하는 것이 업무 스타일입니다. 그러나 그는 세 명의 자녀가 있는 어머니였습니다. 일곱 살, 여덟 살, 열 살 난 재롱둥이들입니다. 늘 아이들의 학예회를 비디오테이프로 보는 것에 만족해야 했습니다. 아이들의 생일이 평일일 때에는 그냥 지나치기 일쑤였습니다. 그러던 그가 회사를 그만두고 가정으로 되돌아갔습니다.

이 사건을 두고 미국에서는 새로운 가정복귀 운동이 일어나고 있다고 합니다. 또 한국의 한 여성기자는 신보수주의 운동이 시작되었다고 이야기합니다. 변화가 일어나고 있다는 말입니다. 페미니즘의 여파로 여자들이 집 밖으로 나갔다가 다시 가정의 중요성을 깨닫고 되돌아오고 있는 것도 하나의 징조입니다. 우리가 깨닫고 있어야 할 자리로 되돌아오는 것, 그것이 변화입니다.

성도가 되돌아와야 할 곳이 어디입니까? 교회이고, 제단 앞이고, 미스바입니다. 예배의 자리로, 모이는 자리로, 기도하는 자리로 되돌아와야 합니다.

할 일을 해야 합니다

죄가 무엇입니까?
하지 말아야 할 일을 하는 것입니다.

이스라엘 백성이 광야에 있을 때는 신앙이 있었습니다. 가나안을 차지하기 위하여 기도도 했고, 순종하는 삶을 살았습니다. 하지만 가나안에 들어가 기업을 얻고 평안해지자 급속히 하나님을 떠나기 시작했습니다. 하나님을 떠나고 그 땅의 우상을 섬기기 시작했습니다. 우상을 섬기면서 그 땅의 타락한 문화에 젖어들기 시작했습니다. 함께 모여 기도하고 말씀을 듣는 사람들은 줄어들고, 날마다 음란과 타락으로 바알의 길로 갔습니다.

그러자 하나님은 이스라엘 백성들에게 징계를 내리셨습니다. 그 땅에 기근이 임하게 하시고, 이방인들을 들어 때리는 채찍으로 사용하셨던 것입니다. 이때 사무엘이 그들에게 선포한 것이 오늘의 본문입니다.

두 번째, 할 일을 하지 않는 것도 죄입니다.

1960년대 미국에서 가장 바쁜 여인으로 뽑힌 적이 있는 도로시 리의 이야기입니다. 저명한 문화인류학자로서 다섯 개 대학에 출강하는 교수요, 마을의 판사요, 학교 자모회의 간사이며, 빈민 병원의 자원봉사자이기도 했습니다. 그렇게 눈코 뜰 새 없이 활동한 뒤에 가정에 돌아가면 살림을 도맡아야 하는 아내요 어머니였습니다. 그가 최근에 쓴 에세이에 이런 이야기가 나옵니다.

"어느 겨울밤 빨래를 하고 식사 후 설거지를 마친 다음 강의 자료 정리, 청소 몇 군데를 하고 나니 온몸이 녹초가 되어 버렸다. 잠자리에 들려다 생각하니 문득 해야 할 일 한 가지가 더 남아 있었다. 딸이 조르던 인형의 이불을 만드는 일이었다. 일주일을 미뤄 온 터라 졸음을 꾹 참으며 바느질을 시작했다. 나도 모르게 그 일에 푹 빠졌다. 피로감은 안개처럼 증발하고 깃털 속에 잠겨드는 듯한 푸근한 만족감이 심신을 에워쌌다."

그리고 후기에 그 느낌을 이렇게 적어 놓았습니다.

"나는 이 바느질을 하면서 도로시 리라는 한 개인 이상의 상대적 사이를 절감했다. 곧 누구의 아내요, 어머니이고, 스승이며, 이웃임을 깨닫게 된 것이다. 나는 인형의 이불을 꿰매면서 이 세상에서 가장 살맛나게 하는 것이 사람과 사람의 사이, 그것이라는 것을 발견했다."

이러한 현상은 비단 미국뿐이 아닙니다. 서구 사회 전체에 일어나고 있는 현상입니다. 여성이 아내나 어머니의 자리에 만족하지 않고 가정을 탈출해 사회생활에 참여하는 현상을 '인형의 집 신드롬'이라고 합니다. 그런데 지금 세계에는 이 신드롬과 반대되는 '인형의 이불 신드롬'이 일어나고 있는 것입니다. 이 세상에서 가장 중요한 것은 돈이나 일이 아니라 가족 사이, 부부 사이인 것입니다.

하지만 그보다 더 중요한 것이 있으니, 하나님과 우리의 사이, 즉 수직적 관계의 회복입니다. 우리는 가장 중요한 것을 놓치고, 또 예배와 감사를 잊어버리고 지금까지 살아온 것입니다. 우리가 세상을 너무 사랑하고 세상을 의지할 때에는 하나님이 우리에게서 멀어집니다. 하나님을 가까이할수록 참된 평화와 기쁨을 주실 줄 믿습니다. 하나님을 가까이할수록 능력을 입혀 주시고, 참된 사랑을 누리게 하실 줄 믿습니다.

우리가 하나님이 아닌 우상을 섬기고, 또 있어야 할 곳이 아닌 세상에 있다면 사무엘의 선포를 귀담아들어야 합니다. 우리는 있어야 할 자리 하나님의 집에 있어야 하고, 해야 할 일을 해야 합니다. 그래야 하나님이 주신 가나안 복지의 축복이 계속되는 것입니다.

그러면 어떻게 해야 하지 말아야 할 일을 버리고, 해야 할 일을 하게 될까요?

첫째, 모이기를 힘써야 합니다
누가 공부 잘하는 학생입니까? 뭐라고 해도 수업에 잘 참석하는 학생입니다. 누가 1등 신자가 될까요? 누가 뭐래도 잘 모이는 성도입니다. 날마다 모이기를 힘쓰라고 주님이 말씀하셨습니다. 교회에서 모이고, 가정에서 모이고, 구역에서 잘 모여야 합니다.

모이기를 멀리하는 성도는 이미 우상을 사랑하고, 세상을 사랑하는 사람입니다. 먼저 모이기를 힘써야 말씀을 듣게 되고, 기도하게 되고, 서로 사랑하게 되는 것입니다. 미스바에 모일 때 하나님의 음성을 듣게 되고, 하나님의 말씀을 깨닫게 됩니다. 모이기를 힘쓰는 여러분 되시기를 바랍니다.

둘째, 사무엘처럼 기도해야 합니다
사무엘은 기도하기를 쉬는 죄를 결단코 짓지 않겠다고 말했습니다. 작금의 한국 교회를 비판하는 성도들이 많습니다. 하지만 사무엘은 먼저 자신이 기도하겠다고 선언했습니다. 다른 사람 쳐다보지 않고 먼저 회개하고 엎드렸습니다. 사무엘 선지자처럼 비판하기 전에 먼저 기도하는 성도가 되어야 합니다.

셋째, 회개하는 성도가 되어야 합니다
회개해야 성령이 임하십니다. 성령의 충만을 받기를 원하십니까? 먼저 회개하십시오. 내 죄라고 고백하십시오. 나의 잘못이라고 고백하십시오. 먼저 하나님 앞에 머리 숙이시기 바랍니다. 그러면 하나님이 우리에게 새로운 영을 부어 주십니다.

마지막으로, 중보기도하는 여러분이 되시기 바랍니다
모이기를 힘쓴 다음 우리가 해야 할 일은 무엇일까요? 성도들을 위하여 대신 기도하는 것입니다. 성경은 우리를 왕 같은 제사장이라고 했습니다. 제사장이 누구입니까? 백성들을 대신하여 제사드리고 속죄를 하는 사람입니다. 그러므로 중보의 기도를 드리는 것은 성도의 마땅한 본분입니다.

또 불신 이웃들을 위해 간구해야 합니다. 저들의 영혼을 구원케 해달라고 말입니다. 이제 처음 교회에 나온 새 신자들을 위해서도 기도해야 합니다. 이렇게 대신 기도하기 위해서 우리는 모이기를 힘써야 할 줄로 믿습니다.

"사무엘이 가로되 온 이스라엘은 미스바로 모이라 내가 너희를 위하여 여호와께 기도하리라 하매"(삼상 7:5).

블레셋은 이스라엘을 사방으로 욱여싸서 저들의 생명과 존폐를 마지막 궁지로 몰아넣었습니다. 생존에 위협을 받고 막다른 골목에 서 있을 때에 사무엘 선지자는 온 이스라엘 백성을 미스바에 모아서 "내가 너희를 위하여 여호와께 기도하리라"고 했습니다.

저는 예배 순서를 맡은 분들이나 주일학교 교사나 찬양대원 중에서 주일 날 새벽기도에 나오는 모습을 보면 그렇게 좋을 수가 없습니다. 기도할 때 벌써 그가 행하는 일 전체가 능력으로 축복으로 연결되는 것입니다.

기도하는 중직, 기도하는 성도, 기도하는 봉사자가 되어야 합니다. 교회의 사역은 인간적인 힘이나 지혜나 물질로 하는 것이 아닙니다. 기도로 하는 것입니다. 하나님의 능력은 기도하는 바로 그곳에 역사함을 잊지 말아야 합니다.

우리는 무엇을 하기 전에 무엇이 되어야 하는데, 먼저 기도하는 사람이 되어야 합니다. 먼저 그의 나라와 그의 의를 구하는 사람은 기도할 때 됩니다. 하나님의 백성들은 어떤 순발력이 뛰어나서, 또는 체력이 남보다 뛰어나서, 지력이나 권력이 있어서가 아니라 기도로 일한다는 사실입니다. 기도하는 가운데 하나님의 역사가 우리 교회와 각 기관 위에 임하시는 줄 믿으시기 바랍니다.

그래서 사무엘은 다른 방법을 취하지 않았습니다. 군사력을 강화하거나 무기를 더 생산하거나 이방인과 연합군을 형성하지 않고 하나님께 기도했습니다. 우리는 빨리 기도를 회복해야 합니다.

"내 영혼아, 기도하라"고 자기 자신에게 기도를 재촉하고, 또 무엇보다도 전 성도가 기도로 무장한다면 하나님께서 더 좋은 길을 주실 것입니다.

하나님은 분명히 예레미야 33장 3절의 말씀대로 "너는 내게 부르짖으라 내가 네게 응답하겠고 네가 알지 못하는 크고 비밀한 일을 네게 보이리라"고 말씀하셨습니다.

욥기 8장 7절에 나오는 '창대함'도 5절에 보면 '하나님을 부지런히 구할 때 주신다고 했지, 그냥 쉬고 앉아서 자고 먹고 놀고 있는데 주신다고 하지 않았습니다. 부지런히 하나님을 구하는 자에게 창대함을 주신다고 했습니다.

또 예수님은 "구하라 그러면 너희에게 주실 것이요 찾으라 그러면 찾을 것이요 문을 두드리라 그러면 너희에게 열릴 것이니"(마 7:7)라고 말씀하셨습니다.

여러분, 구하고 찾고 두드리는 것은 무엇을 말합니까? 우리가 하나님 앞에 마음을 드려 간절히 구하고, 그 다음에는 찾는 행동 개시가 있으며, 그 다음에는 온 사력을 다하여 두드리는 노동이 응집될 때 하나님의 역사가 함께합니다.

사도행전 4장 31절에 보면 "빌기를 다하매 모인 곳이 진동하더니"라고 했습니다. 누가 땅을 흔들어 놓을 수가 있습니까?

사도행전 16장에 보면 사도 바울이 빌립보 옥중에서 기도할 때에 옥터가 움직이고, 옥문이 열리며 차꼬가 풀어졌습니다. 모든 결박이 풀어졌습니다. 조금 전만 해도 살기등등해서 예수 믿는다고 바울을 옥에 집어넣고 소리치던 간수가 무릎을 꿇고 벌벌 떨면서 "선생들아, 내가 어떻게 하여 구원을 얻으리이까?" 하고 물었습니다. 이것은 바로 기도의 위대한 역사 속에 나타난 일입니다.

오늘도 하나님은 여러분과 제가 하나님과 가까이 나아가 기도하기를 원하십니다. 대화하기를 원하십니다. 대·중·소 모든 문제들을 하나님께 나아와서 함께 의논하기를 원하십니다.

사무엘은 위기에 처했을 때 기도했습니다. 좋을 때에도 기도했습니다. 감사한 일이 있어도 기도했습니다. 어떤 성도는 자기가 필요할 때는 기도하는데, 그 다음에 좋은 일이 이루어졌을 때 감사 기도가 없이 계속 달라고만 합니다. "받으시옵소서" 하는 기도가 없습니다. 달라고 하는 기도도 해야겠지만 "주여, 받아주시옵소서" 하는 기도도 해야 합니다.

여러분이 병들었을 때 낫게 해달라고 하는 기도도 좋지만, "하나님, 저를 고쳐서 써주십시오. 저를 고쳐서 주님이 사용해 주십시오" 이렇게 기도하면, 하나님의 역사가 더 함께하실 것입니다.

"물질을 주십시오. 제가 가난합니다. 배고픕니다. 춥고 헐벗고 있습니다. 저 좀 불쌍히 여겨 주십시오." 이런 기도보다도 "하나님, 주님을 위해서 쓸 수 있는 물질을 주십시오. 십일조를 좀 많이 바치게 해주십시오. 바칠 재물이 좀 많아지게 해주시옵소서. 구제할 재물이 많아지게 해주시옵소서. 저도 좀 남을 도우면서 살겠습니다. 아버지, 제 사업장에 선교자금을 많이 주십시오. 주여, 제 일터에 하나님을 위해서 일할 수 있는 재물을 많이 주십시오"라고 기도할 때 하나님이 역사하시는 줄 믿으시기 바랍니다.

우리 기도와 회개 속에 하나님이 역사하십니다. 오늘도 우리 하나님은 여러분과 함께하시기를 원하십니다. 지켜 주시고 보호해 주시기를 원하십니다. 여러분을 높이 들어 쓰시기를 원하십니다. 절대 하나님은 주를 믿는 백성이 망하거나 실패하거나 이 땅에서 폐인 되는 것을 원치 않으십니다. 하나님은 저도 여러분도 잘되기를 원하십니다. 이방 사람의 머리가 되고, 모든 사람 중에서 장자가 되고, 높이 들어 사용하시고, 영광 받으시기를 원하십니다.

사랑하는 성도 여러분! 이스라엘 백성이 블레셋으로 인해 고통을 당할 때 저들은 이방 신을 다 버리고 죄를 회개하며, 하나님께 부르짖으며, 하나님 앞에 번제단을 쌓았습니다. 그때 하나님은 그 기도를 들으시고 블레셋 사람을 다 멸절시키시고, 이스라엘 백성을 구원해 주셨습니다.

"이에 블레셋 사람이 굴복하여 다시는 이스라엘 경내에 들어오지 못하였으며 여호와의 손이 사무엘의 사는 날 동안에 블레셋 사람을 막으시매"(삼상 7:13). 그래서 이스라엘에 평안이 임하여 에벤에셀의 하나님을 바라보게 되었습니다.

한 해를 살아가면서 모든 우상과 죄악을 벗어버리고, 하나님께 기도하고 예배드리는 생활을 잘하여 에벤에셀의 하나님을 바라보면서 승리하시는 성도 여러분 되시기를 주의 이름으로 축원합니다.

5. 오직 감사

시편 50편 22~23절

하나님을 잊어버린 너희여 이제 이를 생각하라
그렇지 않으면 내가 너희를 찢으리니 건질 자 없으리라
감사로 제사를 드리는 자가 나를 영화롭게 하나니
그 행위를 옳게 하는 자에게 내가 하나님의 구원을 보이리라

에벤에셀의 하나님을 기억하라

제가 개인적으로 이 에벤에셀 축복의 중요성을 참 많이 깨달았습니다. 그래서 이 에벤에셀의 하나님을 자주 증거하고, 부흥회 가는 곳마다 빠뜨리지 않고 에벤에셀의 하나님을 증거합니다. 여러분, 오늘 이 시간까지 인도하신 에벤에셀의 하나님께 먼저 감사를 드립시다.

하나님은 과거에도 도우셨고, 앞으로도 여러분과 저의 생애를 반드시 도와주실 줄 믿습니다. 우리는 한순간도 하나님의 도우심 없이 존재할 수 없습니다. 무엇을 한다고 큰소리치지만 하나님의 능력이 아니면 아무것도 할 수 없습니다. 하나님은 우리의 기도를 응답해 주십니다. 기도하고 시작한 모든 것을 창대하게 인도해 주십니다.

그러면 에벤에셀의 하나님을 바라보려면 어떻게 해야 할까요?

첫째, 모든 이방 신과 죄악을 벗어 버려야 합니다.

이스라엘 백성들은 지금까지 바알과 아스다롯 등 수많은 이방 신을 섬긴 잘못을 깨우치고 다 벗어 버리고 하나님만을 바라보았습니다. 그럴 때 하나님은 그들의 기도를 들어주셨습니다.

하나님은 내가 얼마나 의로우냐를 묻지 않으십니다. 내가 얼마나 죄를 철저하게 뉘우치고 회개했느냐를 보십니다. 하나님은 죄 기 적은 사람만 오라고 하지 않으셨습니다. 죄인들은 다 오라고 했습니다. 이사야 1장 18절에 보면, "여호와께서 말씀하시되 오라 우리가 서로 변론하자 너희 죄가 주홍 같을지라도 눈과 같이 희어질 것이요 진홍같이 붉을지라도 양털같이 되리라"고 하였습니다. 하나님은 죄가 없다고 하는 의인을 찾으시는 것이 아닙니다. 죄가 있지만 회개하는 사람을 용서해 주십니다.

우리가 에벤에셀의 하나님을 바라보려면 먼저 지은 죄를 뉘우쳐야 합니다. 죄를 회개할 때에 하나님께서는 긍휼을 베풀어 주실 것입니다. 하나님과의 관계를 가로막는 것이 죄입니다. 죄에는 여러 가지가 있습니다. 불신앙도 죄이고, 하나님의 계명을 범하는 것도 죄이며, 더디 믿는 것도 죄라고 했습니다. 이러한 죄에서 사함을 받을 때 하나님을 바라볼 수 있게 되고, 하나님을 바라볼 때 하나님은 에벤에셀의 하나님으로서 여러분과 저를 도와주시고, 역사 해주실 줄로 믿습니다.

죄도 너무 많이 쌓이면 하나님의 심판이 임하게 됩니다. 오늘 죄를 회개하는 사람은 용서와 긍휼을 받게 됩니다. 불쌍히 여김을 받게 됩니다. 나아가 우리는 남보다 내가 더 의롭고, 내가 더 똑똑하고, 내가 더 훌륭하다고 생각하는 교만을 버려야 합니다.

"주여, 저는 죄인입니다. 저는 죄인 중의 괴수입니다"라고 고백했던 사도 바울처럼 자기 죄를 뉘우치는 사람이 하나님의 긍휼을 입게 됩니다. 내가 아무것도 아닌 존재인 것을 깨달을 때 하나님은 더 크고 더 놀라운 능력과 의를 베푸시고 역사해 주십니다. 날마다 하나님이 우리 곁에 계시고, 함께 역사해 주십니다.

오늘도 그 하나님의 손길, 하나님의 도우심을 받기 원한다면 의로워져야 합니다. 십자가 보혈로 씻음을 받아야 합니다. 말씀으로 수술을 받아야 합니다. 성령의 불로 소멸을 받아야 합니다. 우리 생각도 바꾸고, 우리의 모든 행동도 고치고, 모든 삶의 목적과 이정표가 하나님의 선하신 뜻과 일치되어야 합니다. 그리할 때 하나님이 붙잡아 주시고, 우리 가운데 역사하시는 것입니다.

우리가 세상을 사랑하고 세상을 의지할 때에는 하나님이 우리에게서 멀어지십니다. 그러나 하나님을 가까이 하면 할수록 하나님은 우리에게 참된 평화와 기쁨을 주시며, 능력을 입혀 주시고, 참된 사랑을 누리게 하실 줄로 믿습니다.

둘째, 어떤 위기에 처해도 하나님께 기도해야 합니다.

"사무엘이 가로되 온 이스라엘은 미스바로 모이라 내가 너희를 위하여 여호와께 기도하리라 하매"(삼상 7:5).

블레셋은 이스라엘을 둘러싸서 저들을 치고자 했습니다. 적들 앞에 생존의 위협을 받을 때에 사무엘 선지자는 온 이스라엘 백성을 미스바로 모이도록 했습니다. 백성을 위하여 여호와께 기도하겠다고 했습니다. 이것이 바로 이스라엘 민족이 블레셋의 손에서 구출 받는 가장 귀한 방법이고, 최선의 방법이었습니다. 하나님은 우리가 어떤 위기에 처해도 살아갈 방법을 주셨는데, 그것이 기도입니다.

저는 우리 찬양대원, 안내위원, 찬양선교단들이 예배 전에 간절히 기도하는 모습을 보면 너무 기쁩니다. 하나님의 능력은 바로 기도하는 곳에 역사합니다. 우리는 무엇을 하기 전에 먼저 기도하는 자가 되어야 합니다. 기도가 하나님의 보좌를 움직이는 힘입니다. 기도하는 가운데 하나님의 역사가 여러분과 저에게 함께하실 것입니다.

사무엘은 민족 존폐의 기로에서 다른 방법을 취하지 않았습니다. 오직 하나님께 기도했습니다. 우리가 한 세기를 마감하는 길목에서 가장 중요한 것 또한 바로 기도임을 깨달아야 합니다.

사람들은 대화를 나누면서 정을 쌓고, 대화를 통해서 서로의 뜻을 파악하게 됩니다. 하나님도 기도의 대화가 있을 때에 우리의 사정을 돌보아 주십니다. 우리는 기도할 때에 하나님의 깊은 것, 신령한 것을 통찰하게 될 것입니다.

기도하는 사람에게는 계시적인 은사를 주십니다. 신령한 은사를 부어 주십니다. 그래서 신령한 것은 신령한 것으로 분별할 수 있다고 했습니다. 오늘 온갖 은사가 여러분에게 임하기를 바랍니다. 기도하는 가운데 지혜의 은사, 지식의 은사, 능력의 은사, 병

고치는 은사, 예언·방언·통역의 은사, 영 분별의 은사가 있기를 바랍니다.

인간에게 주어진 힘은 한계가 있습니다. 하지만 하나님의 능력은 무한대입니다. 끝도 없는 능력을 오늘 하나님께서 우리에게 부어 주실 것입니다. 그 능력이 바로 성도들의 기도 생활을 통해서 나타납니다.

여러분, 세계에서 제일 유명한 핫스프링필드 호텔이 있습니다. 그 호텔이 왜 유명해졌습니까? 호텔 사장이 다니는 교회 건축을 위해 작정을 하는데, 그 마음에 자꾸 성령의 감동이 와서 3분의 1의 금액을 적었답니다. 그때 당시 건축비로 총 15만 달러가 드는데, 5만 달러를 담당하겠다고 적었답니다. 자꾸 성령의 감동이 오더랍니다. 지금 10만 달러는커녕 1만 달러도, 1천 달러도 손에 없는데 어떻게 바칠까 하고 걱정이 되어 산책을 하면서 뒷산에 올라갔는데 숲속에서 연기가 올라오는 것이었습니다.

그래서 가까이 가서 보니까 거기에서 너무너무 좋은 온천물이 솟아올랐습니다. 땅 주인을 수소문해서 찾았더니, 이 땅을 내놓은 지가 오래되었는데 살 사람이 없자 헐값에 내놓은 상태였습니다. 이분이 없는 돈이지만 빨리 계약을 하고 싼값에 샀습니다. 그곳에 교회를 짓고, 지금은 그 자리가 세계적으로 유명한 핫스프링필드 호텔이 되어 큰 재벌이 되었다고 합니다.

여러분, 우리가 자신을 위해서 구하는 것보다도 하나님을 위해서 건강을 구하고, 물질을 구하고, 하나님의 영광을 위해서 모든 것을 구할 때 하나님은 우리에게 끊임없이 부어 주실 것입니다.

바울은 "그런즉 너희가 먹든지 마시든지 무엇을 하든지 다 하나님의 영광을 위하여 하라"(고전 10:31)고 했습니다.

셋째, 하나님 앞에 번제를 드려야 합니다.

"사무엘이 번제를 드릴 때에 블레셋 사람이 이스라엘과 싸우려고 가까이 오매 그날에 여호와께서 블레셋 사람에게 큰 우레를 발하여 그들을 어지럽게 하시니 그들이 이스라엘 앞에 패한지라"(삼상 7:10).

여러분, 하나님은 우리가 예배할 때 역사하십니다. 하나님을 가장 가까이 만나고 응답받을 수 있는 행위 중의 하나가 예배인 것입니다. 하나님은 요한복음 4장의 말씀처럼 신령과 진정으로 예배하는 자들을 찾으십니다.

어려울 때일수록 더욱 예배에 힘써야 합니다. 신령과 진정으로 하나님 앞에 제단을 쌓을 때 하나님이 임하시고, 우리를 만나 주십니다. 구약 시대나 신약 시대나 지금도, 하나님께 예배할 때 가장 강하고 가장 놀랍게 역사하시고 우리를 도와주십니다. 우리는 예배를 귀중히 여겨야 합니다.

"여호와께 부르짖으매 여호와께서 응답하셨더라"(삼상 7:9).

우리가 예배하며 하나님 앞에 나아가 부르짖을 때 하나님께서는 응답해주십니다.

우리는 하나님의 귀한 백성입니다. 그러기에 허물이 있을지라도 우리가 기도하고 회개하면 하나님은 역사하시는 것입니다. 하나님은 우리와 함께하시기를 원하시고, 지키시고 보호해 주시기를 원하십니다. 하나님은 우리를 들어 높이 쓰시기를 원하십니다. 하나님은 우리를 통해 영광 받으시기를 원하십니다.

인생의 목적

사람이 살아가는 인생 최대의 목적이 무엇일까요? 하나님은 왜 우리를 이 땅에 보내셨을까요? 하나님은 우리로 하나님을 영화롭게 하기 위하여, 찬송과 감사를 받기 위해 우리를 창조하셨다고 말씀하십니다.

그러므로 하나님께 감사와 영광과 찬송을 드리며 사는 사람들은 하나님의 뜻대로 사는 사람들입니다. 반대로 원망하고 불평하며 감사가 없는 사람은 하나님의 영광을 위해 살지 못하고 있는 것입니다.

시편 50편 22절에 "하나님을 잊어버린 너희여 이제 이를 생각하라 그렇지 않으면 내가 너희를 찢으리니 건질 자 없으리라"고 했습니다. 또 23절에는 "감사로 제사를 드리는 자가 나를 영화롭게 하나니 그 행위를 옳게 하는 자에게 내가 하나님의 구원을 보이리라"고 했습니다.

하나님을 잊어버리지 마시기 바랍니다. 또 나를 낳아주신 부모님을 잊지 마시기를 바랍니다. 나에게 자비를 베풀어 준 사람을 잊지 마시기를 바랍니다.

해마다 추수감사절이 돌아옵니다. 이는 한 해가 다 지나가고 추수와 함께 결산의 때가 왔다는 것을 깨닫게 해줍니다. 특히 금년은 사상 유례 없는 풍작으로 온 국민이 즐거워하고 있습니다. 나라 안팎으로는 어지럽지만 그래도 하나님은 이 땅에 풍년을 주셨습니다.

반면에 한반도 북쪽 북한 땅은 4년여에 걸쳐 홍수가 나더니 올해는 또 가뭄으로 피해를 입어 정권을 유지하기가 점점 어려워지고 있습니다. 이제는 외국의 원조가 아니면 지탱할 수가 없으니까 외국 기자들에게 치부를 드러내 놓고 사진을 찍어 가라고 초청합니다.

어느 마을에 흉년이 들어 마을 사람 모두가 심히 배를 곯게 되었습니다. 이 마을에 신실한 부자가 한 사람 있어, 곳간을 풀어 배를 곯는 마을 사람들을 위해 매일 빵 하나씩을 주었습니다. 그렇게 선행을 베풀자 처음 한두 번은 감사하던 사람들이 점점 감사를 잊어 가는 것이었습니다.

그런데 한 어린아이만은 매일 빵을 받아 가면서 "어르신, 감사합니다. 정말 감사합니다. 잘 먹겠습니다" 하는 감사의 말을 잊지 않았습니다. 그렇게 인사를 잘하자 부자는 '이 동네 사람들 어느 누구도 감사하지 않는데 저 아이만은 감사하는구나. 내가 저 아이에게 선물을 주어야겠다' 생각하고 빵 속에 금화 여섯 개를 숨겨 넣었습니다. 그런데 잠시 뒤에 아이가 달려와서 이렇게 이야기합니다.

"어르신, 제가 이 빵을 먹다가 그만 이가 부러질 뻔했습니다. 보세요. 이 빵 속에 금화가 한 개도 아니고 여섯 개나 들어 있었어요. 이것은 제 것이 아니니 돌려드릴게요."

그 이야기를 들은 부자는 다시 감동했습니다. 그래서 아이에게 말했습니다.

"아니다, 아이야. 이 마을 사람 어느 누구도 나에게 감사하는 마음을 표현하지 않아도 너는 한 번도 빠뜨리지 않고 나에게 감사의 마음을 표현하였으니 하나님도 너와 같은 아이에게 선물을 주고 싶어 하실 거다. 이 금화 여섯 개처럼 엿새 동안 열심히 일하고 열심히 공부하여 너도 큰 부자가 되어 다른 사람을 돕고 살거라."

저는 이 이야기를 읽으면서 '아, 하나님이 나에게 원하시는 것이 바로 이 감사겠구나. 나에게 매일의 삶을 주시고, 건강을 주시고, 다시 새로운 마음으로 일할 수 있는 능력을 주시는데 감사를 잊고 살 때가 많았구나' 하고 깨달았습니다.

감사 중에 가장 중요한 감사가 무엇일까요? 무엇보다 구원의 은혜에 대한 감사입니다. 구원의 은혜를 잊어버리면 우리는 아무것도 할 수 없습니다. 특히 직분을 감당할 때 그렇습니다. 우리가 이 직분을 어떻게 받았습니까?

우리가 죄에서 놓임을 받고 지옥에서 면제받고 구원의 축복으로 천국 가게 된 것에 대한 감사를 잊어버리면 교사 직분도 감당하기 힘들고, 집사 직분도 감당하기 힘들고, 모든 일이 힘들 것입니다. 그래서 직분보다 더 중요한 것이 감사를 회복하는 것이고, 은혜를 회복하는 것입니다. 마음에 감사가 사라지면 직분도 봉사도 기쁨이 아니라 짐이 됩니다.

사랑하는 성도 여러분, 무엇보다 구원의 은혜에 감사하는 성도 되시기를 바랍니다. 또한 우리는 일반적인 은혜도 감사해야 합니다. 이 세상에 사는 날 동안 하나님은 선한 사람이든 악한 사람이든 햇빛도 동일하게 주시고 비도 동일하게 주십니다. 그리고 우리 몸을 보아도 감사할 것이 한두 가지가 아닙니다.

감사는 인간의 본분

시편 19편 7절에 하나님의 율법은 완전하여 영혼을 소성케 한다고 했습니다. 영혼이 소성된 자만이 하나님을 보며 하나님을 영화롭게 할 수 있습니다. 창조주를 발견하고 그분의 영원하신 계획을 깨닫게 될 때 인간의 본분을 다하게 됩니다.

그러므로 신앙의 최고 차원은 감사하는 것입니다. 이사야 43장 21절에서도 이사야 선지자는 하나님의 음성을 듣고 이렇게 기록했습니다. "이 백성은 나를 위하여 지었나니 나의 찬송을 부르게 하려 함이니라."

우리는 감사를 표현하는 일에 인색합니다. 특별히 하나님께 감사를 많이 하면 유별나게 보는 것이 오늘날 교회 문화입니다. 입으로 시인하는 단계에서 이제 몸으로 표현하는 단계로 넘어가야 합니다.

누가복음 17장에 나타난 열 명의 문둥병 환자 이야기는 우리에게 구체적인 감사 표현을 예수님께서 원하신다는 것을 보여 줍니다. 주님은 열 명의 문둥병자가 치료를 간구하자 모두 고쳐 주셨습니다. 그러나 가다가 치료받은 것을 깨닫고 돌아와서 예수님께 감사한 사람은 한 명뿐이었습니다.

나머지 아홉은 어디로 갔을까요? 그들은 레위기의 율법에 따라 제사장에게 보이기 위해 갔습니다. 종교적인 의무에 충실한 것입니다. 성전에 갔다 와서 예수님께 감사하려고 했는지도 모릅니다. 그러나 갔다 왔을 때는 이미 예수님이 보이지 않을 것이고, 시간이 흐르면서 감사를 잊어버렸는지도 모릅니다.

우리가 그렇습니다. 하나님께 대한 감사의 표현이 늦어지면 그것을 잊어버리고 지나갑니다. 그리고는 시간이 지난 다음에 하나님은 나를 사랑하지 않으신다고 불평합니다. 왜냐하면 감사를 표현한 적이 없기 때문에 잊어버린 것입니다.

또 하나, 우리가 표현하는 데 인색하면 창조성이 떨어집니다.

수준 있는 감사를 하라

얼마 전 〈조선일보〉에 잡지 〈좋은 생각〉의 편집인이 글을 쓴 적이 있습니다.

초등학교 1학년 아이가 학교에서 내준 숙제를 가져왔는데 그 숙제는 시냇물이 어떤 소리를 내는지 괄호 안에 적어오는 것이었습니다. 어머니는 당연히 그 답이 '졸졸졸'이라고 가르쳐 주었습니다. 그런데 아이는 그렇게 하면 안 되고 꼭 시냇가에 가서 소리를 들어 봐야 한다는 것이었습니다.

귀찮지만 차에 태워 근교의 시냇가로 갔더니 아이가 괄호 안에 채워 넣은 답은 '졸졸졸'이 아닌 '수월수월수월'이었습니다. 그것을 학교에 가져갔더니 선생님이 맞는 답은 없고 다 잘했다고 칭찬하더라는 것입니다. 가장 잘한 답이 무엇이냐고 물었더니 그 아이는 자기 반에 글을 다 못 배워 받침을 잘 안 쓰는 아이가 있는데, 그 아이가 써온 답은 'ㄹ' 받침만 세 개였다고 합니다. '리을리을리을'로 읽게 되니까 가장 좋은 답이라고 칭찬을 받았다고 합니다.

그 편집인은 요사이도 그런 교사가 있는가 너무 감격해서 그 반과 그 선생님에게 축복이 있으라고 글을 마쳤습니다.

감사를 아는 마음이 에벤에셀의 하나님을 믿는 믿음입니다. 그래서 골로새서 2장 7절에 "감사함을 넘치게 하라"고 말씀한 것입니다. 이 구절을 옛날 한문성경에서는 중(增)자와 가(加)자를 써서 "감사함을 중하고 가하라"고 했습니다. 신앙의 최고봉은 누가 뭐래도 '범사에 감사할 수 있는 신앙' 일 것입니다. 하나님께 감사하고 그분을 찬양하는 것, 우리를 지으시고 우리를 사랑하시는 하나님께 대한 우리의 진정한 본분입니다.

감사를 잃어버리면 그 사람은 곧 시험을 맞게 됩니다. 왜냐하면 우리를 지으신 이가 만드신 궤도를 이탈했기 때문입니다. 궤도를 달린다는 것은 곧 형통입니다. 궤도를 이탈하면 곤고가 찾아옵니다. 하나님은 여호수아 1장 8절에서 분명히 여호수아에게, 또 우리에게 말씀하셨습니다. '말씀을 가까이하고, 입에서 떠나지 않게 하며, 좌로나 우로나 치우쳐 궤도를 이탈하지 않으면 형통케 하겠다' 고 말씀하신 것입니다.

그러면 우리는 어떻게 감사할 수 있겠습니까?

첫째, 감사는 입으로 시인하는 것입니다

히브리서 13장 15절은 우리에게 입으로 시인하는 것이 얼마나 중요한지를 깨우쳐 줍니다. "이러므로 우리가 예수로 말미암아 항상 찬미의 제사를 하나님께 드리자 이는 그 이름을 증거하는 입술의 열매니라." 우리는 입으로 믿음을 시인해야 합니다. 그리고 다른 사람들 앞에서도 입으로 시인해야 합니다.

오늘 우리 크리스천들 가운데서 밖에서 식사할 때나 직장이나 학교에서 식사 기도를 회피하는 것을 봅니다. 원수들 앞에서도 입술을 열어 시인할 수 있어야 합니다. 주님은 "너희가 사람들 앞에서 나를 시인하면 나도 너희를 시인하며, 너희가 나를 부인하면 나도 부인하리라"고 하셨습니다. 우리는 항상 입으로 시인하는 감사 생활을 해야 합니다.

둘째, 감사는 행동으로 표현하는 것입니다
우리가 추수감사절이 되어 헌금을 드립니다만 그것이 중요한 것이 아닙니다. 하나님 앞에서 구속받은 백성이 되었음을 시인하는 한 방법으로 헌금을 드리는 것입니다.

이러한 훈련은 곧 아이들의 창조성을 일깨우고 발달시킵니다. 감사 표현을 많이 하는 것은 창조성을 일깨워 줍니다. 진정한 감사는 행동으로 표현될 때 배가됩니다. 그것이 감사를 넘치게 합니다.

셋째, 감사의 절정은 삶으로 표현하는 것입니다
로마서 12장 1~2절에서 선한 삶은 하나님이 받으시고 기뻐하시는 영적 예배라고 했습니다. 히브리서 13장 16절에서는 하나님이 기뻐하시는 제사라고 말했습니다. 우리가 종교적인 행위에만 만족하고 마땅히 선을 베풀어야 할 사람들에게 선을 베풀지 않는다면 하나님께 영광을 돌리지 않은 것입니다.

왜 감사해야 하느냐고 묻는 분이 있다면 그의 영혼은 아직 소성하지 않은 것입니다. 또 감사는 하는데, 입으로 표현하는 데 인색하다면 믿음이 성숙하지 않은 것입니다. 아이들처럼 감사하는 데에 인색한 것입니다. 입으로는 감사를 잘 표현하는데 구체적인 행동이 없다면 신앙의 본질을 잘못 이해한 것입니다. 아홉 명의 문둥병자들처럼 감사해야 할 대상을 잘못 안 것입니다.

우리가 삶으로 감사할 수 있다면 비로소 우리는 참으로 하나님이 기뻐하시는 아들이 되는 것입니다.

추수감사절은 이러한 것을 확인하고 배우고 또 실천하는 날입니다. 의무감에 헌금 봉투를 가져오는 날이 아니라 마음과 몸으로 하나님께 영광 돌리는 시간입니다.

추수감사의 유래

추수감사주일은 성경에 나와 있는 절기는 아닙니다. 오히려 미국의 신앙 전통에 가깝습니다. 오늘날 미국이 세계의 부국이 된 것이 하나님 신앙 때문임을 의심하는 사람은 없습니다.

1620년 9월 16일 102명의 청교도들이 신앙의 자유를 찾아 메이플라워호를 타고 63일간 대서양을 횡단했습니다. 도착한 신대륙은 어려운 환경과 수많은 질병, 악천후와 인디언과의 갈등이 계속되는 곳이었습니다. 1년이 지났을 때 102명 중 50명만이 살아남았습니다.

우여곡절 끝에 한 해가 지나 추수를 했고, 처음 추수한 곡식으로 하나님께 교회를 지어 드렸으며, 이것이 오늘날 우리가 지키는 추수감사절의 기원이 됐습니다. 그리고 다시 한 해가 지나 추수하여 학교를 지었고, 그 다음 추수감사절이 되어서야 각자 살 집을 짓기 시작했습니다.

건국 400년이 채 되지 않은 미국이지만 오늘날 그처럼 물질의 풍요를 누리게 된 것은 선조가 하나님 아버지께 심은 감사의 씨앗이 열매를 맺게 되었기 때문입니다.

신명기 16장 16~17절에서 "공수로 여호와께 보이지 말고 각 사람이 네 하나님 여호와의 주신 복을 따라 그 힘대로 물건을 드릴지니라"고 했습니다. 마태복음 6장 21절에 있는 대로 주님은 바치는 자의 중심을 보십니다. 그 중심에 감사가 있을 때에라야 헌금도, 헌신도 나오는 것입니다.

우리가 감사할 때 마음으로 하지 않고, 형식적으로 감사하고 지나간다면 이내 소중한 것들을 잊어버리게 될 것입니다. 오늘 우리의 삶에 가장 필요한 것은 더 많은 물질이 아니라 감사하는 마음입니다.

성도의 생활은 감사 생활이어야 합니다. 감사하지 않는 생활에는 불평과 불만만이 따라옵니다. 마귀의 유혹만이 넘칠 뿐입니다. 천만금을 주고도 살 수 없는 내 생명, 내 가정, 내 자녀, 우리의 모든 사이 사이를 귀중히 여기며 감사해야 하겠습니다.

잠언 17장 22절에 "마음의 즐거움은 양약이라도 심령의 근심은 뼈로 마르게 하느니라", 잠언 18장 14절에 "사람의 심령은 그 병을 능히 이기려니와 심령이 상하면 그것을 누가 일으키겠느냐"고 말씀하고 있습니다. 우리가 주어진 것에 만족하고, 또 소망 가운데 즐거워하며 늘 감사하면 기쁨이 넘치는 것입니다. 그 마음의 즐거움이 우리를 건강하게 하고 행복하게 합니다.

이렇듯 감사하는 사람의 삶에는 언제나 여유가 있습니다. 세상이 꼭 신보수주의로 회귀해서가 아니라 우리의 삶은 그리스도를 중심으로 세워지고 교회 중심, 가정 중심으로 살아가야 하는 것입니다.

며칠 전에 남편을 살해하려 했던 한 여인이 남편의 탄원으로 감옥에서 나왔습니다. 술만 먹고 가정을 돌보지 않는 남편 이름으로 보험을 계약하고 정부와 공모해 남편을 죽이려고 했는데 살인 청부업자가 다 털어놓는 바람에 들통이 난 것입니다. 그런데 그 남편이 뒤늦게 뉘우치고 착하던 부인이 그렇게까지 된 것은 가정을 돌보지 않은 자신의 책임이라며 눈물로 애원하자 재판관이 집행유예로 풀어 준 것입니다.

그렇습니다. 불평과 불만, 미움은 남이 아니라 자신을 파괴하는 길입니다. 사랑과 감사는 남도 살리고 자신도 사는 길입니다. 우리 모두 감사하며 사랑해야 하는 이유가 그 때문입니다.

주님은 '살리는 영'이라고 하셨습니다.

영적이라는 말은 육적인 것의 반대로서, 하나님의 성품과 그 뜻대로 살려고 하는 것입니다. 그러므로 감사는 영적인 것입니다. 주님처럼 십자가에서도 감사할 수 있을 때 우리는 천국의 삶을 사는 것입니다.

6. 감사하는 성도

골로새서 3장 16~17절

그리스도의 말씀이 너희 속에 풍성히 거하여 모든 지혜로 피차 가르치며 권면하고
시와 찬미와 신령한 노래를 부르며 마음에 감사함으로 하나님을 찬양하고
또 무엇을 하든지 말에나 일에나 다 주 예수의 이름으로 하고
그를 힘입어 하나님 아버지께 감사하라

우리는 추수감사절을 맞이하면서 이런 말씀을 먼저 떠올리게 됩니다.

"범사에 감사하라."

이 말씀 앞에 모든 성도는 감동해야만 합니다. 그리고 범사에 감사해야 한다는 대전제를 마음에 새기며 살아가야 합니다. 이번 감사절에 그와 같은 대전제를 다시 한 번 마음에 새기며, 어떠한 조건과 환경이 주어지더라도 감사하는 성도가 되시기를 축원합니다.

그래도 감사합시다

어떤 여집사님이 설교 중에 말씀하시는 목사님의 이야기를 귀에 담아 두었습니다.

"여러분, 기도를 많이 해야 응답이 오는 것이 아니고 감사 기도를 해야 기도에 힘이 있고 응답이 옵니다."

하지만 그 여집사님은 한숨만 쉬면서 속으로 생각합니다.

'휴, 나도 남편 때문에 감사할 수 있으면 좋겠다.'

남편은 거의 매일같이 술을 마시고 자정이 되어서야 집에 들어오는데, 어떻게 집은 찾아왔는지 집까지 와서는 문앞에 쓰러져 있기 일쑤였습니다. 그렇게 쓰러진 남편을 침대에다가 누이는 것이 일상사가 되어 버린 것입니다.

이 여집사님은 남편만 생각하면 화가 나서 참을 수가 없었습니다. 잠자리에 들기 전에 기도하려고 하면 신세 한탄만 나오고, 자신의 처지가 처량해서 울화가 치밀곤 했습니다. 그래서 하나님께 원망스런 기도를 했습니다.

"왜 저를 이런 사람에게 시집을 보내서 이 고생을 하게 하십니까?"

이렇게 기도하며 울었습니다.

그런데 낮에 들은 목사님의 설교가 생각난 것입니다. 그래서 오늘만이라도 남편을 위해서 감사 기도를 드리기로 했습니다. 하지만 감사할 것이 하나도 없었습니다. 그래도 그저 감사하다고 기도하려고 하는데, 그 때 성령이 그의 마음을 감동시키셨습니다. 그러면서 순간적으로 생각의 문이 열리기 시작한 것입니다.

"지금 코를 골고 자는 남편이라도 곁에 있는 것이 없는 것보다 낫지 않으냐?"

"저렇게 취해서도 용케 집까지 찾아와서는 문간 앞에서 쓰러져 주는 것이 고맙지 않으냐?"

"토요일은 술을 더 많이 마시고 와서 주일날 아침 늦게까지 잠을 자고 있으니 집 봐줘서 교회 가기 좋지 않으냐?"

이런 생각이 마음속에서 솟구쳐 나오는 것입니다. 그래서 이 집사님이 생각나는 대로 기도를 열심히 하는데, 한편 속에서는 웃음이 자꾸만 터져 나옵니다. 웃으면서 기도를 합니다.

남편이 목이 말라서 잠을 깨 눈을 살며시 떠보니 아내가 옆에서 기도를 하는데, 웃으면서 하고 있습니다. 남편이 "뭐가 그리 좋아서 웃느냐"고 묻습니다. 이 지혜로운 여집사님은 "당신 같은 남자하고 사는 것이 감격스러워서 웃는다"고 대답했습니다. 그랬더니 그 말 한마디에 남편이 감동해서 약속합니다.

"다음 주일부터 교회에 나갈게."

여러분, 성도의 삶에 우연이 있습니까? 남편을 위해 10년을 기도했는데도 응답이 없었는데 그날 단 한 번의 감사 기도가 10년 소원을 이루어 준 것입니다. 우리의 환경이 어떠하든지 간에 그래도 감사합시다.

어떤 일에도 감사합시다

많은 사람의 축하와 축복을 받으며 이제 막 결혼식을 끝낸 신혼부부가 들뜬 기분과 설렘을 감추지 못하며, 신혼여행을 떠나기 전에 시내를 한 바퀴 돌며 즐거운 시간을 보내고 있었습니다.

친구들의 축하를 받으며 받아 마신 단 한 잔의 술이 신랑의 기분을 고조시켰습니다. 긴장감을 풀기에 충분했습니다. 비행기 시간에 맞추어서 강변도로를 질주하던 차는 커브 길에서 그만 사고가 나고 말았습니다. 뒤따라오던 친구들과 주변 차량의 도움으로 급히 병원으로 옮겨졌으나 신랑은 그만 세상을 떠나고 말았습니다. 극심한 허탈감에 빠진 신부는 결혼식 주례를 맡은 목사님을 찾아가서 항의하였습니다.

"목사님, 하나님이 정말로 살아 계신가요? 하나님이 살아 계시다면 어찌 이럴 수가 있단 말입니까? 신혼여행도 떠나기 전에 저는 구사일생으로 살기는 했지만 신랑은 데려가시고……이럴 수는 없지 않습니까? 목사님의 축복으로 결혼식을 마친 저에게 이럴 수가 있습니까?"

잠시 침묵을 지키던 목사님은 이렇게 권면하였습니다.

"자매님의 슬프고 아픈 심정은 충분히 이해할 수 있습니다. 그러나 자매님이 그와 같은 사고 현장에서 아무런 상처 없이 살아 나온 것을 하나님께 감사해 보셨습니까?"

목사님의 권면이 끝나기도 전에 신경질적인 반응을 보이며 그 신부는 문을 박차고 나갔습니다. 목사님은 따라 나가며 "자매님, 범사에 감사하십시오. 반드시 감사하셔야 합니다"라고 외쳤습니다.

도망치듯이 나온 그는 이제 삶의 소망도 즐거움도 찾을 길이 없었습니다. 타락의 길밖엔 없었습니다. 술집 여자로 전전하며 삶을 보내게 됩니다. 지나친 음주와 담배로 몸은 점점 죽어 갔습니다. 종합검진 결과 시한부 인생을 선고받은 그의 마음 깊은 곳에 잊어버렸던 외침이 되살아났습니다.

"자매님, 범사에 감사하십시오."

그는 다시 그 목사님을 찾아가서 지난 삶을 눈물로 이야기하며 하염없이 울었습니다.

"목사님, 제가 잘못했습니다. 이제 얼마 있지 않으면 죽게 될 몸이지만 그래도 살아 있기에 하나님께 감사드립니다."

시한부 인생 앞에서 하나님을 향한 감사를 회복한 것입니다. 만약 그 사고 앞에서 감사했다면 전혀 다른 차원의 삶을 누렸을 것입니다. 어떠한 환경과 역경 속에서라도 하나님께 감사하면 하나님께서 새로운 용기와 힘을 더하여 주심을 믿으시기 바랍니다.

어떤 삶에도 감사합시다

가끔씩 30여 년 전 모습을 보여 주는 다큐멘터리 프로그램을 보게 됩니다. 너무나 좋아졌고 우리나라가 축복받았다는 것을 부인할 사람은 아무도 없습니다. 먹을 것이 없어 배 꺼질까봐 일찍 자고, 아침을 거르기 위해 늦게 일어나던 우리였습니다.

많은 성도들의 입에서 거침없이 "나는 별로 감사할 것이 없어, 무엇을 감사해야 할지 모르겠어!"라는 이야기를 듣습니다. 하나님께 대한 감사가 줄어든 만큼 사람과 사람 사이에도 감사가 줄어들었습니다. 무언가 착각하고 있는 것입니다.

오늘 본문은 살아 있는 우리가 할 수 있는 것은 오직 감사밖에 없다고 말씀합니다. 만약 감사할 줄 모르는 사람이라면 "인간도,

더욱이 신앙인도 아니다"라고 말하고 있는 것 같습니다.

　죄로 멸망당할 자리에서 구원받고, 땅에서 예수 그리스도께 접목되어 날마다 그 도우심 속에서 살아가는데 어찌 감사하지 않겠습니까? 우리가 가지 않게 된 지옥, 영광으로 가득한 천국에 들어갈 권리, 이 모든 것들이 어찌 하나님 앞에서 감사할 것이 아닙니까?

　감사해야 할 때는 언제입니까? 바로 오늘입니다. 지금 이 시간입니다. 바로 이 순간 감사할 줄 모른다면 내일도 감사할 거리는 생기지 않을 것이기 때문입니다.

첫째, 우리는 하나님의 큰 경륜을 감사해야 합니다

　50이 넘은 여류 작가에게 아들이 하나 있었습니다. 군대 갈 나이가 되어 신체검사를 받는데 몸에 이상이 있음을 발견했습니다. 진단결과 암이라는 판정을 받았습니다. 여인은 강인한 작가의 모습에서 연약한, 자식에 대한 사랑으로 몸부림치는 여인으로 돌아왔습니다.

　마지막으로 매달릴 수 있는 곳은 신앙이요 하나님뿐이었습니다. 어미보다 먼저 가려는 자식을 품에 안고 하나님께 절규했습니다.

　"왜, 먼저 데려가십니까? 살아 계시다면 한 말씀만 해주십시오."

　그러나 하나님은 묵묵부답이셨습니다. 대답이 없었습니다. 처음엔 하나님을 원망했습니다. 그러는 사이 아들도 죽었습니다. 장사지내고 난 후 그는 아들을 잃었지만 귀중한 것을 얻었음을 알았습니다.

　생명의 유한성과 절대자에 대한 인간의 의존성을 깨달았습니다.

그제야 묵묵부답이신 하나님께 감사할 수 있었습니다. 그리고 아들은 죽은 것이 아니라 부활 때까지 기다리고 있다는 것도 알았습니다. 영적인 세계에 눈을 뜬 것입니다. 죽음이란 영원한 이별이 아니라 다시 만날 수 있다는 것도 알게 되자 감사했습니다. 그리고 다시 소설을 썼습니다.

'오늘의 작가상'을 받은 여류 작가 박완서 씨의 《한 말씀만 하소서》란 자전적 소설이 그것입니다.

사랑하는 여러분! 세상사, 우리의 눈으로 보면 짜증나고 불평스럽고 억울한 일이 너무나도 많습니다. 차를 들이받고는 뺑소니치는 사람을 잡지 못해서, 그리고 사랑하는 이를 잃었거나 재산을 몰수당해서 고통을 당합니다. 하지만 바울 사도는 우리에게 "또 무엇을 하든지 말에나 일에나 다 주 예수의 이름으로 하고 그를 힘입어 하나님 아버지께 감사하라"(17절)고 합니다.

왜냐구요? 그것이 신앙의 눈이기 때문입니다. 하나님의 큰 경륜 안에서, 경영하시고 이끌어 가시는 계획 속에서 보면 모두 다 우리에게 유익이 되기 때문입니다.

어떤 삶에도 감사하는 성도가 됩시다. 아니 감사하는 성도야말로 진정한 하나님의 자녀라 할 것입니다.

둘째, 우리는 예수 그리스도의 은혜를 기억해야 합니다
찬송가 중에 이런 가사가 있습니다.
"주 떠나가시면 내 생명 헛되네"(찬송가 500장 3절).
그렇습니다. 예수님을 잃어버린 성도! 이보다 더 비참한 성도가 있을까요? 우리는 때때로 예수님을 잃어버리고 다닙니다. 예수님의 부모가 사람들 속에서 어울리다 예수님을 잃어버리고 사흘 길을 찾아 다녔던 것처럼 오늘날에도 예수님을, 십자가를, 골고다를 잃어버린 사람들이 많습니다. 예수 십자가의 은혜를 잊어버리고 설교하는 사람이 많습니다. 예수 보혈을 빼버리고 봉사하는 분들이 많습니다.

이스라엘이 어떻게 애굽을 탈출하여 홍해를 건너고 농사와 길쌈을 하지 않은 채 40년간 광야에서 먹고살며 견딜 수 있었을까요? 누구의 공로입니까? 유월절 양, 하나님의 어린양 되신 예수님 때문이 아니고 무엇입니까? 성도 여러분, 예수님을 잊어버리지 않고 기억하고 있습니까? 십자가와 골고다와 그 보혈의 공로를 기억하고 있습니까? 기억하는 성도가 되어야 합니다.

셋째, 날마다 돕는 은혜를 기억해야 합니다

하나님은 하나님의 자녀들에게 끊임없는 보호와 도우심을 약속하셨습니다. 시편 기자는 천만인이 나를 둘러 진을 친다 할지라도 내가 두려워하지 아니한다고 노래하였습니다. 돕는 은혜를 기억하는 성도에게 이 축복이 임하는 것입니다.

출애굽한 이스라엘 백성들 중 첫 세대는 광야에서 모두 죽었습니다. 광야 40년 방황만 하다가 가나안 땅에 들어가지 못하고 모두 죽은 것입니다. 그 이유가 무엇입니까? 하나님이 날마다 도우시는 은혜를 의심했기 때문입니다.

하나님의 은혜를 기억하는 성도가 되어야 합니다. 그래야 새로운 은혜를 깨닫게 됩니다. 여러분, 삶을 한번 돌아보십시오. 날마다 도우시는 하나님의 은혜를 깨닫게 됩니다. 날마다 이 은혜를 기억해야 할 줄로 믿습니다.

감사는 은혜를 더욱 깨닫게 합니다

우리의 신앙은 하나님과 그의 아들 예수 그리스도와 성령 안에서의 사랑입니다. 이것은 인격적인 관계입니다. 우리가 아버지 하나님을 향하여 감사하고 찬양할 때 하나님도 감동하시고 기뻐하시며 즐거워하시는 것입니다. 그래서 상호 관계가 깊어지는 것입니다.

첫째, 우리는 때를 따라 감사해야 합니다

"칠 주를 계수할지니 곡식에 낫을 대는 첫날부터 칠 주를 계수하여"(신 16:9)라고 되어 있습니다. 이 7주를 계산하여 칠칠절을 지키는데, 이 칠칠절은 이스라엘의 3대 절기 가운데 두 번째 절기입니다. 즉 유월절로부터 50일째 되는 날로 다른 말로는 맥추절(출 23:16), 또는 오순절(행 2:1)이라고 불렀습니다. 헬라어를 쓰는 유대인들은 오순절이라고 부르기를 좋아했는데, 이날은 구약에서 구원의 완성을 기뻐하는 날이었습니다.

즉 유월절 장자의 재앙에서 구원받은 이스라엘이 홍해의 세례 사건을 경험하고 광야에 이르러 완전한 구속 가운데 새로운 땅에서 얻은 첫 소출로 하나님께 감사를 드렸던 날입니다. 유월절이 구원의 씨앗을 뿌린 날이었다면 오순절은 그 첫 열매가 익은 날입니다. 그런데 신약에 이르러서는 바로 이 오순절에 성령께서 강림하셨습니다.

갈보리 십자가 위에서 예수께서 첫 구원의 문을 여셨다면 오순절 성령 강림 사건은 그 첫 구원의 열매가 땅에 떨어져 제2, 제3의 구원의 문이 열리는 날이었던 것입니다.

사랑하는 성도 여러분! 여러분 중에 구원을 확신하는 성도가 있습니까? 여러분 중에 "이제 나에게 심판은 없다"는 사실을 믿고 계시는 분이 있습니까? 그렇다면 바로 여러분이 깨달아야 할 사실은 감사를 잊지 말라는 것입니다. 나의 때가 언제인지, 나의 여정이 어디인지 잊지 마시기 바랍니다.

둘째, 성령 주셨음을 감사하고 더욱 사모해야 합니다

어떤 농부가 읍내에서 자동 톱을 하나 샀습니다. 농기구 가게에 붙어 있는 포스터를 보았는데 "이 자동 톱은 두 시간에 다섯 그루의 참나무를 벨 수 있습니다"라는 선전 문구가 적혀 있었습니다. 농부는 톱을 사서 집으로 갔습니다. 그러나 참나무 다섯 그루를 베는 데 하루 종일 걸렸습니다.

화가 난 농부는 그 자동 톱을 가지고 가서 가게 주인에게 따졌습니다. 그러자 그 주인이 그 자동 톱에 엔진을 겁니다. 고막을 찢는 요란한 소리가 사방을 울리며 나무에 갖다 대자마자 나무들이 토막이 나 버렸습니다. 엔진을 걸 줄 모르고 그냥 나무를 잘랐던 농부는 깜짝 놀랐습니다.

그렇습니다. 우리 그리스도인의 힘과 능력이 어디에서 나옵니까? 아무리 톱의 모양이 좋고 이빨이 날카롭다 하더라도 엔진이 걸리지 않은 채로는 보통 톱과 다를 것이 하나도 없습니다.

성령께서 우리의 영원한 능력이 되십니다. 죄에 대하여 이기고 사단과 악한 세력을 이길 힘은 다름 아닌 성령으로부터 나오는 것입니다.

사랑하는 성도 여러분! 오늘 이 감사절의 뜻 깊은 예배에 여러분 삶과 가정과 사업 속에 성령이 충만히 임하시기를, 이전보다 아니 작년보다 더욱더 충만하게 임하시길 축원합니다.

감사는 예물로 표현됩니다

자, 그러면 이제 어떤 모습으로 감사해야 할까요?

사람과 사람 사이의 감사에도 당연지사 선물이 따릅니다. 왜 그렇습니까? 사람의 마음은 물질 속에 담겨 있기 때문입니다. 감사의 마음은 항상 물질로 표현되는 것입니다. 우리가 아무리 물질을 부정한다고 할지라도 인간의 모든 노력은 물질과 연관되어 있기 때문입니다.

욕심도, 꿈도 모두 물질과 맞물려 있습니다. 싸움, 시기, 질투가 왜 생기며, 왜 이웃을 사랑하지 못합니까? 물질을 사랑하기 때문입니다. 그래서 모세는 가나안을 바라보는 곳에서 이스라엘 백성들에게 다시 명령하는 것입니다. 하나님께 있는 힘을 다하여 예물을 드리라고 말입니다. 이것을 좀더 생각해 봅시다.

첫째, 힘을 헤아려 예물을 드려야 합니다

하나님은 힘에 겨운 예물을 하라고 하지 않으십니다. 우리 하나님이 베풀지 않은 것을 요구하는 분이십니까? 그렇지 않습니다. 그분은 베푸신 은혜만큼 감사와 예물을 받으십니다.

우리를 위하여 자기 아들을 아끼지 아니하시고 내어 주신 분이라고 믿는다면 우리의 가진 것 전부를 드려도 마땅할 것입니다. 그러나 하나님은 은혜를 체험한 대로 감사하라고 하셨습니다.

"네 하나님 여호와 앞에 칠칠절을 지키되 네 하나님 여호와께서 네게 복을 주신 대로 네 힘을 헤아려"라고 신명기 16장 10절에 말씀하셨습니다. 복을 주신 대로, 은혜를 주신 대로 드리십시오. 그 옛날을 기억하시는 분은, 그 옛날의 은혜를 아직도 잊지 않고 있다면, 그분께 마땅히 영광과 감사를 드려야 합니다.

둘째, 자원하는 예물을 드려야 합니다

즐거워서 드리는 예물이 아니면 하나님이 기뻐 받지 않으십니다. 그리고 나에게 복이 되지 않습니다. 자원하는 마음과 함께 하나님 앞에 더 큰 능력과 더 큰 은혜와 더 큰 축복을 성령을 통하여 주실 것을 사모해야 합니다. 입을 벌려야 합니다.

믿음은 항상 어제보다 오늘 한 발 더 진보해야 합니다. 한 발 나아가 표현되어야 합니다. 그렇게 할 때 이 땅에서 더 큰 하나님의 일꾼이 되도록 나를 사용하시는 것입니다. 이 복을 받지 않으시겠습니까?

셋째, 즐거워하는 구체적인 표현이 있어야 합니다

감사로 제사를 드리는 자가 하나님을 영화롭게 하는 자라고 했습니다. 감사는 더 큰 감사를, 은혜는 더 큰 은혜를 우리에게 안겨다 줍니다. 그러므로 오늘 하나님의 자녀요 백성 된 우리는 어제보다 오늘, 오늘보다 내일 더욱더 감사하고 기뻐하는 성도가 되어야 합니다.

　우리의 삶과 신앙에서 이것이 끊어지면 안 됩니다. 그동안 나태했고 망각했고 소극적이었던 신앙 습관을 감사절을 맞이하여 성령 충만함으로써 이 세상을 능히 이겨야 할 것입니다.

　그러므로 저는 오늘 감사 예물로, 즐거워하는 마음으로, 자원하는 심령과 사모하는 열정으로 하나님 앞에 서신 여러분들, 그 아름다운 신앙 위에 삼위일체 하나님의 더 큰 은혜와 축복의 역사가 임하여 용기와 신앙이 어제보다 백배하여 살아갈 수 있기를 축원합니다.

7. 성도의 네 가지 삶

시편 37편 4~8절

또 여호와를 기뻐하라 저가 네 마음의 소원을 이루어 주시리로다
너의 길을 여호와께 맡기라 저를 의지하면 저가 이루시고
네 의를 빛같이 나타내시며 네 공의를 정오의 빛같이 하시리로다
여호와 앞에 잠잠하고 참아 기다리라 자기 길이 형통하며 악한 꾀를 이루는 자를 인하여 불평하여 말지어다
분을 그치고 노를 버리라 불평하여 말라 행악에 치우칠 뿐이라

공격이 최상의 수비이다

하나님이 기뻐하시는 삶은 따로 있습니다. 다윗은 하나님 앞에 내 마음에 합한 자란 말씀을 들었습니다. 우리가 목사님 마음에도 합하고 장로님 마음에도 들어야 하겠지만 그 누구보다 하나님 앞에 합한 자가 되어야 합니다. "내 마음에 합한 자"라는 칭호를 받는 성도들 되시기 바랍니다.

다윗은 하나님 앞에 참으로 놀라운 삶을 살았는데, 그가 다른 시편에서 고백하기를 하나님의 성전에서 문지기로 사는 것이 악한 자의 장막에서 백날 천날 거하는 것보다 더 좋다고 했습니다. 여러분도 다윗과 같은 고백을 하시기를 바랍니다.

다윗은 오늘 본문에 있는 것처럼 하나님을 기뻐했습니다. 하나님을 기뻐하고 즐거워하면서 성전을 지어 드리기를 원했고, 하나님께 영광 돌리기를 원하며 살았습니다. 우리가 성전에 나와 예배드리기를 기뻐하는 것을 하나님이 좋아하십니다.

갈 곳이 많음에도 불구하고 오늘 우리가 하나님 앞에 나와 예배드리는 것이 다윗이 살았던 삶입니다. 우리가 이 주일을 지키기 위해 부지런하고, 하나님 앞에 열정적이어야 한다는 말씀입니다. 하나님이 기뻐하시기 때문입니다.

바울이 감옥에 갇혔을 때, 성도들이 가져온 예물을 하나님이 기뻐하시는 제물이라고 칭찬했습니다. 목사, 주의 종을 섬기는 것만이 향기로운 제물이냐고 되물을지 모릅니다. 물론 그것은 아닙니다. 주님은 지극히 작은 소자에게라도 주의 이름으로 대접하면 그 상을 잃지 않을 것이라고 말씀하셨습니다.

그러므로 하나님이 기뻐하시는 사람으로 살려면 향기로운 제물로 사람들을 섬겨야 하는데, 자신의 이름이 아니라 주의 이름으로, 교회의 이름으로 섬겨야 합니다.

또 하나님이 가장 기뻐하시는 것은 전도입니다. 영혼 구원이야말로 하나님이 가장 기뻐하시는 제물입니다. 다윗에게서 배울 것이 바로 이것입니다. 하나님을 기뻐하고 하나님이 기뻐하실 일을 하는 것이 성도의 삶이라는 것입니다. 그러려면 나를 포기하고 오직 하나님만을 나의 기쁨으로 여기며 살아야 합니다. 내가 살아 있으면 결코 하나님이 기뻐하시는 삶을 살 수 없습니다.

독일의 초대 재상 비스마르크가 어느 날 친구와 함께 사냥을 나갔습니다. 산길을 오르내리며 노루를 쫓아 정신없이 숲을 달렸습니다. 그러던 중 갑자기 앞에 가던 친구의 비명 소리가 들렸습니다. 비스마르크가 소리 나는 쪽으로 급히 달려가 보니 친구가 늪에 빠져 허우적거리고 있었습니다.

친구는 점점 늪에 빠져 들어가며 구해 달라고 다급하게 외쳤습니다. 하지만 비스마르크는 바라보기만 할 뿐 움직이지 않았습니다. 친구는 원망스러운 눈초리로 그를 쳐다보며 친구가 죽어 가는데 보고만 있을 거냐고 소리쳤습니다. 그때 비스마르크가 갑자기 손에 쥐고 있던 총을 친구에게 겨누며 말했습니다.

"이봐! 내가 자네를 구해 줄 것이리고 믿는 모양이지만 천만의 말씀이야. 나는 오래 전부터 자네를 좋아하지 않았어. 겉으로만 친구인 체 대했을 뿐이지. 이제 모든 것이 끝이네."

친구는 그의 말에 분해 미칠 지경이었습니다. 도움은커녕 친구의 손에 죽게 생겼으니 스스로의 힘으로 늪에서 빠져나가는 것 외에 무슨 방법이 있겠습니까? 주위를 살펴보니 마침 나뭇가지가 하나 늘어져 있습니다. 친구는 죽을힘을 다해 그 나뭇가지를 잡고 늪에서 빠져나왔습니다. 그러자 비스마르크는 늪에서 빠져나와 숨을 헐떡이는 친구를 힘껏 껴안으며 이렇게 말하는 것이었습니다.

"여보게, 미안하네. 자네를 정말 죽이려고 그런 것은 아닐세. 평소 자네가 너무 남에게 의지하는 것 같아 자네도 스스로의 힘으로 할 수 있다는 사실을 깨닫게 해주기 위해 그래 본 거라네."

여러분! 우리가 매일 경험하는 실패의 대부분은 다름 아닌 문제에 직면하는 나 자신의 '포기'에서 온다는 것을 아십니까? 이기느냐 지느냐의 성패는 이미 내 마음 안에서 결정된다는 것입니다. 언제나 문제를 정면 대결해야 합니다. 저는 여러분이 오늘 이 말씀을 들으시는 동안 문제를 인정하고 해결해 나가는 성도들 되시기를 진정으로 바랍니다.

이스라엘의 슬픈 기억

하나님을 기뻐하지 않으면 원점으로 돌아옵니다. 신앙이 날마다 자라서 꼭대기에 이르러야 하는데 날마다 제자리라면 무슨 의미가 있을까요?

광야를 헤매던 이스라엘 백성들이 원점으로 다시 돌아왔습니다. 그들은 꼭 40년 만에 다시 가나안 입구에 다다랐습니다. 가데스바네아에서 모세는 백성들의 요구에 따라 열두 명의 정탐꾼을 보내 40일간 정탐하도록 했습니다. 정탐 결과, 두 명의 긍정적 보고자가 있었음에도 불구하고 '침공 불가'라는 결론이 나옵니다. 하나님은 그들의 믿음 없음에 대하여 징계를 내리시고 40일의 하루를 1년으로 쳐서 결국 40년간 광야를 떠돌다가 광야에서 죽도록 하셨습니다.

이제 요단강을 건넌 신세대들은 여리고 성 앞에서 단지 두 명의 정탐꾼을 보냅니다. 오늘의 정탐은 이전과 다릅니다.

첫 번째 정탐

이스라엘이 그 땅을 첫 번째 정탐한 이야기는 민수기 13장과 신명기 1장 모세의 회고에 등장합니다. 민수기 13장에 나오는 정탐은 하나님이 기뻐하시는 정탐이 아니었습니다. 하나님이 기뻐하지 않으시면 우리의 노력과 공로가 아무 의미가 없습니다.

모세는 지나온 광야의 고난을 회상하며 이스라엘 백성들 앞에서 이렇게 이야기합니다. "우리가 호렙 산에서 예배를 드리고 가데스바네아에 이르렀을 때에 너희가 요구하기를, 우리가 사람을 우리 앞서 보내어 우리를 위하여 그 땅을 정탐하고 어느 길로 올라가야 할 것과 어느 성읍으로 들어가야 할 것을 보고케 하자 하기에 내가 그 말을 선하게 여겨 그곳을 40일간 정탐하였더니, 그들이 그곳의 과실을 손에 가지고 와서 여호와께서 우리에게 주시는 땅이 좋더라고 하였거늘 너희가 그 열 명의 보고를 듣고는 올라가기를 즐겨 아니할 뿐 아니라 도리어 애굽으로 돌아가고자 한즉 여호와께서 너희로 광야에서 40년간 방황케 하셨느니라."

우리는 여기서 첫 정탐의 실패가 백성들의 두려움으로부터 기인했으며, 족장들의 흐려진 신앙 때문이었음을 발견합니다. 하나님을 기뻐하지 않으면 용기가 없어집니다. 기쁜 마음으로 봉사하지 않으면 유익이 없다고 했습니다.

마음속에 이미 불안이 내재해 있다면, 의심하는 영이 있다면 결코 전쟁에서 이길 수 없으며 성공과 축복을 얻을 수 없습니다. 두 번째 정탐은 첫 번째와는 분명히 달랐습니다.

두 번째 정탐

여호수아 2장 1절을 보십시오.

"눈의 아들 여호수아가 싯딤에서 두 사람을 정탐으로 가만히 보내며 그들에게 이르되 가서 그 땅과 여리고를 엿보라 하매……."

이 본문을 보면서 믿음과 확신에 찬 여호수아의 전략을 한눈에 볼 수 있습니다. 그는 이미 40여 년 전에 시행착오를 겪었고, 실패 원인을 알고 있습니다. 그래서 그는 딱 두 사람만을 정탐시키러 보낸 것입니다. 그리고 아무도 모르게 했습니다. 작전 계획이란 노출되어서도 안 되지만 그보다 두려움으로 인해 백성들의 마음이 흐트러지면 더 문제가 되기 때문입니다. 그리고 세 번째 우리를 놀라게 하는 것은, 공격할 목표를 여리고로 정해 놓고 집중적으로 정탐하게 했던 것입니다.

이것은 하나님을 나의 기업으로 삼고 나의 능력으로 삼으며 하나님을 기뻐하는 자의 모습에서 배울 수 있는 사실입니다.

승리를 위한 발판

수년 전 하버드 대학 졸업식에서 세 개 부문의 우등상을 휩쓸어 전 미국을 떠들썩하게 한 인물이 있었습니다. 그런데 놀랍게도 그는 한국인이었습니다. 거기에다 많은 사람들을 더 놀라게 한 것은 그가 영화배우 남궁원 씨의 아들이었다는 것입니다. 그 학생은 이미 중학교 때에 미국으로 가서 세계의 훌륭한 학생들과 겨루어

보고 싶다는 생각을 하고 이내 미국 내 우수한 고등학교로 진학했습니다.

그 부모가 밝히는 그 세월은 결코 명성이란 하루아침에 갑자기 얻어지는 것이 아님을 깨닫게 해주었습니다. 남궁원 씨는 서울 대성교회 장로입니다. 그는 기도의 사람으로 소문 난 분입니다. 그리고 부인은 유방암 3기에도 굴하지 않음으로 결국 병도 낫고 자식들도 훌륭하게 키워낸 분입니다. 그가 텔레비전에 나와서 고백한 것은 딱 하나, 하나님을 전심으로 의지하고 인내하여 이겼다는 것이었습니다.

모든 승리에는 승리할 수밖에 없는 원인이 있습니다. 그것은 할 수 있다는 확신과 밀어붙일 수 있는 용기입니다. 이것을 누가 주십니까? 성경은 하나님이 기뻐하시는 사람에게 주신다고 말씀합니다.

여호수아와 이스라엘에게는 슬픈 기억이 있었습니다. 그들은 눈앞에 가나안을 두고도 들어갈 수 없었습니다. 불순종과 의심이 그들이 받아야 할 축복을 가로채 갔기 때문입니다. 그러나 그들의 그 슬픈 과거가 있었기에 여호수아는 오직 믿음으로 그곳에 갈 수 있다는 것을 깨달았습니다. 여호수아와 같이 다윗도 하나님 앞에 믿음으로 나아가는 사람이었습니다. 다윗은 어떻게 항상 하나님을 기쁘시게 했을까요?

첫째, 항상 먼저 하나님께 물어보고 목표를 정했습니다. 전쟁도 "올라가리이까?" 물은 다음 하나님이 확신을 주시면 그제서야 그는 나갔습니다.

둘째, 실패의 요인은 과감히 정리했습니다. 다윗도 사람인지라 항상 잘하는 것은 아니었습니다. 하지만 잘못을 깨달으면 즉시 회개하고 금식하며 하나님의 마음을 얻기 위해 겸손하게 행했습니다.

셋째, 다윗은 원수들의 목전에서도 항상 하나님의 영광을 먼저 구했습니다. 사단의 훼방과 그를 이길 비밀을 얻었습니다. 그리고 다윗은 믿음으로 밀어붙였습니다.

사랑하는 성도들이여! 사람은 누구에게나 슬픈 추억이 있는 법입니다. 쓰라린 기억이, 과거의 망령이 우리를 괴롭힙니다. 그러나 그 슬픈 기억을 긍정적으로 생각하십시오. 그것들을 우리의 진로를 막는 장애물로 여길 것이 아니라 예상되는 문제들을 사전에 봉쇄하는 무기로 사용해야 합니다.

그리고 도전의 고삐를 늦추면 안 됩니다. 이 축복의 가나안 땅은 우리 조상들에게 약속하신 것입니다. 하나님께서 전진하는 자에게 함께하셔서 차지하도록 예비해 놓으셨습니다. 그러므로 전진합시다. 전진하면 승리하는 것입니다.

하나님은 사람이 할 수 없는 그것을 하십니다. 여호와의 팔은 결코 짧지 않습니다. 우리는 하나님의 백성이며, 하나님은 자기 백성들을 그냥 내버려 두지 않으십니다. 책임을 지신다는 말입니다. 하나님께서 우리를 위하신다면 누가 우리를 대적하겠습니까? 그렇습니다. 우리는 이미 그리스도 안에서 가나안 땅을 기업으로 받을 것이라고 약속 받은 사람들입니다. 그런 우리가 가나안을 향해 도전할 것입니까? 그것은 우리의 선택에 달렸습니다.

그러나 성경이 우리에게 선포하는 것은 도전하면 승리한다는 것입니다. 왜? 우리의 배후에는 하나님이 계시고, 하나님 나라의 명예가 걸려 있기 때문에 이 승리는 보장된 것입니다. 우리가 나서면 하나님이 일을 하십니다. 멈추어 서서 망설이는 동안 우리에게 주신 천우신조의 기회가 지나갑니다. 기회가 지나가면 다시 기회가 올 때까지는 너무 많은 대가를 치러야 합니다.

목회자의 임무에는 하나님의 세상 구원을 선포하며, 그의 주권 아래 모든 사람들이 복종하는 순결한 마음을 회복시키는 것이 포함됩니다. 하나님의 은혜로 교회를 섬기면서 느낀 가장 중요한 것은 하나님은 믿음과 비전의 사람을 버리지 않으시고 사용하신다는 것입니다. 주님을 위한 목적이 분명할 때 비전을 주시고, 비전을 바라보는 희망과 소망을 갖게 하시고, 결국 긍정적인 말의 결과로 믿음대로 이루어 주신다는 것입니다.

필자가 쓴 책을 보고 "목사님! 제가 목사님의 책을 읽고 다시 감동을 받아 일주일간 금식하며 제 목회를 다시 점검했습니다. 목사님! 저는 목사님의 책을 읽고 목회를 포기하고 접으려고 하다가 다시 한 번 희망을 가지고 일어서기로 했습니다. 목사님! 저는 사업에 실패해서 죽으려고 결심한 적도 있습니다. 그런데 목사님의 글을 읽고 '아! 이렇게 절망 가운데서도 목적을 분명히 하니 하나님이 기적을 베푸시는구나' 하는 것을 깨닫고 다시 주를 위해 살기로 했습니다" 이런 식으로 간증하는 분들을 너무나 많이 만났습니다.

정말 하나님께서 저같이 미천한 사람도 때가 되니 들어서 쓰시는구나 하는 생각에 몸 둘 바를 모를 지경입니다.

1995년 11월 2일, 성도 세 명을 시작으로 11년간 처절한 기도의 결과 오직 하나님의 은혜로, 주님의 사랑으로 교회를 2,200명으로 성장시킨 사례는 목회는 하나님이 하신다는 것을 보여 준 이 시대의 증거입니다. 여기에서 제가 할 수 있는 이야기라곤 저의 부족한 것밖에 없습니다. 저의 자랑이 아니라 저같이 못나고 부족한 사람도 쓰시는 하나님을 자랑할 수밖에 없다는 것입니다.

교회를 시작한 그날부터 중형교회로 성장한 지금까지 제가 말씀 드릴 수 있는 것은, 부족한 목사를 만들어 가시고 다듬어 가시기 위해 날마다 기적을 베푸시는 하나님의 은혜의 드라마였다는 것입니다.

제가 교회 이름을 명륜교회로 지은 것은 부족한 제가 힘들고 어렵던 스무 살 시절에 밤샘 기도한 결과였습니다. 하지만 하나님은 커다랗고 화려한 예배당을 주시기보다 지하 25평, 그것도 주거용 10평을 제외하면 15평 남짓한 좁은 공간만을 허락하셨습니다. 두 가정 성도 세 명으로 시작한 교인은 입 소문을 통해 열 명이 됐습니다.

첫 임대료 50만 원을 어떻게 마련해야 하는지, 저는 답답했습니다. 그러나 그것까지 하나님은 해결하셨습니다. 성도 중 한 명이 낸 첫 십일조가 무려 70만 원이나 되었습니다. 예상하지 못했던 귀한 봉헌이었습니다. 천군만마를 얻은 듯 저는 용기를 얻었고 희망을 발견했습니다.

그렇게 최선을 다한 목회사역은 불과 2년 만인 1997년, 대지 80평, 건평 50평의 교회로 탈바꿈했습니다. 성장가도를 달리는 명륜교회의 건강한 목회 스타일을 주목하던 인근 교회 한 목회자가 저에게 "교회를 좀 맡아서 운영해 주십시오"라고 부탁했던 것입니다. 그 교회는 무리한 건축으로 상당한 빚을 지고 있었습니다. 이렇게 해서 저는 어려운 교회를 부채를 안은 채 양도받아 결국 건강한 교회로 탈바꿈시켰습니다. 그러니 어찌 제가 잘나서 목회를 했다고 감히 말하겠습니까? 저는 그때 깨달았습니다.

'아! 하나님은 내 그릇이 준비되면 그냥 갖다 안겨 주시는구나!'

정말 흔들어 넘치도록 부어 주시겠다는 주님의 말씀이 이해가 되었습니다. 제가 헤아린 대로 받았다면 얼마나 받겠습니까? 그때부터 저는 하나님 앞에 헤아리지 않게 되었습니다. 목회를 하다 보면 가슴 아픈 일이 어디 한두 가지입니까? 그때부터 저에겐 참 특이한 버릇이 생겼는데, 열 명이 모일 땐 백 명의 목사가 가질 만한 '통'으로 마음을 먹었습니다. 흔히 말하듯 '통 크게' 생각한 것이지요. 백 명이 넘어가자 저는 한 천 명쯤 모이는 교회의 목사처럼 '통 크게' 생각했습니다.

지금 2,200명을 넘어가는 이 시점에 저는 만 명이 모이는 교회의 목사라고 생각하고 모든 것을 대범하게 생각합니다. 그런데 놀라운 것은 '통 크게' 생각하니 정말 제 자신의 통이 커지고, 정말 교회가 점점 통 크게 성장하더라는 것입니다. 잘하는 것은 아니지만 저의 목회 핵심은 새벽기도와 금요기도입니다. 저에게 있어서 절대 포기할 수 없는 부분입니다. 그래서 가끔 농담조로 설교 중에라도 "기도하기 싫으면 다른 교회를 찾으십시오"라고 말하곤 합니다. 왜냐하면 기도의 결과로 얻은 것이 너무나도 많았기 때문입니다.

2년을 주기로 성전을 증축, 또 인수를 계속했습니다. 그리고 2002년 11월에 지하 1층 지상 4층의 교회를 또 한 번 인수받았습니다. 역시 어려운 교회였습니다.

정말 이상했습니다. 저는 쓰러져 가는 교회를 받아서 다시 세우는 일에 부르심을 받은 것 같았습니다. 세 명으로 시작한 교회가 이런 과정을 거쳐 현재 2,200여 성도가 출석하는 교회로 바뀐 것입니다. 통 크게 생각하고 통 크게 기도하니 정말 하나님이 통 크게 은혜를 주시는 것 같았습니다.

그런데 그렇게 목회를 하면서 크게 깨달은 게 무엇이냐면, 해마다 교회가 성장하는 가운데 제 마음에 감사가 사라지고 교만한 마음이 들고 기도를 멈추고 인간의 방법을 동원하기 시작하자 어느 순간부터 해마다 배가가 되지 않은 것입니다. 마음이 초조해지고 별의별 방법을 다 사용하게 되었습니다. 교역자도 바꾸어 보고 그들을 닦달도 해보지만 원하는 만큼 하나님의 능력이 나타나지 않는 것입니다. 그래서 제가 하나님께 물어보는 기도를 했습니다.

"하나님, 어찌된 일입니까? 어찌하여 이렇게 성장이 멈추어 더 이상 능력이 나타나지 않습니까?"

그랬더니 하나님이 제게 말씀하셨습니다.

"이 목사야, 성도란 게 네가 오란다고 오고 가란다고 가는 게 아니다. 내가 하는 일이다. 너는 네 일만 열심히 해라. 나머지는 내가 알아서 하마."

제가 그 깨달음을 얻은 후에 얼마나 마음에 자유가 생겼는지 모릅니다.

하나님만 기뻐하면 하나님이 알아서 하십니다. 훈련받으면서 연단받으면서 엎드리면 하나님이 다 알아서 하십니다. 우리는 그저 하나님만 기뻐하면 됩니다. 우리는 그저 인내하며 농부의 심정으로 기다리면 됩니다. 그것이 하나님을 기뻐하는 것입니다. 여러분, 지금은 기다리며 하나님만 바라보고 기뻐할 때입니다.

   인생에 실패하신 분 있으십니까? 예수님을 붙잡고 영접하십시오. 그분이 우리를 천국으로 인도하실 것입니다. 또 여러분 중에 낭패와 실망 당한 분 있으십니까? 예수님을 의지하십시오. 그리하면 그분이 회복시키실 것입니다. 기도하는 중에 기회를 달라고 하시고, 기회가 왔을 때에는 놓치지 말고 도전하십시오. 그렇게 도전하여 승리를 맛보십시오. 여러분의 인생과 가정 속에, 그리고 행하는 많은 사업 중에 이런 축복이 있기를 전심으로 축원합니다.

8. 도우시고 지키시는 하나님

시편 121편 1~8절

내가 산을 향하여 눈을 들리라 나의 도움이 어디서 올꼬
나의 도움이 천지를 지으신 여호와에게서로다
여호와께서 너로 실족지 않게 하시며 너를 지키시는 자가 졸지 아니하시리로다
이스라엘을 지키시는 자는 졸지도 아니하고 주무시지도 아니하시리로다
여호와는 너를 지키시는 자라 여호와께서 네 우편에서 네 그늘이 되시나니
낮의 해가 너를 상치 아니하며 밤의 달도 너를 해치 아니하리로다
여호와께서 너를 지켜 모든 환난을 면케 하시며 또 네 영혼을 지키시리로다
여호와께서 너의 출입을 지금부터 영원까지 지키시리로다

단 한 번의 기회

이스라엘 민족은 절기가 되면 많은 시간과 물질을 투자해서 성전을 향해 올라갑니다. 우리처럼 이렇게 한 시간 잠시 머물다 가는 것이 아니고 몇날 며칠을 두고 찬송하고 예배하고 기도하고 말씀을 듣습니다. 오늘 우리가 읽은 이 본문은 그 성전에서 하나님

을 바라보며 예배하는 중에 드리는 찬송시입니다.

"내가 산을 향하여 눈을 들리라 나의 도움이 어디서 올꼬."

순례자들인 우리가 해야 할 가장 중요한 일이 무엇일까요? 그것은 눈을 고정하는 것입니다. 우리의 눈을 어디에 맞춰 사느냐 이는 매우 중요한 문제입니다. 눈을 죄짓는 곳에 고정시키면 우리는 죄를 짓게 됩니다. 눈이 선악과에 머물러 있으면 그것을 따 먹을 수밖에 없었습니다. 그러므로 눈을 들어 산을 본다는 것은 하나님을 보겠다는 다른 표현입니다.

헐몬 산은 이스라엘 백성에게 하나님의 임재와 다스림의 상징이었습니다. 또 예루살렘 성과 성전도 언덕 위에 있었습니다. 그래서 눈을 들어 바라보게 되어 있습니다. 여러분도 바라보는 삶을 살기를 원합니다. 먼저 우리의 눈을 높은 곳에 두어야 합니다. 하나님과 그 아름다운 가치에 우리의 눈을 두어야 합니다.

여기 자신의 눈을 하나님께 두었던 한 사람이 있습니다. 그의 이름은 리빙스턴입니다.

리빙스턴 선교사가 배를 타고 아프리카로 첫 선교 여행을 떠날 때 친구들이 따라와서 작별 인사를 했습니다. 친구들은 리빙스턴을 진심으로 사랑했고, 그가 떠나는 것에 대하여 동정을 표시했습니다. 한 친구는 와서 그를 붙들고 이야기하기를 "떠나지 말게. 여기에서도 얼마든지 좋은 목회를 할 수 있지 않은가? 그런데 왜 굳이 아프리카까지 가서 그 외로운 일을 하려고 하는가?" 리빙스턴의 마음이 흔들리지 않은 것은 아니었으나 그는 그 앞에서 마태복음 28장 20절을 펴서 보여 주었습니다. "볼지어다 내가 세상 끝날까지 너희와 항상 함께 있으리라 하시니라."

그렇습니다. 주님은 우리와 함께하십니다. 결코 우리를 떠나지 않으십니다. 그는 이 비전과 가치로 바라보는 삶을 살았기에 빛을 남긴 사람으로 하나님의 나라에 기록된 것입니다.

주님이 우리와 함께하실 때 우리는 단 한 번뿐인 기회를 놓치지 않습니다. 어떤 난관도 극복합니다. 모든 시험과 시련을 이깁니다.

할렐루야!

오늘 이 말씀을 듣는 성도들은 무엇보다 주의 함께하심을 체험하는 시간 되시기를 축원합니다.

눈을 들어 하나님을 바라보는 자에게 승리를 주십니다

하나님을 바라보는 자, 산을 바라보는 자는 수치를 당하지 않는다고 했습니다.

우리의 아버지, 할아버지들이 얼마나 수치를 당하며 살았습니까? 우리의 말과 글을 빼앗기고, 내 부모 형제들은 태평양으로 만주로 징집되어 흩어지고, 내 어머니 누나들은 일본 군인들의 성노예가 되는 것을 보고도 항변조차 할 수 없었던 그 수모를 벗어 버리고 싶지만 10년, 20년, 30년이 지나도 그 해방은 찾아오지 않았습니다. 오히려 더 굳게 잠기고 갇히고 막혀 있었습니다.

해방과 자유가 그토록 그리워서 "울 밑에 선 봉선화야 네 모양이 처량하다"라고 속으로 울음 삼키는 노래를 부를 수밖에 없었던 것입니다. 일본이 패망하지 않는 한 우리는 해방과 자유를 영원히 맛볼 수 없었던 것입니다.

이 세상의 모든 삶이 그렇습니다. 많은 사람들이 축복을 원하고, 능력을 갈구하고, 성령 안에서의 자유를 희망합니다. 그러나 기억하십시오. 원수 마귀가 항복하기 전에는 결코 우리에게 이러한 영적인 축복이 올 수 없다는 것입니다. 그래서 저는 여러분 앞에 막혀 있고 닫혀 있는 문제를 보고 그냥 그대로 주저앉지 마시고 그 문제와 그 닫힌 현실에 대하여 전쟁을 준비하라는 것입니다. 싸우라는 것입니다.

그렇다면 어떻게 원수를 이길 것인가입니다.

일본이 연합군에 굴복하고 미 전함 미조리호 선상에서 항복 문서에 도장을 찍었습니다. 그렇습니다. 힘 있는 자라야 그를 결박하고 늑탈할 수 있는 것입니다. 일본이 아무리 세다 하여도 연합군의 힘에는 어찌할 수가 없었습니다. 태평양을 향하여 먼저 포문을 열던 일본이었건만 시시각각 오키나와로 규슈로 진군해 오는 연합군의 힘 앞에는 어쩔 수 없이 무너져 내렸던 것입니다.

여리고는 강했습니다. 그들은 오랜 세월 동안 군비를 증강했습니다. 이스라엘이 홍해와 요단 강을 건너 가나안 땅으로 온다는 것을 알고 40년간이나 군사를 길렀습니다. 방어 태세는 완벽했습니다. 그 성 사람들은 우리처럼 민방위 훈련을 실시했을 것입니다. 그들은 정보에 빨랐고, 싸움에 대한 만반의 태세를 갖추어 놓고 전시를 선포하고 계엄령과 함께 국민 총동원령을 내렸습니다.

아무리 봐도 그 높고 튼튼한 여리고 성을 넘어 그곳을 점령한다는 것은 무리였습니다. 이스라엘은 조상들처럼 불안해하며 다시 광야로 돌아갈 것이라는 회의도 없잖아 있었습니다.

그러나 기억합시다. 이스라엘의 광야 고통, 나라 없는 설움,

땅이 없는 고통을 종식시키기 위해서는 여리고와 가나안 거민이 결박당하여 죽는 길밖에 없다는 것입니다.

우리의 문제도 동일합니다. 궁극적으로 이 땅에 어둠의 세력이요 악하고 음란한 원수 사단을 완전히 격퇴시키지 않고 진정한 평화가 있을 수 있습니까? 여리고의 무너짐 없는 가나안 입성은 꿈도 꿀 수 없는 이야기입니다.

사랑하는 여러분! 저는 무엇보다 이 본문에 의지하여 하나님의 뜻을 헤아리시기를 축원합니다. 모든 문제는 사람과 사건 뒤에 배후 조종하는 마귀가 있다는 사실을 깨닫고 그를 격퇴하여야 한다는 사실입니다. 하나님은 가나안 입성을 앞두고 여리고를 쳐야 한다고 말씀하십니다.

여러분, 지금 어디에 서 계십니까? 진군하는 위치입니까? 아닙니까? 후퇴하는 선상에 서 계십니까? 이것도 저것도 아닌 어중간한 위치, 회색 지대에 서 계십니까? 뜻을 바꾸십시오! 마음을 바꾸십시오! 새로이 각오를 하시고 이전의 실패가 있더라도 '낙심'은 안 됩니다. 큰 마음으로 용기 있게 일어서십시오.

저는 우리나라 인물 중에 이순신 장군을 좋아합니다. 그의 불타는 조국애와 충성심, 분명한 목적의식. 그분은 진정 빛을 남기신 거목입니다. 그의 삶에서 가장 존경스런 부분은 원균의 간계로 백의종군하다가 다시금 좌수영 통제사로 왔을 때입니다. 원균의 지휘 아래 수군은 거의 멸절하다시피 하고 배도 얼마 남지 않았습니다.

그때 그분은 선조 임금에게 무엇이라고 글을 썼습니까?

"……전하 신(臣)에게는 아직도 병선 열두 척이 있고 많은 병

종들이 있사오니 이 한 몸을 막아서라도 적을 무찌르겠나이다."

참된 영적 군인은 이런 고백이 있어야 합니다. "주님께서 믿음 없는 저를 치셨으나 도로 싸매어 주실 것이요 때리셨으나 치료해 주실 것을 믿습니다"라는 고백이 있어야 합니다. 물러서지 마십시오. 이 핑계, 저 핑계를 대며 도망할 자리에 서거나 꽁무니를 빼는 자리에 서지 마십시오. 주님이 기뻐하지 않으십니다.

그래서 저는 무엇보다도 여러분 속에 전진하는 믿음이 더욱 충만해지시기를 강조하며 축원하는 것입니다. 할렐루야!

쇠사슬에 매인 사람들

하나님이 인간에게 주신 최대의 선물은 바로 '자유'라는 세르반테스의 말처럼 인간에게는 자유가 주어질 때 비로소 하나님이 주신 권리를 다 누릴 수 있습니다. 물질이건 질병이건 어떤 악한 세력이건 간에 거기에 매인다면 불행할 수밖에 없습니다. 이 시간, 여러분을 얽매고 있는 줄이 다 벗겨지고 단절되기를 축원합니다. 그리하여 하나님이 주시는 참 평화와 기쁨만이 여러분에게 충만하기를 주의 이름으로 축원합니다.

사무엘 시대에도 이스라엘 백성은 오랜 세월 블레셋에게 고통을 당했습니다. 농사지은 것도 빼앗기고, 가축도 빼앗기면서 한시도 마음 편히 지내지 못했습니다.

설상가상으로 법궤마저 블레셋에게 빼앗기고 이스라엘이 말할 수 없는 절망과 좌절의 쇠사슬에 매여 있을 때 민족의 지도자 사무엘이 외친 말이 무엇이었습니까? '온 백성은 미스바로 모이라'

였습니다. 이제 하나님께 부르짖음으로 절망의 쇠사슬을 벗어 버리고 하나님의 백성으로서 자유를 회복하고자 하였습니다.

이스라엘 백성과 사무엘은 미스바에 모여 하나님께 제단을 쌓고 하나님께 부르짖었습니다. 하나님은 주의 백성들의 기도를 들어 주십니다. 주의 백성들의 사정과 형편을 알아 주십니다. 이스라엘이 하나님께 부르짖을 때에 하나님은 큰 은총을 베푸셔서 블레셋을 진멸하시고 승리를 안겨 주셨습니다.

이 큰 하나님의 은혜에 감사해서 사무엘은 미스바와 센 사이에 기념비를 세우고 여호와께서 여기까지 우리를 도우셨다 하여 에벤에셀이라 불렀습니다. 하나님 앞에 깊은 감사를 드렸습니다.

우리도 오늘 이 시간까지 우리를 인도하신 에벤에셀의 하나님께 먼저 감사를 드립시다. 하나님은 과거에만 도우시는 하나님이 아니라 앞으로도 반드시 도와주실 줄 믿습니다. 하나님은 우리가 기도할 때에 응답해 주십니다. 우리를 도우시고 지키십니다.

우리의 눈을 이방 신과 죄악에서 돌려야 합니다

사무엘의 가르침을 받아 이스라엘 백성들은 지금까지 섬기던 바알과 아스다롯 등 수많은 이방 신들과 죄악을 다 벗어 버렸습니다. 그리고 하나님을 바라볼 때에 하나님은 그 기도를 들어주셨습니다.

우리가 에벤에셀의 하나님을 바라보려면 먼저 우리의 눈이 지은 죄를 뉘우쳐야 합니다. 우리가 죄를 회개할 때에 하나님께서 긍휼을 베풀어 주십니다. 죄는 하나님과의 관계를 가로막습니다.

그러므로 하나님의 도우심으로 승리하려면 죄를 청산해야 합니다.

죄에서 사함을 받을 때 하나님을 바라볼 수 있고, 하나님을 바라볼 때 하나님은 에벤에셀의 하나님으로 여러분과 저를 항상 도와주시고, 역사해 주십니다. 죄를 회개하는 사람은 용서와 긍휼을 받게 됩니다. 불쌍히 여김을 받게 됩니다. 지난날의 죄악들이 주의 십자가 보혈로 씻어지기를 바랍니다. 내가 아무것도 아닌 존재인 것을 하나님 앞에 고백할 때 하나님은 더 크고 더 놀라운 능력과 의로움을 베풀어 주십니다.

제가 희망의 전령이요, 꿈을 전하는 행복한 전도자가 될 수 있었던 가장 중요한 이유는, 제 생의 전반부가 온통 고난으로 가득 차 있었기 때문일 것입니다.

저는 충청북도 충주에서 한참 떨어진 시골 마을에서 태어났습니다. 가난을 대물림할 수밖에 없는 빈한한 삶, 전형적인 시골에서 농사꾼의 3남 4녀 중 다섯째로 태어나 어려서부터 농사를 배워야 했습니다. 자신의 땅이라고는 논밭 조금밖에 없는 소작농의 가정에서 가난을 지붕 삼아 하루하루를 연명했습니다.

그 무렵 저희 집에는 우환도 있었습니다. 제 바로 위의 형과 아래 동생이 태어난 지 얼마 되지 않아 손을 써 볼 겨를도 없이 질병으로 세상을 떠났던 것입니다. "부모가 죽으면 땅에 묻고 자식이 죽으면 가슴에 묻는다"는 말이 있듯이 아버지와 어머니는 그 일 때문에 두고두고 마음 아파하셨습니다. 어머니는 남아 있는 자식들에게나 더 이상 이런 일들이 일어나지 않기를 바랄 뿐이었습니다. 하지만 그 가난과 억울한 죽음의 그림자는 평생 부모님을 떠나가지 않고 짙게 드리워 있었습니다.

   그러던 중 저도 병에 걸려 3일 동안 의식을 잃고 사경을 헤맨 적이 있었습니다. 부모님은 우리 집안에 알지 못할 우환이 덮여 있다고 생각하셨습니다. 저는 어려서부터 자주 경기를 일으켜 의식을 잃곤 했는데 3일간이나 의식을 잃은 것은 처음이었습니다. 아버지와 어머니께서 용하다는 의원을 불러 침도 놓고 약도 먹여 보았지만 회복의 기미는 전혀 보이지 않았습니다.

   때문에 부모님은 '이 아이마저 이렇게 보내야 하는구나' 하며 가슴만 쥐어뜯으셨습니다. 그런데 3일이 지난 후 저는 어머니의 정성 어린 간호와 하나님의 은혜로 의식을 회복했습니다. 당시만 해도 하나님을 믿지 않으셨던 부모님은 자식들에게 일어나는 병치레에는 보통 사람이 알 수 없는 어떤 원인이 있다고 생각하시고 무속의 힘을 빌려 이런 일이 다시 일어나지 않도록 조치를 취하려 하셨습니다.

   이 땅의 대부분 민초들은 무지의 소산인 미신과 불결한 생활에서 오는 질병으로 많은 아이들이 태어난 지 얼마 되지 않아 세상을 떠나야 했는데, 저 역시 영양실조와 온갖 세균성 감염으로 뇌수막염 비슷한 것을 앓고 있었던 것입니다. 그런데 부모님은 그것을 귀신이 주는 병으로 여겨 기력이 완전히 회복된 후 저를 데리고 무당을 찾아가셨습니다.

   돌팔이 같은 무당이 처방하기를, 아이가 장수하려면 수명이 아주 긴 양아버지를 두어야 한다고 하였습니다. 그래서 천년만년 사는 마을 뒷산의 큰 바위에게 아이를 드려 바위를 양아버지로 삼으라고 했습니다. 아버지와 어머니는 이 말을 의아해하시면서도 자식을 위한 일이니 무엇인들 못하랴 하는 심정으로 뒷산 큰 바위를 찾아가셨습니다. 그리고는 마치 바위가 살아 있기나 한 것처럼 큰 바위에게 절을 하며 저를 양아들로 삼아 줄 것을 부탁하는 제사를 지냈던 것입니다.

이때부터 저는 신령한 바위의 아들이 되었습니다. 그 후부터 부모님 손에 이끌려 해마다 수차례 뒷산 큰 바위 양아버지에게 제사하러 다녔습니다. 그렇게 무지에 빠져 우상숭배하는 죄를 범하고 있었지만 하나님은 애굽의 속박에 신음하는 백성들의 소리를 들으시고 그들을 권념하셨듯이 저도 권념하셨습니다.

그럴 즈음 집안에 또 우환이 왔습니다. 집안의 기둥이요 대들보이신 아버지께서 몸져누우신 것입니다. 원래 몸이 약한 편이셨지만 앓아 누울 정도는 아니었는데 제 나이 여섯 살 즈음엔 아주 자리에 누우시고 만 것입니다. 아버지는 더 이상 생계를 책임지실 수 없게 되었습니다. 억척스럽게 어머니가 홀로 밭일을 하셨지만 그것으로는 턱도 없었습니다.

지치신 어머니는 다시 무당을 찾아가 이리저리 점괘를 물어보신 것입니다. 그랬더니 대뜸, "에이! 세상을 먼저 뜬 고모 귀신이 훼방을 해서 가정에 우환이 끊이지 않는 게야. 푸닥거리를 해야 해. 이번엔 아주 큰 걸로 말이야."

집안에 우환이 끊이질 않는 이유가 일찍 죽은 고모 귀신 탓이라고 하니 그 원혼을 달래는 굿을 아니할 수 없었습니다. 없는 살림에 또다시 굿을 해야 했지만 돈이 없었습니다.

그러던 어느 날, 어머니는 밭일을 하시다가 집안의 액운을 없애려면 굿을 해야 한다는 무당의 말에 모순이 있다고 생각하게 되었습니다.

'만일 고모 귀신이 있다면 누나가 되어 어찌 그 가족인 동생을 해할 수 있겠는가? 오히려 그 동생을 도와야 이치에 맞지 않는가?' 생각이 여기까지 미치니 무당의 말이 틀렸다는 생각이 들더랍니다. 당시 어린 제가 생각해도 이치에 맞는 말이었습니다. 어머니는 비록 공부를 많이 하지는 못하셨지만 현명하셨습니다.

그때 마침 건너편에 2년 전에 처음으로 동네에 세워진 교회가 눈에 들어왔다고 합니다. 그 교회를 쳐다보면서 이런 마음이 들었답니다. '내가 엉터리 같은 무당의 말을 듣느니 차라리 저 교회에 가서 하나님께 한번 물어볼까? 예수 믿으면 복을 받는다고 하던데……' 하는 생각을 했습니다. 지금 돌이켜 보면 성령님이 주신 감동입니다. 그렇게 마음먹은 지 며칠이 못 되어 어머니는 그 교회로 나가기 시작하셨습니다. 그리고 몇 주일이 지나지 않아 어린 나와 형제들을 데리고 교회에 다니기 시작하셨습니다.

이런 가족사를 돌이켜보면 하나님의 인도하심은 한마디로 신묘막측 그 자체입니다.

결국 아버지의 병환으로 인해 우리 가정은 하나님을 처음으로 알게 되었고, 교회에 나가 예수님을 만나게 되었습니다. 그렇게 해서 온 가족이 구원을 받았지만 워낙 병환이 중하셨던 아버지는 제가 열 살이 되던 해 결국 돌아가셨습니다. 하지만 우리 가족은 아버지의 죽음에도 불구하고 교회에서 배운 믿음으로 오히려 더욱 슬픔을 이겨내고 희망을 가지고 살아갔습니다. 인간의 생사화복을 주장하시는 하나님의 은혜와 사랑으로 말미암아 온 가족을 구원해 놓고 아버지는 하늘나라로 가셨습니다.

"하나님을 사랑하는 자 곧 그 뜻대로 부르심을 입은 자들에게는 모든 것이 합력하여 선을 이룬다"는 말씀을 어렴풋이나마 깨닫게 되었고, 저는 신앙 가운데 자라면서 장차 하나님의 사랑과 은혜를 전하리라는 꿈을 품었습니다.

9. 감사와 사랑이 기적입니다

창세기 45장 1~28절

요셉이 시종하는 자들 앞에서 그 정을 억제하지 못하여 소리 질러 모든 사람을 자기에게서 물러가라 하고
그 형제에게 자기를 알리니 때에 그와 함께한 자가 없었더라
요셉이 방성대곡하니 애굽 사람에게 들리며 바로의 궁중에 들리더라
요셉이 그 형들에게 이르되 나는 요셉이라 내 아버지께서 아직 살아 계시니이까
형들이 그 앞에서 놀라서 능히 대답하지 못하는지라
요셉이 형들에게 이르되 내게로 가까이 오소서 그들이 가까이 가니 가로되
나는 당신들의 아우 요셉이니 당신들이 애굽에 판 자라
당신들이 나를 이곳에 팔았으므로 근심하지 마소서 한탄하지 마소서
하나님이 생명을 구원하시려고 나를 당신들 앞서 보내셨나이다
이 땅에 이 년 동안 흉년이 들었으나 아직 오 년은 기경도 못하고 추수도 못할지라
하나님이 큰 구원으로 당신들의 생명을 보존하고 당신들의 후손을 세상에 두시려고
나를 당신들 앞서 보내셨나니
그런즉 나를 이리로 보낸 자는 당신들이 아니요 하나님이시라 하나님이 나로 바로의 아비를 삼으시며
그 온 집의 주를 삼으시며 애굽 온 땅의 치리자를 삼으셨나이다
당신들은 속히 아버지께로 올라가서 고하기를 아버지의 아들 요셉의 말에
하나님이 나를 애굽 전국의 주로 세우셨으니 내게로 지체 말고 내려오사
아버지의 아들들과 아버지의 손자들과 아버지의 양과 소와 모든 소유가
고센 땅에 있어서 나와 가깝게 하소서 흉년이 아직 다섯 해가 있으니 내가 거기서 아버지를 봉양하리이다
아버지와 아버지의 가속과 아버지의 모든 소속이 결핍할까 하나이다 하더라 하소서
당신들의 눈과 내 아우 베냐민의 눈이 보는 바 당신들에게 이 말을 하는 것은 내 입이라
당신들은 나의 애굽에서의 영화와 당신들의 본 모든 것을 다 내 아버지께 고하고
속히 모시고 내려오소서 하며
자기 아우 베냐민의 목을 안고 우니 베냐민도 요셉의 목을 안고 우니라
요셉이 또 형들과 입맞추며 안고 우니 형들이 그제야 요셉과 말하니라
요셉의 형들이 왔다는 소문이 바로의 궁에 들리매 바로와 그 신복이 기뻐하고

바로는 요셉에게 이르되 네 형들에게 명하기를 너희는 이렇게 하여
너희 양식을 싣고 가서 가나안 땅에 이르거든
너희 아비와 너희 가속을 이끌고 내게로 오라 내가 너희에게 애굽 땅 아름다운 것을 주리니
너희가 나라의 기름진 것을 먹으리라
이제 명을 받았으니 이렇게 하라 너희는 애굽 땅에서 수레를 가져다가
너희 자녀와 아내를 태우고 너희 아비를 데려오라
또 너희의 기구를 아끼지 말라 온 애굽 땅의 좋은 것이 너희 것임이니라 하라
이스라엘의 아들들이 그대로 할새 요셉이 바로의 명대로 그들에게 수레를 주고 길 양식을 주며
또 그들에게 다 각기 옷 한 벌씩 주되 베냐민에게는 은 삼백과 옷 다섯 벌을 주고
그가 또 이와 같이 그 아비에게 보내되 수나귀 열 필에 애굽의 아름다운 물품을 실리고 암나귀 열 필에는
아비에게 길에서 공궤할 곡식과 떡과 양식을 실리고
이에 형들을 돌려 보내며 그들에게 이르되 당신들은 노중에서 다투지 말라 하였더라
그들이 애굽에서 올라와 가나안 땅으로 들어가서 아비 야곱에게 이르러
고하여 가로되 요셉이 지금까지 살아 있어 애굽 땅 총리가 되었더이다
야곱이 그들을 믿지 아니하므로 기색하더니
그들이 또 요셉이 자기들에게 부탁한 모든 말로 그 아비에게 고하매
그 아비 야곱이 요셉의 자기를 태우려고 보낸 수레를 보고야 기운이 소생한지라
이스라엘이 가로되 족하도다 내 아들 요셉이 지금까지 살았으니 내가 죽기 전에 가서 그를 보리라

사랑의 능력을 체험하는 것이 기적

우리는 종종 내 인생에 기적이 일어나길 바랍니다. 불치병이 치료되고, 부도가 면해지고, 문제가 해결되는 그런 기적 말입니다. 그러나 주님은 기적이 너희의 문제라고 말씀하고 계십니다. 귀신을 내어 쫓으시고, 중풍병자를 고치시며, 열두 해 혈루병 앓던 여인을 고치신 예수님께서 이제는 그 기적을 너희가 베풀어 보라고 하십니다.

그런데 기적 중에 가장 큰 기적은 바로 사랑을 믿게 된 것입니다. 사랑의 능력을 체험하는 것이 기적입니다. 더 나아가 내가 사랑의 도구가 되는 것이 기적 중의 기적입니다.

원수인 유영철을 사랑한 남자의 이야기가 얼마 전 텔레비전에

소개되었습니다. 2003년 10월 9일, 어머니와 아내, 그리고 아들까지 삼대를 죽인 범인이 다름 아닌 유영철이었습니다. 찢어 죽이고 싶은 마음뿐이었다고 합니다. 그를 죽이고 자기도 같이 죽으려고 하였으나 마음에 용서를 하고 나니 다시 살고 싶은 마음이 생기더라는 것입니다.

그를 이해하기로 마음먹었다고 합니다. 그의 입장에서 생각해 보니 그가 불쌍하더라는 것입니다. 시대를 잘못 만나고, 부모를 잘못 만나고, 사회에서 교육을 제대로 받지 못했기 때문에 세상을 미워하고 증오하게 된 것을 이해하고 그를 용서하기로 마음먹고 그가 사형당하지 않기를 기도하고 있다고 합니다.

또 사형제가 유지되든 폐지되든 유영철은 그 제한된 장소에서 평생을 보내야 할 텐데, 동정이 가는 것은 그가 남겼다는 자녀 둘이라면서, 유영철이 허락하고 상황이 된다면 내 친손자, 손녀처럼 돌봐주고 싶다고 말했습니다. 이것이 보통 기적입니까? 그는 어린 애들이 평생 아빠를 그리워할 테니 내가 사는 동안이라도 도와주고 싶은 생각이라고 덧붙였다니, 정말 용서의 힘은 크다는 생각이 듭니다. 유영철은 아들과 딸을 둔 것으로 알려졌습니다.

지난 2003년 10월 노모와 부인, 아들을 유영철의 손에 잃은 고 씨는 사건을 당한 뒤 괴로워하다 용서하기로 마음먹고, 유영철의 재판 과정에 탄원 편지를 냈습니다. 고 씨는 지난 설날 유영철에게 영치금을 넣어 달라며 조 수녀에게 금품을 전달하기도 했습니다.

고 씨의 마음을 전해 들은 유영철은 2월 조 수녀에게 보낸 참회 편지에서 고마움을 표시했습니다. "고정원 님처럼 사랑의 끝이 어디까지인가를 보여 주시는 분도 계시기에 그저 놀라울 뿐입니다. 그분과 인연을 맺고 계시다니 나중에라도 이 못난 사람의 글 좀 전해 주십시오. 너무나 죄송하고 감사한 마음에 놀랄 수도 없을 정도로 많은 감동이 앞섭니다."

결국 한 사람의 용서가 두 사람을 살렸습니다.

진정한 용서는 상대방에게 용기와 기쁨을 주는 것입니다

돈 보스코는 이렇게 말했습니다.

"용서는 사랑의 절정이다. 다만 사랑이 하나의 선물이라면 용서는 그 두 배가 되는 선물이며, 또한 구속(救贖)하는 은총이다."

성경에 나타난 인물 중에서 예수님을 가장 많이 닮은 사람은 야곱의 아들 요셉입니다. 그는 형들에게 죽임을 당할 뻔했고, 종으로 외국에 팔려서 갖은 고생을 다 하였지만 형들에게 원수로 갚지 않고 도리어 복으로 갚아 주었습니다. 이것이 능력입니다.

미워하고 증오하고 비판하는 것은 인지상정입니다. 누구나 할 수 있는 일입니다. 하지만 용서는 아무나 할 수 있는 것이 아닙니다. 하나님의 사랑, 십자가의 사랑을 경험한 사람만이 할 수 있는 일입니다.

용서를 시작하지 않으면 파괴가 시작됩니다

비누 한 장 사건이 있습니다. 노벨상 수상자인 가브리엘 가르시아 마르케스(Gabriel Garcia Marquez)의 작품 《콜레라 시대의 사랑(Love in the Time of Cholera)》이라는 소설은 비누 한 장 때문에 깨진 결혼 생활을 그려 놓았습니다.

소설에서 집안을 정돈하는 것은 아내의 일이었습니다. 수건이나 휴지, 비누 등을 욕실에 챙겨 놓는 것도 마찬가지였습니다. 어느 날 아내는 비누를 미처 새것으로 갖다 놓지 못했는데 남편이 그 실수를 과장되게 표현하자 완강하게 부인을 했다고 합니다. 아내가 비누를 갖다 놓지 못한 것은 사실이었지만 비누 한 장 때문에 어떤 결과가 일어났는지 아십니까? 그 뒤 7개월간 부부는 각방을 사용했고, 식사 때는 침묵을 지켰습니다.

비누 한 장이 어떻게 결혼 생활을 망칠 수 있을까요? 그것은 양쪽 배우자 모두 "그만둡시다. 이렇게 계속해서는 안 돼요. 미안해요. 용서해요"라고 말하지 않았기 때문입니다. 그런 사소한 일로 평생의 관계가 금이 갈 수도 있습니다. 용서만이 점점 벌어지는 틈을 메울 수 있는 것입니다.

우리에게 용서란 부자연스러운 일이지만 하나님께 용서는 자연스러운 일입니다. 하나님은 그리스도 안에서 우리를 용서하셨습니다. 우리가 용서받을 자격이 없을 때, 우리가 하나님과 원수되었을 때 하나님은 우리를 용서해 주셨고 우리 죄를 기억하지도 않으십니다.

저는 비누 한 장의 에피소드를 읽고 웃었지만 이 웃음과 함께 저 역시 사소한 일을 문제 삼았다는 내적인 경종을 듣게 됐습니다. 이제 문제는 나의 선택에 달렸습니다. 용서할까 아니면 원망을 품고 있을까?

요셉은 용서하시는 예수님의 모델입니다

요셉은 죽어 마땅한 죄인들에게 은혜를 베푸신 예수님의 큰 구원의 모형입니다. 그러나 요셉이 그리스도의 계보에 올라가지는 않았고, 그의 형 유다가 아브라함의 씨를 이어갑니다. 이러한 면에서 요셉은 하나의 모형으로서만 존재합니다.

만약 요셉이 일평생 용서하지 못했다면 결코 하나님과 동행하며 형통하는 삶을 살 수 없었을 것입니다. 미워하는 부정적인 마음, 용서하지 못하는 분노가 있는 사람은 그 감정에 이끌려 다니고 맙니다. 언제 폭발할지 모를 시한폭탄을 안고 다니는 사람을 형통하다고 말하지 않습니다. 그런 사람에게 성공이 찾아올 리 만무합니다.

사랑하는 성도 여러분! 여러분 속에 있는 분노와 긴장과 용서하지 못하는 모든 마음을 요셉처럼 버리십시오. 그리고 오늘 이 자리에서 통 크게 용서해 버리십시오. 선포하십시오. 까짓 용서한다, 잘되기를 바란다, 축복을 받기 바란다고 선언하십시오. 그리고 나를 용서한 주님을 찬양하고 그분의 용서에 대해서도 감사하십시오.

자신을 드러내는 요셉

"나는 당신들의 아우 요셉이니"(4절).

그 말을 들은 형들은 너무 놀라서 아무 말도 못했습니다. 요셉은 분명하게 형들의 죄도 기억하고 있었습니다.

"나는 당신들의 아우 요셉이니 당신들이 애굽에 판 자라"(4절).

죽은 줄만 알았던 요셉이 애굽의 총리가 되어서 전 세계 사람들의 생명의 주인이 되었습니다. 7년 흉년 동안 그가 먹을 양식을 주지 않으면 애굽 사람도 굶어 죽는 판에, 당연히 죽을 수밖에 없는 형들의 생사권을 가진 총리로서 요셉은 형들 앞에서 신분을 밝혔고, 그들의 죄도 분명히 기억하고 있었습니다. 얼마나 놀랐을까요?

그들은 눈앞에 과거의 죄가 생생하게 되살아났을 것입니다. 형들은 처음에는 동생 요셉을 죽이려 하였고, 나중에는 굶어 죽든지 사나운 짐승에게 잡아먹히도록 깊은 웅덩이에다가 던져 버렸습니다. 그러다가 결국에는 돈을 받고 외국 상인에게 팔아버렸습니다. 이 얼마나 악한 죄인들입니까!

죄책감으로 괴로워하는 살인자들에게 충분히 복수할 위치에 있는 요셉이었습니다. 요셉의 영광 앞에 선 죄인들은 오금이 저릴 수밖에 없었을 것입니다. 이처럼 마지막 날에 그리스도께서 자신의 정체를 드러내시는 날, 그리스도를 조롱하고 교회를 조롱하며 복음 전하는 자들을 조롱하였던 수많은 사람들의 표정 역시 이러하지 않을까요?

그러나 여러분의 자비를 드러내십시오. 여러분의 축복을 드러내십시오. 주님이 나를 앞으로 축복하실 터이니 내가 통 크게 용서한다고 드러내시기 바랍니다. 마땅히 짜증내고 싸워야 하고 따져야 하겠지만 여러분의 자비를 드러내고 선언하십시오. "나는 하나님의 아들이다"라고 말입니다.

죄인들을 용서하는 요셉

오히려 그들을 위로하시고 보듬으시기 바랍니다. 요셉처럼 통 크게 말입니다.

"당신들이 나를 이곳에 팔았으므로 근심하지 마소서 한탄하지 마소서"(5절).

잔인하고, 악한 행동의 결과로 한 어린 생명이 얼마나 큰 고통을 당해야 했습니까. 그 죄책감으로 계속 고통을 당하다가 말라 비틀어져 죽어야 마땅하다고 생각하는 것이 보통 사람입니다. 그러나 주님의 마음을 가진 요셉은 형들이 너무 충격을 받고 죄의식 때문에 절망에 빠질까 봐 근심하지도 말고 한탄하지도 말라고 도리어 위로합니다.

주님께서 그렇게 우리를 용서하시고, 죄인들 대신 그 죄 값을 지고 십자가에 죽으셨습니다.

"하나님이 생명을 구원하시려고 나를 당신들 앞서 보내셨나이다"(5절).

죽기보다 어려운 일

죽기보다 어려운 일. 영화 "우리들의 행복한 시간"을 보고 난 느낌을 한마디로 말한다면 그랬습니다. 사람을 용서하는 일, 그건 죽기보다 어려운 일이었습니다. 딸을 죽인 범인을 용서하는 일, 박 할머니는 울부짖으며 범인을 용서하려 합니다. 그러면서 부르짖습니다, 이건 정말 죽기보다 어려운 일이라고…….

여주인공 유정도 그랬습니다. 나이 열다섯 때 친척 오빠에게 강간을 당해 울고 섰는 그에게 매몰차게 입 닫으라던 엄마. 집안 부끄럽다고 비밀을 지킬 것만을 강요하던 엄마. 도대체 행실을 어떻게 했느냐고 나무라기만 하던 엄마. 자신의 아픔을 전혀 공감해 주지 않는 엄마에 대해 유정은 이를 갑니다. 평생 용서치 않겠다고 다짐했던 그가 엄마를 용서하는 일은 죽기보다 더 어려운 일이었습니다.

하지만 유정은 마침내 엄마를 용서합니다. 죽기보다 더 어려운 일이지만, 늙어 병상에서 신음하고 있는 엄마에게 찾아가 울부짖으며 용서한다는 절규를 합니다.

"우리들의 행복한 시간"은 그런 영화입니다. 공감을 통해 기적이 일어남을 보여 주는 영화입니다.

사형수 윤수의 발을 씻겨 주는 세족식을 하면서 연세 지긋한 노신부가 한 말이 기억납니다.

"물고기가 사람이 되는 건 마술이고, 사람이 변하는 게 기적이야."

그렇습니다. 정말 사람이 변하는 것 만한 기적이 없습니다. 공감하면, 공감만 해주면 사랑을 알게 되고, 사랑이 있으면 사람이 변할 수 있다는, 죽기보다 어려운 일이 때로는 너무도 쉽게 이루어질 수도 있다는 놀라운 진리를 또 한 번 알려 주는 멋진 영화였습니다.

악한 죄인들, 살려 둘 가치가 없는 자들, 흉년에 선한 사람도 살기 힘든데 악한 죄인들의 생명까지도 구원하시려고 미리 계획을 짜시고 준비하시는 사랑의 하나님, 큰 구원을 베푸신 하나님,

악을 선으로 갚고 저주 대신 복으로 갚으시는 사랑의 하나님이심을 보여 줍니다.

우리가 아직 죄인 되었을 때 그의 외아들을 우리 죄 값으로 십자가에서 죽게 하시고, 누구든지 예수님을 믿으면 멸망하지 않고 영생을 얻을 뿐만 아니라 영원하고 영광스럽고 풍족한 복을 천국과 지상에서 넘치게 누리게 하시는 하나님의 큰 구원, 은혜, 사랑을 보여 줍니다.

"네 원수가 주리거든 먹이고 목마르거든 마시우라 그리함으로 네가 숯불을 그 머리에 쌓아 놓으리라 악에게 지지 말고 선으로 악을 이기라"(롬 12:20~21).

요셉의 성공 비결

축복은 항상 고난의 모습으로 다가옵니다. 축복이 자신을 축복이라고 밝히고 찾아오면 얼마나 좋을까요? 그러면 우리는 그것을 기대하고 소망하며 환영할 것입니다. 그러나 대개 축복은 고난의 모습으로 다가옵니다. 양의 탈을 쓴 이리가 아니라 고난의 탈을 쓴 축복인 것입니다.

중·고교 시절 선생님의 매가 무서워 밤잠 자지 않고 했던 공부가 훗날 큰 도움이 됩니다. 3년여의 군대 시절이 남자의 일생 동안 얼마나 힘이 되는지는 겪어 본 사람만이 압니다. 금을 제련하기 위해서는 불에 집어넣어야 하고, 아파트를 재건축하기 위해서는 건물을 부수어야 하듯이, 창조를 위해서는 파괴가 불가피한 것입니다.

여러분, 요셉이 종으로 팔려가 애굽에서 종으로만 13년을 보냈는데 어떻게 하루아침에 총리의 일을 그렇게 잘할 수 있단 말입니까? 정치외교학도 전공하지 않았는데 어떻게 정권의 실세가 될 수 있다는 말입니까? 요사이 나오는 대통령마다 자신이 경제 대통령이라고 주장하는데, 요셉은 경제를 공부한 적이 없는데 그렇게 부강한 나라를 만들고 왕권을 강화할 수 있었습니까?

그 이유는 그가 13년간 자신이 맡은 모든 분야에서 게으르지 않고 열심히 일을 배웠기 때문입니다. 또 애굽의 예법과 궁전의 예법을 그냥 대충 보아 넘기지 않고 모두 염두에 두고 관찰하며 자신의 때를 차근차근 준비했기 때문입니다. 이것이 꿈이 있는 사람의 자기 준비입니다.

분노와 미움 그리고 자기 연민에 빠져 되는 대로 살았더라면 결코 자기 준비를 하지 못했을 것입니다. 그는 종으로 팔려간 자리에서도 섬김의 도를 배웠고, 겸손으로 사람들을 이끄는 법을 터득했으며, 애굽의 글자와 학문도 어깨 너머로 항상 배우고 준비했습니다.

가나안의 아버지 밑에서만 자랐다면 평생 왕자병을 앓느라 자기밖에 모르고 양이나 치고 살았을 그를 하나님은 고난이라는 선생을 통하여 세계 최고의 인물로 키워 가셨던 것입니다. 요셉은 자신에게 주어진 환경을 부정하지 않고 오히려 부정적인 환경조차도 자기에게 유리한 국면으로 하나둘 만들어 나갔습니다.

시위대장 보디발의 집에서는 정치를 배웠을 것입니다. 애굽의 실권자였던 보디발의 집에 드나드는 모든 고관대작들, 그리고 심지어는 그 측근들까지 눈여겨보며 사귀고 배웠을 것입니다. 감옥

에선 또 어떠했을까요? 그는 그곳에서도 사람들을 다스리는 직책을 가지고 일을 배웠습니다. 성경은 간수가 요셉에게 모든 것을 다 맡기기까지 그를 신뢰했다고 증언하고 있습니다.

여러분은 어떻습니까? 여러분의 눈앞에 나타나는 현상들만 바라보고 있지는 않습니까? 그래서 인생을 원망하고 주변 사람들을 원망하며 살지 않습니까? 나는 왜 이럴까? 아무개 성도는, 아무개 집사는 왜 그럴까? 내 남편은, 내 아내는 왜 이럴까? 그러면서 한숨만 짓지 않습니까? 이것은 믿음의 사람들의 삶이 아닙니다.

하나님의 사람들은 그 너머에 역사하시는 하나님을 바라보아야 합니다. 합력해서 선을 이루시는 하나님을 바라보아야 합니다. 사랑하는 성도 여러분, 이 하나님을 바라봄으로 여러분의 사전에서 원망을 몰아내십시오. 불평을 몰아내십시오. 한숨을 몰아내시기 바랍니다.

내가 겪는 고난은 남을 살리기 위한 씨앗입니다

멘티와 멘토에 관한 책 중 《멘토링 황금법칙》에서 읽은 구절 "경험자의 조언은 어려울 때 힘이 된다"는 말이 마음속 깊이 새겨져 소개합니다.

멘토링은 전문적인 카운셀링이나 정신치료와는 성격이 다르지만, 언젠가 카운셀러로서 멘토의 역할이 필요한 시점이 온다는 것입니다. 경험을 가지고 있다는 것은 큰 밑천으로, 한 줄의 보고서 문구를 만들어 내는 데서도 그 가치가 달라지며, 실무자가 끙끙거리며 앓던 문제의 해결 방법을 하나의 질문을 통해서 희망의 빛을 쐬줄 수도 있다는 것입니다.

요셉은 누구보다 먼저 고난을 겪고 애굽에 대해 알게 됩니다. 그는 결국 이스라엘 백성들이 이주해 살도록 하는 일의 씨앗이 됩니다. 여러분의 고난이 결국 다른 사람에게는 위로가 되고, 힘이 되며, 도움이 되는 것입니다. 이러한 확신이 있었기에 그는 형들을 진심으로 용서할 수 있었습니다.

위조지폐 제조업자였던 아버지 탓에 제레마이어는 어린 시절부터 깡패 조직에 가담했습니다. 그런데 그의 조직이 그에게 강도 누명을 씌워 징역 15년을 선고받았습니다.

어느 날 다른 죄수들과 함께 예배당을 찾았을 때, 강단 위에 자신의 옛 친구가 서 있는 것을 보았습니다.

"저는 얼마 전까지만 해도 여러분과 마찬가지로 죄수복을 입고 있었습니다. 그러다가 그리스도가 나의 구주 되심을 알았고……."

제리는 그의 이야기에 귀를 기울였습니다. 감방에 돌아온 제리는 성경을 읽기 시작했습니다. 기도하기를 원했지만 도저히 할 수 없을 것 같았습니다. 그러자 속에서 음성이 들려왔습니다.

"누가복음 18장 세리의 기도를 기억해 보아라."

그는 바닥에 엎드려 죄와의 싸움을 계속했습니다. '이렇게 해야 용서를 받는다면 오늘 밤이 새도록이라도 여기 이렇게 있겠다.' 그러나 그럴 필요가 없었습니다. 고뇌하는 가운데 그는 십자가에 달리신 그리스도를 보았고, "내 아들아, 네 죄는 용서되었다" 하시는 말씀을 들었습니다. 그의 몸은 새로운 생명의 전율로 마구 떨렸습니다.

그 후 제리는 사면을 받고 출소했으나 사회는 전과자를 꺼려했습니다. 그가 거리를 방황하고 있을 때 한 선교사가 영적인 상담을 해주며 직업을 얻도록 도와주었습니다.

그때 제리는 한 가지 비전을 품게 되었습니다. 그리고 자기처럼 버림받고 도움이 필요한 사람들을 위해 뉴욕 빈민가 중심부에 'Water Street Mission'이라는 구조 선교회를 시작했습니다. 그로 인해 수많은 부랑자와 술주정뱅이, 매춘부들에게 하나님의 나라가 전파되었습니다.

10. 학개야, 축제를 벌여라

학개 1장 1~15절

다리오 왕 이년 유월 곧 그 달 초하루에 여호와의 말씀이 선지자 학개로 말미암아 스알디엘의 아들
유다 총독 스룹바벨과 여호사닥의 아들 대제사장 여호수아에게 임하니라 가라사대
만군의 여호와가 말하여 이르노라 이 백성이 말하기를
여호와의 전을 건축할 시기가 이르지 아니하였다 하느니라
여호와의 말씀이 선지자 학개에게 임하여 가라사대
이 전이 황무하였거늘 너희가 이 때에 판벽한 집에 거하는 것이 가하냐
그러므로 이제 나 만군의 여호와가 말하노니 너희는 자기의 소위를 살펴볼지니라
너희가 많이 뿌릴지라도 수입이 적으며 먹을지라도 배부르지 못하며 마실지라도 흡족하지 못하며
입어도 따뜻하지 못하며 일꾼이 삯을 받아도 그것을 구멍 뚫어진 전대에 넣음이 되느니라
나 만군의 여호와가 말하노니 너희는 자기의 소위를 살펴볼지니라
너희는 산에 올라가서 나무를 가져다가 전을 건축하라 그리하면 내가 그로 인하여 기뻐하고
또 영광을 얻으리라 나 여호와가 말하였느니라
너희가 많은 것을 바랐으나 도리어 적었고 너희가 그것을 집으로 가져갔으나 내가 불어 버렸느니라 나 만
군의 여호와가 말하노라 이것이 무슨 연고뇨 내 집은 황무하였으되 너희는 각각 자기의 집에 빨랐음이니라
그러므로 너희로 인하여 하늘은 이슬을 그쳤고 땅은 산물을 그쳤으며
내가 한재를 불러 이 땅에, 산에, 곡물에, 새 포도주에, 기름에, 땅의 모든 소산에, 사람에게, 육축에게,
손으로 수고하는 모든 일에 임하게 하였느니라
스알디엘의 아들 스룹바벨과 여호사닥의 아들 대제사장 여호수아와 남은 바 모든 백성이
그 하나님 여호와의 목소리와 선지자 학개의 말을 청종하였으니 이는 그들의 하나님 여호와께서
그를 보내셨음을 인함이라 백성이 다 여호와를 경외하매
때에 여호와의 사자 학개가 여호와의 명을 의지하여 백성에게 고하여 가로되 나 여호와가 말하노니
내가 너희와 함께하노라 하셨느니라 하니라
여호와께서 스알디엘의 아들 유다 총독 스룹바벨의 마음과 여호사닥의 아들 대제사장 여호수아의 마음과
남은 바 모든 백성의 마음을 흥분시키시매 그들이 와서 만군의 여호와
그들의 하나님의 전 역사를 하였으니 때는 다리오 왕 이년 유월 이십사일이었더라

거짓말 같은 진짜

우리 주위에는 유머스런 거짓말들이 있습니다.
- 노처녀 : 독신으로 살겠다.
- 학생 : 나 공부 하나도 안 했다.
- 간호사 : 이 주사 하나도 안 아파요.
- 여자들 : 어머, 너 왜 이렇게 이뻐졌니?
- 학원 광고 : 전원 취업보장! 전국 최고의 합격률!!
- 조종사 : 승객 여러분, 아주 사소한 문제가 발생했습니다.
- 연예인 : 그냥 친구 이상으로 생각해 본 적 없어요.
- 교장 : 마지막으로 한마디만 간단히……
- 친구 : 이건 너한테만 말하는 건데…….
- 장사꾼 : 이거 밑지고 파는 거예요.
- 아파트 신규분양 : 지하철역에서 5분 거리.
- 수석합격자 : 그저 학교 수업에 충실했을 뿐이에요.
- 국회의원 : 당선되면 열심히 일하겠습니다.
- 정치인 : 단 한 푼도 받지 않았어요.
- 자리 양보 받은 할머니 : 에구, 괜찮은데…….
- 대통령 : 못해 먹겠다.
- 주일날 : 성수했다.
- 신도 : 기도할게.
- 마지막으로 목사의 거짓말 : 여러분은 아무 걱정도 하지 마십시오. 교회 재정은 문제없습니다.

어떤 사람이 아라비아 사막에서 회리바람을 만나 일행과 길이 어긋나 혼자서 사막을 방황하게 되었습니다. 동서남북을 둘러보아도 모래밭뿐, 한 톨의 식량도, 한 모금의 물도 얻을 수 없었습니다. 꼼짝없이 죽게 된 그 때 그는 모래 속에서 무엇인가 가득 담긴 포대 하나를 발견했습니다. 너무 반가워 그는 자루를 꺼내 서둘러 끌러 보았습니다. 볶은 밀이나 콩이라도 나와 주기를 기대하면서……

그러나 그 자루에서 나온 것은 밀이나 콩이 아니고 진주였습니다. 모래 위에 쏟아진 한 포대의 진주알은 사막의 작열하는 태양빛에 황홀하게 빛나고 있었습니다. 그러나 이 황홀한 진주가 굶어 죽어 가는 이 사나이에게 무슨 소용이 있겠습니까? 우선 당장 그에게 필요한 것은 진주가 아니라 먹을 것과 마실 것이기 때문입니다.

여러분, 어떻습니까? 이 세상에서 우리에게 정말로 필요한 것은 무엇일까요? 인간에게 정말로 필요한 것은 영혼의 양식이요, 영혼의 생수입니다. 100년 미만의 삶을 살자고 이토록 고생하며 산다면 인간은 참으로 불쌍한 존재일 뿐입니다.

고린도전서 15장 19절에 "만일 그리스도 안에서 우리의 바라는 것이 다만 이생뿐이면 모든 사람 가운데 우리가 더욱 불쌍한 자리라"고 했습니다. 그럼에도 불구하고 오늘 우리는 영원한 양식보다 썩어 없어질 양식을 찾아 헤맬 때가 얼마나 많습니까? 교회는 썩는 양식을 위하여 존재하는 곳이 아니라 썩지 않을 양식을 위하여 존재하는 곳입니다. 그래서 도산 안창호 선생은 경찰서나 파출소보다 더 많아야 할 곳이 교회라고 했습니다.

청교도란 한마디로 영국 국교회에 반기를 들고 새로운 기독교, 타락하지 않은 기독교, 영국이라는 국가의 시녀가 아니라 진정한 기독교를 만들자는 새로운 운동에 뜻을 같이한 기독교인들을 가리킨 말입니다. 저들은 "영국 국교회를 정화시키자, 종교 본연의 자세를 회복하자, 예배와 신앙의 순결을 다시 찾자"는 슬로건을 내걸고 영국 국교회에 도전했습니다.

그러나 당시 개혁운동은 미온적이었습니다. 기독교가 타락해 버리고, 예배와 모든 종교의식이 순수성을 잃어버리게 되자 "우리는 국교회에 협력할 수 없다"는 입장을 선언하고 기독교 자체를 개혁해야 하겠다고 퓨리턴 운동이 시작된 것입니다.

영국의 퓨리턴들이 이런 마음으로 신앙운동을 펼친 땅이 바로 북미 대륙이었습니다. 저들은 180톤짜리 메이플라워호라는 조그마한 배를 구입한 후 102명이 타고 멀고도 긴 항해의 길을 떠났습니다. 63일 동안 3,400마일의 바다를 지나 매사추세츠 해만에 상륙하였습니다.

항해 도중 여러 차례 풍랑과 폭풍을 만났고, 정작 대륙에 상륙했으나 먹을 식량이 없었고 12월의 추위까지 밀어닥쳐 그 고생은 이루 말할 수 없었습니다. 추위, 식량난, 거기다가 전염병으로 이듬해 봄엔 102명의 절반인 50명이 죽었습니다. 거기다가 원주민 인디언의 습격이 저들을 극도로 불안하게 하였습니다. 미 대륙에 상륙한 퓨리턴들은 사람으로서는 더 이상 견딜 수 없는 온갖 고난과 시련의 가시밭길에서 최후까지 참고 견딤으로 그 후손에게 미국이라는 20세기 강대국을 유산으로 물려주게 된 것입니다.

어떤 이는 "미국 사람이 제아무리 타락을 한다고 해도 저들의 혈관 속에 퓨리턴의 피가 흐르고 있는 한 미국의 역사는 영원할 것이다"라고 예찬하였습니다.

황무지 같은 대륙에 상륙하여 자기들의 거처는 통나무를 주워 모아다가 임시로 만들었으나 하나님께 예배드릴 교회만은 몸과 정성을 모아 먼저 건축했다는 얘기는 너무나 잘 알려져 있습니다. 저들이 고난과 역경 속에서 변변한 도구 하나 없이 맨손으로 지은 농사의 수확물을 앞에 놓고 하나님께 감사 예배를 드린 것이 추수감사절의 기원이 되었습니다. 우리는 위대한 이 청교도들의 얘기 속에서 저들의 정신을 발견해내야 합니다.

그러면 퓨리턴의 정신은 무엇이었을까요? 그것은 개척 정신, 노동 정신, 신앙 정신이라 말할 수 있습니다. 오늘 우리가 읽은 학개서가 그러한 퓨리턴 정신을 소개하고 있습니다.

학개서의 저자 학개(Haggai)의 이름은 '축제'라는 뜻이 있습니다. 바사의 고레스 왕이 주전 539년, 즉 지금부터 약 2,600여 년 전에 바벨론을 정복하여 바사 제국에 통합하고, 정복한 모든 민족에게는 회유 정책을 썼습니다. 그리하여 그들이 고유의 종교를 믿는 것과 고국에 돌아가는 것을 허락하였습니다.

이 정책은 이스라엘 민족에게도 큰 변화를 가져왔으며, 바벨론에 포로로 잡혀갔던 자들이 큰 희망을 안고 돌아왔습니다. 그러나 어려움이 많았습니다. 15년간이나 성전 재건에 힘썼으나 결과는 실망스러웠고 바로 이러한 때에, 다리오 왕 제2년(520년)에 두 위대한 예언자가 나타났습니다. 바로 학개와 스가랴입니다.

에스라서에 의하면(스 5:1, 6:14) 이 두 예언자의 활동 결과로 유대인들은 성전을 재건하고 번영하게 되었습니다. 학개 선지자는 바벨론에 있을 때 다니엘과 아는 사이였습니다. 그의 신앙과 절개를 알기에 귀환하여 성전 재건에 몰두하게 됩니다.

학개는 백성들에게 성전을 수리할 것을 권고하면서, 그 재건이 완성되는 날 메시아 시대가 온다고 주장하였습니다. 학개 선지자는 오직 성전 건축을 위해서만 책망하고(학 1: 1~11), 격려도 합니다(학 2:1~9). 학개서는 경제적으로 궁핍하고 정치적으로 미약한 백성들을 격려하여 성전을 재건하고, 그런 연후에 백성을 영적으로 부흥시키고 민족적 단결과 결속을 꾀하며 선민의 긍지를 가지고 살게 하려고 한 면에서 매우 귀중한 내용입니다.

본서는 하나님만이 유일한 희망이요 힘의 원천임을 밝힙니다. 그리고 하나님에 대한 신앙의 초점을 성전 건축에 두었습니다.

학개서의 본문을 시로 표현해 보면 다음과 같습니다.

학개야 축제를 벌여라

학개야 축제를 벌여라
스룹바벨 여호수아에게
성전을 건축하게 하라
너희는 자기 행위를 살펴보라
수입이 적으며 배부르지 못하며
흡족하지 못하며 따뜻하지 못하며
구멍 뚫린 전대처럼 돈이 빠지니
여호와의 전을 건축하지 않은 연고라
나무를 가져다가 전을 건축하라

성전 덕에 기뻐하고 또 영광을 얻으리라
한마음으로 하나님의 전 역사를 하여라
스스로 굳세게 하여 일할지어다
이 전이 너희 눈에 보잘것없이 보이느냐
이 전의 나중 영광이 이전 영광보다 크리라
내가 이곳에 평강을 주리라
하늘 땅 바다 육지 만국을 진동시키리라
나 만군의 여호와가 너희에게 복 주리라
내가 스룹바벨을 취하고 선택하여 인 삼으리라
이제 무너지지 않을 메시아 공동체를 이루리라

축복의 시작인 교회 건축

스룹바벨의 인솔하에 본국으로 돌아온 5만여 명의 유대 백성들은 고국의 옛 수도인 예루살렘을 중심으로 그 주변 일대에 거주했습니다. 유다 총독 스룹바벨의 주관 아래 부푼 기대를 가지고 파괴된 예루살렘 성전 재건 사역에 매진했습니다.

그러나 유대인들의 결집을 우려한 북쪽 사마리아인들이 격렬한 방해공작을 펼쳤습니다. 토지 경작의 실패로 인한 생활고 등이 겹치자 유대 백성들은 성전 재건을 중단한 채 각자 세상사에 빠져 살았습니다. 그런 세월이 무려 14년이나 흘렀습니다. 그처럼 낙심과 영적 무기력에 빠져 세상일에 몰두하고 있던 백성들 앞에 분연히 일어서서 성전 완공에 따른 하나님의 축복과 미래의 영광된 비전을 제시하면서 '성전 재건'을 힘차게 독려한 인물이 있었으니, 그가 바로 학개 선지자였습니다.

"성전을 건축하라"는 학개 선지자의 외침을 듣고 백성들은 비로소 모든 문제의 근본 원인이 거기 있음을 깨닫고, 일어나 힘차게 성전 건축 사역을 재개하였고, 마침내 4년 만에 '스룹바벨 성전'이라고도 불리는 '제2의 성전'을 완공할 수 있었습니다(주전 516년경).

문제의 본질을 찾아서

학개 선지자는 오랜 세월 힘든 생활고와 영적 무기력에 빠져 허우적거리던 유대 백성들의 문제점을 분명하게 파악했습니다. 백성들이 '성전 건축의 삶', 다시 말해 '하나님 중심의 삶'을 떠나 자기 중심의 삶을 살아간 것입니다.

오늘 여러분도 삶의 어려움과 영적 무기력에 빠져 있습니까? 문제의 본질을 찾아 그것을 먼저 해결해야 합니다. 하나님의 약속을 따라 성전 건축에 동참하고 힘을 쓴 성도들에게 새로운 삶의 영광된 비전이 보일 것입니다. 또한 이 전(殿)의 나중 영광이 이전 영광보다 크리라는 말씀이 그대로 응할 줄 믿습니다.

학개와 청교도들의 신앙에서 볼 수 있는 믿음의 정신은 무엇일까요?

첫째, 개척 정신입니다
하나님은 말씀하셨습니다.

"여호와는 너를 애굽 땅 종 되었던 집에서 이끌어 내시고 너를 인도하여 그 광대하고 위험한 광야, 곧 불뱀과 전갈이 있고 물이 없는 간조한 땅을 지나게 하셨으며, 또 너를 위하여 물을 굳은 반석에서 내셨으며, 내 열조도 알지 못하던 만나를 광야에서 네게 먹이셨나니, 이는 다 너를 낮추시며 너를 시험하사 마침내 네게 복을 주려 하심이었느니라."

미국의 역사는 한마디로 개척자의 역사입니다. 동부에서 서부로 개척해 나간 역사이며, 1620년대에 시작된 서부 개척의 역사는 1890년대에 이르기까지 270여 년 동안 계속되었습니다. 미국의 초기 개척자들은 세 가지를 상대로 투쟁했습니다.

① 대자연과의 투쟁 – 사람의 발이 닿지 아니한 대자연, 원시림, 미지의 땅은 개척자의 손을 기다리고 있었습니다. 저들은 대자연과 싸우며 정복해 나갔던 것입니다.

② 인디언과의 투쟁 – 인디언들은 무지하고 미개한 종족입니다. 야수처럼 사납고 살생을 좋아하는 야만족인 저들이 주로 서부의 황야와 밀림 속에 살면서 개척자들의 앞길을 가로막았습니다. 개척자들은 인디언들과 수없이 많은 싸움을 해야 했고, 그로 인해 흘린 피는 헤아릴 수가 없었습니다.

③ 불법과의 투쟁 – 갱, 살인 강도, 도박꾼, 정의와 법을 등진 무뢰한들은 모두 다 서부에 모여 들끓고 있었습니다. 서부는 무질서와 불법의 제왕이 지배하고 있었습니다. 개척자들은 그 혼란과 무질서가 난무하는 서부 사회에 새로운 법 질서와 사회 윤리를 세워 나가기 위해 피를 흘리며 싸워 나갔던 것입니다.

좋은 땅, 좋은 여건만을 찾아다니는 것은 안락한 인생은 될지

몰라도 개척자적 인생은 될 수 없습니다. 개척 정신이란 최악의 땅을 최선의 땅으로 바꾸기 위해 땀을 쏟는 정신이며, 최악의 조건을 최선의 조건으로 만들기 위해 정열을 쏟는 정신이며, 가장 살기 나쁜 곳을 가장 살기 좋은 낙원으로 바꿔 놓기 위해 피를 쏟는 정신입니다.

오늘 우리 앞에는 개척해 나가야 할 일들이 너무나 많이 가로놓여 있습니다. 새로운 세계, 새로운 가치, 새로운 삶을 위하여 우리는 개척 정신으로 살아야 하겠습니다. 개척자는 일하는 사람이지 말하는 사람이 아닙니다. 어떤 큰 고난이 있다 할지라도 개척해 나가려는 의지, 어떤 불법과 부정이라도 고쳐 나가려는 용기, 이것이 개척 정신입니다.

우리는 이미 다년간 연단과 훈련을 받아 왔고 광야 생활도 경험한 바 있습니다. 견디지 못하고 중도에 탈락한 그리운 얼굴, 아까운 얼굴들도 많습니다. 이제 남은 우리는 개척자의 정신으로 하나님께서 주신 이 산지를 기경해 가는 개척자가 되기를 주님 이름으로 축원합니다.

둘째, 노동 정신입니다

청교도들은 남녀노소 할 것 없이 피땀 흘려 일했습니다. 황무지를 일구어 씨를 뿌리고 나무를 잘라 집을 짓고, 바다에 나가 고기를 잡고 산에 올라가 사냥을 했습니다. 저들은 씨를 뿌리면 열매를 거두고 땀을 흘리면 식량이 생긴다는 철학이 있었습니다.

하나님께서 자신을 이곳에 전심전력하도록 부르셨다고 믿고 일했습니다. 청교도들의 금언 중에 "인생은 직업을 통해 하나님의 영광을 드러내는 장소"라는 말이 있습니다. 하나님께서 어떤 직업에 부르셨든지 그 소명에 합당하도록 성실, 근면, 열정을 다해 일하는 것이 하나님의 영광을 위하는 것이라는 노동정신으로 일했습니다.

링컨 대통령이 한 말 중에 "천한 인생은 있어도 천한 직업은 없다"는 말이 있습니다. 이것은 곧 청교도 정신의 노동 정신이요, 직업 정신입니다.

저들은 "일하는 것은 곧 기도하는 것이다"라는 말을 암송하면서 부지런히 일했습니다. 내가 지금 가진 이 직분, 이 직업은 내 것이 아니라 칼빈의 정신과 청교도의 정신대로 하나님께서 내게 맡기신 직업이며, 일하라고 부르신 소명인 것입니다. 나의 지위, 직업, 사업, 명예를 내 것이라고 생각하지 말고 내가 이것을 통하여 하나님께 영광을 돌리며 사회와 민족을 위해 봉사한다는 정신을 가져야겠습니다.

셋째, 신앙 정신입니다

신명기 8장 19절에 보면 "네가 만일 네 하나님 여호와를 잊어버리고 다른 신들을 좇아 그들을 섬기며 그들에게 절하면 내가 너희에게 증거하노니 너희가 정녕히 멸망할 것이라"고 하였습니다.

퓨리턴들이 두 달의 항해 끝에 매사추세츠 해안에 도착하여 상륙하기 전, 배 위에서 엄숙하게 다음과 같이 서약하고 문서에 각기 사인했습니다. 그 서약문 중에 다음과 같은 내용이 있습니다.

"하나님의 영광을 위하여! 기독교 신앙의 증진을 위하여, 여기 본 증서에 의해 엄숙히 우리 서로가 하나님 앞에서 결합하며 정치

단체를 만들고 우리 공동의 질서와 안전을 촉진하며 앞에서 말한 교섭을 수행하려 한다."

퓨리턴 정신의 최고봉이자 근본은 '하나님의 영광을 위하여!'라는 신앙 정신입니다.

그들은 한 주간 동안 열심히 일하다가 주일이면 일제히 일손을 멈추고 모두 교회에 와서 설교를 듣고 봉사의 일을 했습니다. 우리는 이런 정신으로 살아야 합니다. 그렇게 사는 게 옳다면 뭐 잡다한 것 모두 핑계에 지나지 않습니다. 목회자이기 때문에 주일을 성수할 수 있다고 생각하면 오산입니다. 교인이기 때문에 주일을 성수할 수 있어야 합니다.

그들은 오직 '하나님의 영광을 위하여' 살았습니다. 그러나 첫 해의 농사는 완전히 실패했습니다. 식량난이 왔습니다. 나무껍질을 벗겨 먹고 살았습니다. 그러나 그들의 신앙은 변하지 않았습니다. 그리스도는 인류에게 변하지 않는 진리, 변하지 않는 삶의 길을 제시해 주었기 때문입니다.

세계 민족 중에 하나님을 잘 믿어서 발전하지 못한 나라가 어디 있던가요? 오늘 서구의 문화나 문명이 저토록 발전한 결정적인 원인과 활력소는 누가 뭐래도 기독교의 신앙 정신 때문이었음을 기억하는 성도들 되시기를 바랍니다.

11. 하늘의 복을 받아야 땅의 복을 받는다
에베소서 1장 3~6절

찬송하리로다 하나님 곧 우리 주 예수 그리스도의 아버지께서 그리스도 안에서
하늘에 속한 모든 신령한 복으로 우리에게 복 주시되
곧 창세 전에 그리스도 안에서 우리를 택하사 우리로 사랑 안에서 그 앞에 거룩하고 흠이 없게 하시려고
그 기쁘신 뜻대로 우리를 예정하사 예수 그리스도로 말미암아 자기의 아들들이 되게 하셨으니
이는 그의 사랑하시는 자 안에서 우리에게 거저 주시는 바 그의 은혜의 영광을 찬미하게 하려는 것이라

멧돼지 서울습격 사건

최근 가을만 되면 서울 도심 한가운데 창경궁에도 멧돼지가 나타나 피해를 줍니다. 다행히 다친 사람은 없었지만 관람객들이 놀라 대피하는 소동이 벌어졌습니다. 서울의 멧돼지 출현은 올 들어서만 네 번째라고 합니다. 서울시는 갈수록 멧돼지 출현 빈도가 높아질 것으로 판단하고, 시민들에게 '멧돼지 대처요령' 등을 알

리는 등 잔뜩 긴장하고 있습니다. 자칫 서울시에서 멧돼지에 의한 인명 사고라도 발생하는 날이면 그 책임은 고스란히 서울시 몫이기 때문입니다.

멧돼지가 서울에 자주 출현하는 이유는 뭘까요? 서울 인근에는 얼마나 많은 멧돼지가 살고 있을까요? 농작물 피해, 인명 사고 우려로 차츰 '공공의 적'으로 변신하고 있는 불청객 멧돼지에 대해 한번 생각해 봅니다.

지난 9월 29일과 10월 19일 서울 광진구 광장동 워커힐 호텔 주변에 멧돼지가 나타났을 때만 해도 서울시 관계자와 많은 사람들이 놀라긴 했어도 심각하게 생각하지 않았습니다. 멧돼지 출현지가 서울 외곽이고, 인근에 산이 있기 때문에 충분히 개연성이 있는 일이라고 여겼기 때문입니다.

그러나 27일 밤 경기도 구리시 인창동과 지난 24일 도심 한가운데 멧돼지가 출현하자 상황은 달라졌습니다. 서울 도심에 나타난 멧돼지는 양주군 일대에서 살았던 것으로 보이며, 영역 싸움에 밀려 도봉산, 북한산을 거쳐 종로구 창경궁에 출현한 것으로 알려지고 있습니다. 그래서 산 속에 사는 멧돼지가 도심까지 내려와 진출하게 되는 것이라고 합니다.

환경부가 조사한 자료에 따르면 경기 지역에 서식하는 멧돼지는 2001년 100헥타아르당 0.5마리에서 2004년에는 2.3마리까지 급증했다고 합니다. 수치만으로 보면 500퍼센트 가까이 증가한 셈입니다. 물리적으로 멧돼지 영역이 확장될 수밖에 없는 구조입니다. 환경부 자연자원과 관계자는 멧돼지에 의한 피해는 지난 2002년부터 2004년까지 전국적으로 164억 원에 이르는 것으로 조사되었다고 합니다. 환경부 조사에 따르면 까치 등 조류에 의한 피해는 줄어들고, 멧돼지에 의한 피해가 갈수록 늘어 가고 있는 상황이라고 합니다. 특히 지난해의 경우 멧돼지에 의한 피해가 전체 피해의 40퍼센트를 차지했으며, 까치는 27퍼센트였습니다.

이렇게 멧돼지가 농작물을 해치는 이유는 도토리 때문입니다. 멧돼지를 사육하는 한 친척한테 들은 이야기인데, 멧돼지가 가장 좋아하는 열매가 놀랍게도 도토리라고 합니다. 도토리를 몇 알 주워 먹은 멧돼지는 또 도토리가 있는가 하고 땅을 그렇게 파헤친다고 합니다. 만약 제가 멧돼지의 말을 할 줄 안다면 멧돼지에게 그렇게 말해주고 싶습니다.

"야! 이놈아 도토리가 땅에 떨어져 있다고 땅에서 나오는 열매냐? 나무에서 떨어지는 것이지. 그러니 나무를 들이받아야 도토리를 따지"라고 말입니다. 하지만 도토리가 나무에서 떨어지는 줄 모르는 멧돼지는 도토리를 찾다가 찾다가 안 되니까 배가 고파 도심까지 내려오는 것입니다.

땅의 것을 찾아 헤매는 멧돼지는 그야말로 유해 동물일 뿐입니다. 하지만 멧돼지만 그럴까요? 아닙니다. 부자가 되고 잘 먹고 잘 살려고 땅의 것을 찾아 헤매는 우리 인간도 무식하기는 마찬가지입니다. 땅에서 금이 나오고 땅에서 먹을 것이 나오니까 그것이 땅에 속한 것인 줄 알고 찾아 헤매는 인간들 역시 무식하기는 마찬가지라는 말씀입니다.

모든 복은 하늘에서 내려온다는 사실을 알아야 합니다. 하늘은 쳐다보지 않고 땅만 쳐다보며 살아가는 인간은 멧돼지 같은 유해 동물과 다름이 없는 것입니다.

저는 가정예배를 드릴 때 아이들에게 꼭 가르치는 게 하나 있습니다. 길을 가다가 돈을 보거나 지갑을 보더라도 줍지 말라고 꼭 당부합니다. 왜냐하면 길에서 돈을 주워 본 경험이 있는 사람은 꼭 땅만 쳐다보며 요행을 바라기 때문입니다. 기도하고 노력하기보다 요행을 바라면 그 사람은 거지가 되는 것입니다.

실제로 그런 일이 있었습니다. 미국의 캐리 웨브라는 소년이 어느 날 길을 가다가 5달러를 주웠습니다. 너무나 감격스러워 그 후부터는 땅만 보고 다녔습니다. 어느덧 습관이 되어 땅에서 주운 것을 모으는 취미를 가지게 되었습니다. 그는 평생 동안 땅만 보고 다니면서 단추 29,519개, 머리핀 54,172개, 동전 25,100개, 시계 1,050개, 볼펜 1,100개 등을 주워 모았습니다. 말 그대로 넝마주의 인생이었습니다.

성경은 말씀합니다.

"그러므로 너희가 그리스도와 함께 다시 살리심을 받았으면 위의 것을 찾으라 거기는 그리스도께서 하나님 우편에 앉아 계시느니라 위의 것을 생각하고 땅의 것을 생각지 말라"(골 3:1~2).

오늘 본문은 모든 복의 기초가 신령한 복이라고 말씀하고 있습니다. 야곱은 땅의 복을 차지하려고 별의별 꾀를 다 부린 사람입니다. 땅의 복을 차지하려고 형님을 속이고, 아버지를 속였습니다. 그러다가 20년 세월이 속절없이 흘러가 버렸습니다.

하지만 요셉을 보십시오. 요셉은 하늘의 복을 구한 사람입니다. 하늘의 복을 구하니까 모든 땅의 복을 다 누렸습니다. 한번도 요셉은 하나님께 땅의 복을 달라고 기도하지 않았습니다. 그러나 하나님께서는 요셉이 하나님의 말씀을 지키고 하나님을 잘 예배하고, 또 때를 따라 기도하니 구하지 않아도 모든 것을 다 은혜로 주셨습니다.

하늘의 복은 하나님의 아들이 되는 것으로 이미 시작되었습니다

조지 부시 대통령은 본인이 똑똑하고 실력이 있어서 대통령이 되기도 했지만 아버지가 대통령이었기 때문에 대통령이 되었다 해도 과언이 아닐 것입니다. 아버지 부시 또한 그 아버지가 정치가였고 재력가였기 때문에 후에 대통령이 되는 길이 남들보다 훨씬 쉽게 열려 있었다 해도 틀린 말이 아닙니다.

아들 부시 대통령은 아버지가 유망한 정치가였고, 재력가였고, 그 나라의 대통령까지 지냈기 때문에 어려서부터 일반인들이 누릴 수 없는 수많은 혜택을 누리며 성장하였습니다. 어려서부터 물질 때문에 어려움 당해 본 적이 없었고, 최고로 좋은 환경에서 최고로 좋은 교육을 받으며 자라는 유익이 있었습니다.

미국의 대통령은 그래도 선거를 통해서 국민의 지도자가 되지만 영국의 찰스 황태자의 경우엔 부모 잘 만난 덕을 확실하게 보여 주는 예라고 할 수 있습니다. 어머니가 영국 여왕이기 때문에 왕자가 되고, 그리고 어머니가 돌아가시면 자동적으로 영국의 왕이 되는 행운을 얻는 것입니다. 평생 돈을 벌기 위해 직장을 가지지 않아도 되고, 그가 지금 누리는 엄청난 부귀영화를 얻기 위해 투쟁하거나 사업을 벌일 필요도 없고, 다음 영국의 왕위에 오르기 위해서 다른 사람들과 경쟁해서 이길 필요도 없습니다.

이 세상에는 아버지 잘 만난 덕분에 별 볼 일 없을 것 같은 사람들이 큰소리치며 살고, 세상의 부러움을 받으며 사는 경우가 얼마나 많은지 모릅니다. 부모를 잘 만난다는 것은 우리가 어떻게 노력해서 되는 일도, 우리가 꿈을 키우고 실력을 쌓아서 되는 일도 아닙니다. 그저 그냥 좋은 부모의 자식으로 태어나는 것입니다. 이건 억울하면 출세하라고 하듯이 억울하면 좋은 부모 만나면 되지 뭘 그러느냐고 할 수 있는 게 절대로 아닙니다.

무식하면 용감하고 미친놈이 곰 잡는다고, 저는 개척이 뭔지도 몰랐고 돈이 얼마나 무서운지도 몰랐고 아무것도 몰랐습니다. 그때는 그저 하나님께서 제게 주신 불덩어리 하나만 가지고 뛰어다녔습니다. 만약 제가 꿈에 미치지 않았다면 풀무불 속 같은 그 환난을 이겨낼 길이 없었을 것입니다.

여러분, 이 세상의 한시적이고 썩어질 복을 위해서도 아버지 잘 만난다는 게 큰 복이라면, 영원히 썩지 아니할 신령한 복을 우리에게 은혜로 주신 하나님 아버지를 내 아버지로 모시고 산다는 것이 얼마나 큰 축복이겠습니까?

언젠가 한 목사님께 들은 말씀이 기억납니다. "큰 교회 쳐다보고 있지 말고, 큰 예배당 쳐다보고 있지 말고 하나님께서 내게 주신 틈새를 볼 줄 알아야 합니다. 목회에서 틈새시장을 노리는 그런 안목이 있어야 합니다. 어떻게 보면 개척하는 게 제일 쉬울 수 있습니다. 전통과 역사가 있는 교회에 들어가서 거기서 구조를 바꾸고, 거기서 오랫동안 태도가 굳어 버린 장로님들의 의식을 바꾸어 나가는 것이 더 어려운 도전일 수 있습니다. 그것도 두려워하지 않고 사명을 가지고 도전하는 사람들이 있어야 하지만 말입니다."

또 이런 말씀도 들었는데 개척교회를 하다 보면 별의별 사람들을 다 만난다는 것입니다. 통장 들고 와서 돈 자랑하는 사람, 은근히 직분 타협을 하는 사람(다른 교회에서 장로 투표 받을 사람인데 이렇게 개척교회로 왔다는 등) 등등 그런 경우에 과감히 거절하라고 했는데 정말 그랬습니다. 개척교회에는 자신들을 인정해 주기를 요구하는 사람들이 많이 찾아옵니다. 그들을 잘 교육해서 하나님만 바라보게 해야지, 엉뚱한 것 바라보고 섬기게 하면 그 엉뚱한 것이 이루어지지 않아도 문제이고, 이루어져도 문제입니다. 사람을 분별할 줄 아는 것도 어떻게 보면 영 분별의 은사 같기도 합니다.

그리고 개척교회를 하다 보면 하나님이 가르쳐 주시는 게 있는데, 그것이 뭐냐 하면 철저히 하나님만 의지하는 것입니다. 사람을 의지해 보십시오. 반드시 그 사람에게 상처를 받습니다. 사람 의지하지 않는 것을 배우는 과정이 아마 교회 개척의 과정이 아닌가 생각합니다.

필자의 교회가 있는 경기도 안산시 본오동 상록수역 근처는 사실 다소 외곽에 속하는 곳입니다. 요사이 교회를 개척할 때 입지가 얼마나 중요합니까? 전 전도사 때 교회를 개척했기 때문에 그런 것을 잘 몰랐습니다. 다만 열두 살 때 참석했던 어느 부흥회를 통해 성령 체험을 하고 방언을 받았고, "너는 나의 종이다"라는 하나님의 음성을 들었으며, 그래서 신학교를 갔고, 그 시절부터 목회자의 길에 순종하기로 결심했지만 단지 10억이란 돈이 모이면 사역을 하겠다고 생각하다가 이도 저도 안 되고 오히려 빚만 늘어 더 늦기 전에 순종해야겠다는 생각으로 개척했을 뿐입니다.

10여 년 전 개척 상황을 생각하면 정말 많은 어려움들이 있었습니다. 2억 원이 넘는 빚에 주머니에 남은 단돈 500만 원을 가지고 교회를 개척한 것이 1995년이었습니다. 저는 안산의 구석에 있는 사동에 25평짜리 지하실을 얻어 예배 공간을 마련하고, 겨우 세 명으로 교회를 시작했습니다.

저는 처음부터 큰 욕심을 부리지는 않았습니다. 주어진 상황에서 가진 은사와 달란트를 최대한 활용하는 데 노력을 기울였을 뿐입니다. 현재의 상황에 맞게 노력하고, 나중에 좀 상황이 나아지면 또 그에 맞게 노력하는 것뿐, 목회를 적극적으로 하고 싶어도 방법이 없었습니다.

하지만 개척 단계를 차근차근 밟아 나가는 과정 중에 하나님의 은혜가 하나 둘 나타나기 시작했습니다. 하나님께서 매 상황마다 기회를 주셨습니다. 사실 저의 믿음은 남들이 보기엔 무모할 정도였습니다. 수중에 몇 백만 원밖에 없으면서도 수억에서 수십억 원에 달하는 교회를 떠안은 것이 7년 동안 무려 세 번이었으니까요. 인간적인 생각으로는 무모해 보이는 일이었지만, 하나님께서는 또 다른 해결책을 주셨습니다.

그 해결책이란, 오직 믿음 하나로 시작한 교회가 짧은 시간에 급속도로 성장한 것이었습니다. 저는 교회가 아무리 어려워도 성도가 늘어나면 물질은 해결된다는 공식을 굳게 확신하고 있었습니다. 물질적인 많은 위기들이 있었지만, 그때마다 하나님께서는 부흥을 통해 해결해 주셨습니다.

사랑하는 성도 여러분! 육신의 부모가 어떤 분이든지 이제 하나님 아버지를 아버지로 모시고 사는 하나님의 자녀가 된 줄을 믿고 감사하시기 바랍니다. 죄의 자녀가 된 사람들은 아무리 머리를 쓰고 애를 써도 절대로 누릴 수 없는 하늘의 온갖 은혜를 한 몸에 안고 사는 영생의 자녀가 된 것입니다. 이 신령한 복은 아무리 크고 풍요롭다 해도 결국은 썩어질 것이고 한시적인 이 세상 복과는 비교할 수 없는 놀라운 은혜입니다.

"그 기쁘신 뜻대로 우리를 예정하사 예수 그리스도로 말미암아 자기의 아들들이 되게 하셨으니"(5절).

이 말씀을 보니, 결국 우리가 하나님께 받은 신령한 복이란 우리가 하나님의 자녀가 되는 복이라고 하였습니다.

하나님의 신령한 복을 찾는 네 가지 방법

첫째, 관계(Relationship)에 집중해야 합니다
4절을 한번 보시기 바랍니다.
"곧 창세 전에 그리스도 안에서 우리를 택하사."
그리고 5절 전반부를 보십시오.
"그 기쁘신 뜻대로 우리를 예정하사."
여러분, 우리가 하나님의 자녀가 되는 것도 이 세상 부모를 만나는 것처럼 우리의 선택이 아닙니다. 하나님께서 우리를 자녀 삼아 주셨기 때문에 그렇게 된 것입니다. 하나님의 자녀로서 축복을 누리고 살려면 하나님 아버지의 말씀을 잘 들어 자녀로서의 권리를 찾아 누려야 합니다. 하나님 아버지의 말씀을 잘 듣지 않으면 도대체 어디에다 복을 숨겨 놓으셨는지 모르기 때문입니다. 도토리를 찾으려고 땅을 파헤치는 미련한 멧돼지처럼 헛고생만 하다가 일생을 망치는 것입니다.

그러므로 엉뚱한 데 집중하지 말고 하나님의 말씀에 집중해야 합니다. 집중하면 능력이 생깁니다. 일인자들의 공통점은 자신에게 주어진 일에 집중하는 것입니다.

한국에는 세 명의 위폐감별사가 있는데, 그중에 서태석씨가 있습니다. 그가 위폐감별사가 된 계기는 1964년 카투사로 근무할 때 한 흑인 병사가 가져온 위조지폐 때문이었습니다. 흑인 병사가 가져온 달러가 위폐임을 눈치 챌 정도로 감각이 있었던 그는 제대 후 중학교 중퇴 학력으로 직장을 구할 수 없게 되자 외환은행에서 일용직으로 위폐감별사 일을 시작했습니다.

그때만 해도 이 일은 알아주는 보장된 직업이 아니었습니다. 하지만 그는 그 작은 일에 집중했습니다. 그 후 서태석 씨는 1974년 필리핀 위폐유통범 적발 사건과 1981년 홍콩 위폐 200만 달러 사건 등을 해결하면서 이름이 알려지기 시작했고, 지금은 정년퇴직할 나이에도 은행이 억대 연봉을 주며 붙잡을 정도로 전문가가 되었습니다.

그는 자신이 가진 작은 재능에 집중했고 매진했습니다. 눈 뜨고 있는 시간 대부분을 지폐를 만지며 손을 훈련하는 데 사용했습니다. 그뿐 아닙니다. 청각을 얼마나 단련시켰는지 지폐를 셀 때 들리는 소리만으로도 위조를 가려낼 수 있다고 합니다. 주변의 시선이나 일의 이름값에 상관 없이 자신이 가진 재능에 집중한 놀라운 결과입니다.

이랜드 그룹의 박성수 회장은 대학 4년 청년 시절 근육무력증이라는 병을 앓아 취업을 할 수 없었습니다. 그래서 스물아홉 살이 되도록 병상에 누워 오로지 책만 읽어댔다고 합니다. 그때 무려 다섯 수레 분량의 책을 읽고 도전한 것이 이대 앞에서 시작한 보세옷 전문점 잉글랜드였습니다. 처음 학원 강사로 성공해 보려 했던 꿈도 하나님이 막으셨고, 대기업 취직도 할 수 없는 상황에서 당시 대졸자로서는 수치스러운 작은 옷가게 창업이라는 길로 들어서게 됐다고 그는 말했습니다.

박 회장은 창업이 물론 자신이 선택한 길이지만 순전히 하나님께 밀려서 선택한 길이라고 회상했습니다. 박 회장은 여러 직장을 다녔지만 돌이켜 보면 하나님의 직장에 계속 취업됐었다고 말했습니다. 그가 처음 일군 브렌따노는 의류업계 매출 1위라는 경이적인 기록을 이루었고, 이를 바탕으로 현재 2001아울렛과 같은 유통업으로 사업을 다각화해 지금의 그룹이 된 것입니다.

그가 가장 중요하게 여긴 것은 주일성수였습니다. 의류업이나 백화점업은 말 그대로 주일이 황금기입니다. 하지만 그는 땅의 시시한 복에 눈을 돌리기보다 하늘의 신령한 복에 더 눈을 돌렸습니다. 하나님께 집중하면 하나님께서 여러분의 일을 책임지십니다.

둘째, 준비(Equipping)입니다

하나님의 자녀는 철저히 준비합니다. 지혜의 하나님으로부터 지혜의 영을 받았기 때문입니다. 1911년 남극점에 최초로 도달한 노르웨이의 아문센과 함께 극적인 레이스를 펼쳤던 영국의 스콧. 그러나 치밀하게 준비했던 아문센과 달리 감각에 의존했던 스콧은 대원들과 함께 이듬해 주검으로 발견되었습니다. 다른 두 대원들과 함께 나란히 발견된 그의 머리맡에는 탐사 기간 내내 써내려간 일기가 놓여 있었는데, 그의 일기에는 1911년 초 탐험대가 남극 생활을 시작하던 때로부터 1912년 3월 29일, 마지막 일기를 남기고 전원이 조난으로 사망하기까지의 과정이 생생히 담겨 있었습니다. 경쟁보다는 도전을, 정복보다는 탐사를 우선시했던 스콧. 이 책은 우리 시대의 가장 유명하고 위대한 실패의 기록을 보여 주는 중요한 자료가 되었습니다.

하지만 아문센은 출발하기 전 에스키모인들의 여행 방법부터 철저히 분석하고 익혔습니다. 모든 장비와 물품을 에스키모 개들이 끌도록 했고, 탐험 장비는 개가 끄는 눈썰매를 이용했습니다. 탐험하면서 개와 사람 모두 충분한 휴식을 취하였고, 물건과 복장, 장비 등은 최대한 가볍게 작은 것까지 준비하였습니다. 그는 하루에 여섯 시간 이동한 후 반드시 휴식을 취했고, 중간 캠프에 물품을 저장했습니다. 복장과 장비는 최대한 가볍게 하고 남극점을 향해 갔습니다. 결국 개 썰매로 남극점을 향해 출발한 지 55일 만인 1911년 12월 14일, 인류 사상 최초로 남극점 도달에 성공하였습니다. 그들은 대원 한 명이 충치를 뺀 것 외에 상처 하나 없었습니다.

그런데 같은 시기에 그와 남극 탐험에 있어서 경쟁자로 나선 영국의 스콧은 달랐습니다. 그는 남극 탐험을 위해 모터와 망아지를 준비하였습니다. 모터 엔진은 5일 만에 추위에 고장이 났고, 망아지는 동상에 걸리고 말았습니다. 그래서 사람들이 짐을 지고 가야 했습니다. 한 사람이 200파운드(100킬로그램)를 짊어졌고, 중간 중간에 묻어 두었던 물품은 잘 표시를 하지 않아 반도 못 찾고 음식물과 물자 부족으로 고통을 당하였습니다.

대원들은 모두 동상에 걸려 신발을 신는 데만 한두 시간씩 걸렸다고 합니다. 겨우 극지에 도착했지만 이미 35일 전에 아문센이 기를 꽂고 갔습니다. 그리고 스콧에게 건투를 빈다는 쪽지가 남겨져 있었답니다. 그래도 스콧은 대원들에게 연구를 위해 화석을 짊어지고 가자고 했습니다. 그것이 30파운드 정도 되었다고 합니다. 결국 그들은 다 죽고 말았습니다. 스콧도 마지막 죽어 가면서 "우리는 신사와 같이 죽겠다"라는 글을 남겼다고 합니다.

똑같이 극지를 향해 출발하였습니다. 그런데 왜 이렇게 엄청난 차이가 났습니까? 준비의 문제입니다. 준비를 잘한 지도자를 만난 사람들은 결국 극지를 정복하고 성공적으로 돌아왔고, 지도자를 잘못 만난 사람들은 결국 죽음을 맞았습니다.

셋째, 태도(Attitude)입니다

하나님의 자녀는 하나님께 올바른 태도를 갖고 하나님의 인도를 믿어야 합니다. 그것이 자식 된 도리입니다. 주님이 말씀하시길 "너희 중에 누가 아들이 떡을 달라 하면 돌을 주며 생선을 달라 하면 뱀을 줄 사람이 있겠느냐 너희가 악한 자라도 좋은 것으로 자식에게 줄 줄 알거든 하물며 하늘에 계신 너희 아버지께서……"(마 7:9~11)라고 하셨습니다. 성령 충만은 하나님과 올바른 관계를 맺고 태도가 바르게 되는 현상입니다.

에베소서 5장 18~20절에서 사도 바울은 우리에게 "오직 성령의 충만을 받으라 시와 찬미와 신령한 노래들로 서로 화답하며 너희의 마음으로 주께 노래하며 찬송하며 범사에 우리 주 예수 그리스도의 이름으로 항상 아버지 하나님께 감사하며(Instead, be filled with the Spirit. Speak to one another with psalms, hymns and spiritual songs. Sing and make music in your heart to the Lord, always giving thanks to God the Father for everything, in the name of our Lord Jesus Christ)"라고 했습니다.

1895년 미국 남부 앨라배마 주는 비통한 슬픔에 잠겼습니다. 목화 재배로 유명한 이곳에 갑자기 목화바구미가 들끓기 시작했습니다. 목화 수확은 절반으로 줄었고, 설상가상 전염병까지 나돌았습니다. 도시는 삽시간에 실직자와 결식자의 탄식 소리에 휩싸였습니다. 그때 일단의 농민들이 팔을 걷어붙이고 나섰습니다. 밭에서 목화를 뽑아내고 땅콩을 심었습니다. 농부들은 '절망의 땅'에 '희망의 씨앗'을 심었던 것입니다. 20년 후, 이곳은 '땅콩의 수도'로 불릴 만큼 풍요로운 도시로 변모했습니다. 엔터프라이즈 마을 입구에 세워진 목화바구미 기념탑에는 다음과 같은 글이 적혀 있습니다.

"우리는 목화바구미에 감사한다. 그날의 시련이 없었더라면 우리는 오늘의 풍요를 누릴 수 없었을 것이다. 목화벌레여, 그대들이 준 고난에 감사하노라."

야고보는 우리에게 말씀합니다. "시험을 만나거든 온전히 기쁘게 여기라"(약 1:2)고 말입니다. 하나님의 자녀들에게 오는 고난은 세상의 자녀들이 만나는 고난과는 다릅니다. 그들은 고난을 만나면 망하고 죽이고 자살하는 것으로 끝이 나지만 하나님의 자녀들에게 고난은 축복이 오는 통로입니다.

넷째, 리더십(Leadership)입니다

카누팀은 아홉 명이 한 팀입니다. 그중 여덟 명은 노를 젓고 한 명은 그냥 전진하는 쪽을 바라보며 앉아 있습니다. 아무런 일도 하지 않고 무게만 나가게 하는 이 사람이 카누의 리더입니다. 그의 구령에 맞추어 노를 젓고 방향을 결정하게 됩니다. 만약 리더가 잘못 리드하면 배는 빠른 속도임에도 불구하고 딴 방향으로 가게 됩니다. 잘못된 열심으로 방향을 잡은 1등은 축복이 아니라 실패요 저주입니다.

사랑하는 성도 여러분, 하나님의 자녀가 되는 신령한 복을 받으셨습니까? 오직 이 복을 받은 자만이 거룩하고 흠 없는 자로 하나님 앞에 서고, 그의 은혜의 영광을 찬미하는 자가 될 것입니다. 우리 하나님은 이와 같은 영광과 권세에 참여시키시려고 만세 전부터 우리를 택하시고, 때가 차매 자녀로 삼아 주신 줄 믿으시길 바랍니다.

예수님의 보혈로 여러분의 죄를 말끔히 씻음 받았음을 믿으십니까? 여러분은 한 분도 빠짐없이 이 땅에 사는 동안 풍성하신 성령 하나님의 은혜로 날마다 깨끗해지고 새로워지는 은혜를 받으시며, 창세 전부터 택하시고 마침내 그리스도 안에서 구원하셔서 하나님의 자녀가 된 신령한 복과 하나님의 자녀가 된 권세를 마음껏 누리며 사는 성도님들 되시기를 주님의 이름으로 축복합니다.

12. 고난도 감사하라

베드로전서 1장 7~8절

> 너희 믿음의 시련이 불로 연단하여도 없어질 금보다 더 귀하여
> 예수 그리스도의 나타나실 때에 칭찬과 영광과 존귀를 얻게 하려 함이라
> 예수를 너희가 보지 못하였으나 사랑하는도다 이제도 보지 못하나 믿고
> 말할 수 없는 영광스러운 즐거움으로 기뻐하니

칭기즈칸, 고난의 증인

지난 주간 읽은 책 중에 《칭기스칸, 잠든 유럽을 깨우다》라는 책은, 제목 그대로 칭기즈칸이 유럽을 깨웠다고 말하고 있습니다. 칭기즈칸이 봉건시대의 유럽을 근대로 이끌었으며, 폐쇄된 사회와 사회, 국가와 국가를 연결시켜 요즘 말로 세계화에 앞장섰다고 주장하는 것입니다. 지은이는 유럽의 르네상스도 칭기즈칸의 영향으로 이루어졌다고 말합니다. 또한 유럽을 획기적으로 변화시켰던 화약과 나침반, 인쇄술의 확산도 칭기즈칸이 있었기에 가능

했던 일이라고 말합니다.

몽골에는 칭기즈칸 비사(秘史)라는 것이 있습니다. 칭기즈칸과 그 후예들의 제국을 기록한, 말 그대로 비사입니다. 그동안 이것에 대한 말들은 많았지만 제대로 된 내용은 전해지지 않았습니다. 잭 웨더포드와 그의 동료들은 기어코 몽골 비사를 분석해 냈습니다. 거기에 적힌 내용에 따라 몽골 지대를 돌아다녔으며, 그 결과 칭기즈칸에 대한 오해와 왜곡에 정면으로 대항하는 책 《칭기스칸, 잠든 유럽을 깨우다》를 내놓았던 것입니다.

그의 이야기 중에 이런 글이 있습니다.

탓하지 말라

집안이 나쁘다고 탓하지 말라.
나는 아홉 살 때 아버지를 잃고 마을에서 쫓겨났다.
가난하다고 말하지 말라.
나는 들쥐를 잡아먹으며 연명했고, 목숨을 건 전쟁이 내 직업이고 내 일이었다.
작은 나라에서 태어났다고 말하지 말라.
그림자 말고는 친구도 없고 병사로만 10만, 백성은 어린애, 노인까지 합쳐 2백만도 되지 않았다.
배운 게 없다고 힘이 없다고 탓하지 말라.
나는 내 이름도 쓸 줄 몰랐으나 남의 말에 귀 기울이면서 현명해지는 법을 배웠다.
너무 막막하다고, 그래서 포기해야겠다고 말하지 말라.

나는 목에 칼을 쓰고도 탈출했고, 뺨에 화살을 맞고 죽었다 살아나기도 했다.
적은 밖에 있는 것이 아니라 내 안에 있었다.
나는 내게 거추장스러운 것은 깡그리 쓸어 버렸다.
나를 극복하는 그 순간 나는 칭기즈칸이 되었다.

칭기즈칸에 대한 오해와 왜곡이 궁금합니까? 그동안 칭기즈칸과 그가 세운 제국은 야만인의 이미지가 강했습니다. 말을 타고 활을 쏘며 무차별 학살을 자행하고 모든 재산을 강탈해 간, 악마의 자식들로 불렸던 것도 그런 이유입니다. 고려 시대에 생긴 원한 때문인지 그들에 대한 인식은 우리나라 역시 우호적이지 못합니다. 12세기 고려 사회가 자신들만의 안락에 빠져 그 틀을 깨지 못하고 안으로 썩어 들어갈 때 200만도 채 되지 않는 유목사회의 한 부족장에게 나라 전체를 내어 주고 말았습니다.

이 책은 말합니다. 유럽은 칭기즈칸 덕분에 얻은 영광이 너무나도 많다고 말입니다.

칭기즈칸, 중세 봉건의 잠자던 유럽을 깨운 주인공

칭기즈칸이 유라시아 대제국을 정복한 배경은 무엇일까요? 한마디로 말해 그것은 그가 겪은 극심한 고난이라는 것입니다. 고난이 그를 대제국의 황제로 만들었다는 것입니다. 지은이의 조사에 따르면 칭기즈칸은 철저한 자수성가형 인물이었습니다.

그는 어릴 적 부족에서 쫓겨났습니다. 한마디로 광야로, 빈 들로 내몰린 것입니다. 이것은 그를 사느냐 죽느냐 하는 문제에 일찍 눈뜨게 했습니다. 그는 씨족과 부족으로 이루어진 사회에서 쫓겨남으로써 씨족과 부족은 결코 개인의 안녕을 지켜 줄 수 없다는 결론을 내렸습니다. 그래서 그는 당시 12세기의 패러다임을 뛰어넘었습니다. 형제와 자매와 친척이 자신을 보호해 주리라는 사고에서 깨였기 때문에 혈연에 연연하지 않고 새로운 시각으로 생존의 길을 모색한 것입니다.

우리도 패러다임을 바꾸지 않으면 안 되는 시점을 만나야 합니다. 그래야 큰 일을 이루는 인물이 될 수 있습니다.

지금도 우리나라는 혈연과 지연, 그리고 학연에 묶여 안주하는 사람들이 많습니다. 그들이 보수세력이 되는 것은 너무나도 당연한 이치입니다. 하지만 극심한 고난으로 내몰린 사람들은 문제를 전혀 다른 차원에서 봅니다. 남들이 보지 못한 전혀 다른 시각으로 세상을 봅니다. 이것을 패러다임의 전환이라고 합니다.

이것은 16세기 유럽의 르네상스적 패러다임이며, 21세기 계약적 패러다임입니다. 칭기즈칸은 지도자가 됐을 때 남들과 다른 모습을 보여 줬습니다. 핏줄이라고 해서 무조건 신뢰하는 것이 아니라 능력 있는 인재들을 배치하고 그들을 예우하는 방법으로 계약을 통해 새로운 관계를 모색한 것입니다. 계약은 윈윈 전략입니다.

칭기즈칸은 혁신적이었습니다. 때문에 수많은 난관에 봉착했고 적도 많았습니다. 하지만 적의 뿌리는 하나였습니다. 바로 구세대였습니다. 특히 귀족 출신들이 평민 출신이라고 할 수 있는 칭기즈칸을 위협했습니다. 그중에는 의형제도 있었고, 건실한 후

원자도 있었습니다. 그러나 칭기즈칸은 이 모든 걸 이겨냈습니다. 눈에 띄는 전투 전략도 있었지만 무엇보다도 새 시대, 새로운 지도자를 원하는 절대 다수의 지원이 있었습니다.

성공하는 사람들의 면면을 조사해 보면 한 가지 공통점이 나옵니다. 어릴 적에 생명을 위협받는 극심한 고난이 그들을 자극하고 새로운 시각으로 다른 세상을 개척하도록 만든다는 것입니다.

오늘 우리는 추수감사주일을 맞아 예배를 드리고 있습니다. 이 추수감사절은 성경의 전통이라기보다는 청교도 필그림(pilgrim) 미국을 개척한 신앙 선배들이 하나님께 드린 감사 예배가 기원입니다. 1620년 영국의 박해를 피해 모두 120여 명이 미국행 배에 승선했습니다. 그들이 처음 승선한 배는 우리가 알고 있는 메이플라워호가 아니었습니다. 스피드웰호라는 배였습니다. 그해 8월 5일, 두 배가 대서양에 동시 출범했으나 스피드웰호에 물이 새사 영국 다트머스 항으로 되돌아와 수리하고, 재출발합니다.

그러나 또다시 물이 새는 바람에 영국 데번셔의 플리머스 항구로 되돌아왔습니다. 결국 스피드웰호를 팔고 메이플라워호만 타고 플리머스 항을 떠났습니다. 그런 와중에 20여 명이 항해를 포기하고 102명만 출발합니다. 70명의 남녀 성인과 32명의 어린이들, 닭 몇 마리, 개 두 마리였습니다.

승객들은 거센 바닷바람과 추위에 떨어야 했고, 배가 목선인지라 화재 위험 때문에 주로 찬 음식만 먹었습니다. 많은 승선자들이 앓았고 한 명이 숨졌으며, 남자 아기 오셔너스(Oceanus)가 새로 태어나기도 했습니다.

66일간의 여정 끝에 미국에 도착했습니다. 도착 후 인디언들의 도움으로 생명을 건진 이들은 이듬해 가을 곡식을 수확하고 인디언들과 함께 음식을 나누며 감사 찬송을 드렸습니다. 이처럼 청교도들이 추위와 온갖 시련을 이겨내고 거둬들인 첫 열매를 하나님께 드림으로써 추수감사절 의미를 더한 것입니다. 일주일간 계속됐던 이 행사를 기려 1864년 미국의 에이브러햄 링컨 대통령은 11월 넷째 주를 추수감사주일로 지정했습니다. 국가적 경축일이 된 것입니다.

그들은 이 첫해에 얻은 수확으로 가장 먼저 교회를 지었습니다. 왜냐하면 하나님의 집을 짓는 것이 자신들의 집을 짓는 것보다 먼저라고 믿었기 때문입니다. 그 다음 해에 수확한 것으로는 학교를 지었습니다. 그리고 3년 째에 그들은 자신들이 거할 집을 본격적으로 짓기 시작한 것입니다.

오늘날 미국에 대하여 말들이 많지만 그래도 미국이 하나님 앞에 복을 받아 초일류 강대국이 된 것은, 이처럼 하나님을 믿고 고난과 연단 가운데서도 복음을 전파한 선조가 있었기 때문입니다. 지금도 미국은 기독교 국가 중 유일하게 대통령 취임식 때 성경에 손을 얹고 기도하는 나라입니다.

하나님은 고난을 통하여 미국을 축복하십니다. 9·11테러로 인해 미국민 전체가 비탄에 빠졌지만 그 사건으로 인해 20퍼센트가 넘는 미국인들이 다시금 교회로 발걸음을 돌렸습니다. 무엇을 말합니까? 고난이 사람들을 각성케 하고, 축복을 준다는 사실입니다.

지경을 넓히려면 고난을 받아야 합니다

5년 전 〈시카고 선타임즈(Chicago Sun Times)〉를 보니까 이런 기사가 났습니다. 2000년도에 1달러짜리 동전이 나오는데, 그 동전에 한 여인의 초상화가 새겨질 것이라는 내용이었습니다. 그리고 지난번 그 동전이 나온 것을 보았습니다. 아마 여러분도 그의 이름을 거의 들어본 적이 없을 것입니다. 아이다호(Idaho)의 쇼쇼니(Shoshone) 부족 여인인 사카가위아(Sacajawea)입니다. 그가 어떤 사람인가 하면, 1804년 미국 서부 광야를 탐험한 루이스(Mariweather Lewis)와 클락(William Clark) 두 사람을 도와서 태평양까지 탐험을 무사히 마치고 돌아올 때까지 동행하면서 여러 인디언 부족들과의 대화를 통역해 주고, 길을 안내해 주었던, 당시 갓난아기를 업은 16세의 여인이었습니다. 어쩌면 소녀였다고 해야 옳을지 모르겠습니다.

문화인류학자인 유페(Diana Yupe)는 이렇게 말했습니다. "만일 그의 도움이 없었더라면 루이스와 클락은 광야에서 길을 잃고 말았을 것이다(If it wasn't for Sacajawea, Lewis and Clark would have been lost in the wilderness)." 루이스와 클락의 위대한 탐험에 보잘것없는 것처럼 보이는 그 여인이 없었다면 미국 서부 개척의 역사도 없었을 것입니다.

이처럼 선뜻 다른 사람들이 나서지 않는 길을 용기를 가지고 내딛는 사람에 의해 역사는 시작됩니다. 그러므로 시작하지 않으면 이룰 수 없는 게 역사입니다. 저는 여러분이 작아도 역사를 변화시키는 인물들이 되기를 바랍니다.

하나님은 여러분에게 이 새로운 교회를 열도록 허락해 주셨습니다. 여러분의 생애에 교회를 하나 개척하고 그것을 성장시키는 일이 쉬운 줄 알면 오산입니다. 필연적으로 고난을 겪어야 합니다. 왜냐하면 하나님 나라의 역사를 이루고 있기 때문입니다. 사단이 가만 두고 볼 것이라고 생각하면 오산입니다. 시련이 분명히 있습니다. 하지만 그 시련을 이겨내지 못하면 결국은 꿈도 무너지고, 의욕도 무너지고 쓰라린 추억만 남아 다시는 새로운 일을 시도하지 못하는 실패자요 낙오자가 되는 것입니다. 고난도 내게는 유익이라 한 성경 말씀을 기억하십시오.

자! 그러면 어떻게 해야 고난을 축복의 도구로 만들 수 있을까요? 성공하는 사람들에겐 분명히 법칙이 존재한다고 스티븐 코비 박사가 말했습니다. 그 법칙이 다음의 세 가지입니다.

첫째, 무엇보다 먼저 패러다임을 바꾸어야 합니다. 패러다임이 바뀌면 문제가 오히려 축복이 됩니다.

둘째, 여러분에게는 날개가 있습니다. 세상의 자녀가 아니라 하나님의 자녀임을 아시기 바랍니다.

셋째, 인생의 고난이 여러분의 날개를 움직이게 합니다. 그러므로 고난을 즐기시기를 바랍니다.

블루오션 전략

첫째, 무엇보다 먼저 패러다임을 바꾸어야 합니다
첫 번째 패러다임은 블루오션 전략입니다. 칭기즈칸과 청교도들이 구사한 전략을 블루오션 전략이라고 합니다. 즉 기존의 틀과

밥그릇 안에서 싸우기보다는 남들이 눈을 돌리지 않는 미지의 세계로 나아가 지경을 넓히는 경영 마인드를 블루오션 전략이라고 합니다.

블루오션은 푸른 바다를 뜻합니다. 즉 미지의 세계로 항해하여 신대륙을 개척하는 사람의 사고를 말하는 것입니다. 이에 반대되는 말이 레드오션 전략입니다. 레드오션이란 피의 바다란 뜻입니다. 서로 싸우고 죽이고 죽여 피바다를 만들어 너도 죽고 나도 죽는다는 의미입니다.

지금까지 세계적으로 크게 된 기업은 기존의 시장에서 벗어나 이미 오래 전부터 전혀 다른 시장을 준비해 온 기업들이라는 것을 발견한 프랑스의 인시아드(INSEAD)경영대학원의 교수가 내놓은 이론입니다. 우리나라의 김위찬 교수와 르네 마보안 교수가 주창한 경영 전략론입니다. 기존 시장에서 경쟁해서 이기기보다 경쟁이 없는 새로운 시장, 즉 블루오션을 창출하라는 주장이 그 요지입니다.

예를 들자면, 냉장고 시장에서 새로운 시장 기회를 발견하고, 시장 개척에 성공했던 만도 위니아의 '딤채'는 대표적인 블루오션 전략의 사례가 아닐까 싶습니다.

그렇다면 기업들은 왜 마진이 점점 줄어들어 매력이 떨어지는 레드오션에서 헤어나지 못하는 것일까요? 한마디로 답하면, 오랜 버릇 때문입니다. '여전히'라는 틀을 깨지 못하기 때문에 안주해서 고칠 이유를 잘 느끼지 못하는 것입니다.

블루오션보다 레드오션이 물결치게 되는 과정을 보십시오. 경영자들에게 가장 유혹적인 것은 바로 지금 눈앞에 보이는 이익입니다. 기업들은 작지만 확실한 이익이 보장되는 기존 제품 라인의 확장에 열을 올립니다. 경쟁사들을 모방하는 것도 주저하지 않습니다. 한정된 시장을 놓고 뒤엉켜 싸우는 동안 기업들은 서로 닮아 가기 시작합니다.

레드오션에 빠진 기업들은 그런 새로운 사고를 할 형편이 못 됩니다. 배운 것이라고는 오직 경쟁에서 이기는 법뿐이기 때문입니다. 경쟁은 끊임없이 이어지고, 소비자로부터 점점 멀어집니다.

그러므로 이미 포화 상태가 된 곳에서 겨우 살아남는 전략을 구사하기보다는 미지의 세계로 도전하는 과감성을 보여야 합니다. 안주하기보다는 먼 미래를 보고 새로운 곳에 들어가 선점 효과를 누리는 것이 낫다는 것입니다.

부동산시장의 원리를 보면 구도심과 신도심으로 도시는 점점 변합니다. 미국 뉴욕의 중심지는 모두 슬럼가입니다. 신흥주택 단지와 부촌은 모두 도시 외곽의 전원 지역에 있습니다. 전문적인 문화시설 역시 도시 외곽의 신도시에 집중되어 있습니다. 우리나라도 마찬가지입니다. 서울의 중심지는 원래 강북이었습니다. 하지만 서울 강북의 집들은 강남의 아파트 한 채면 열 채를 살 수 있는 정도로 차이가 생겨 버렸습니다. 강남에서 기회를 얻지 못한 사람들이 다시 찾은 블루오션 지역이 분당이었습니다.

그런데 이러한 레드오션 지역을 벗어나 새로운 블루오션 지역으로 갈 때 우리에겐 더 많은 기회와 전에 없던 능력이 나타난다는 것입니다. 새로운 아이디어와 방법을 모색하는 데 쏟아야 할 에너지를 경쟁과 고민에 발목이 잡혀 허비해 버리면 실패할 확률이 높습니다. 그러므로 블루오션, 즉 푸른 바다로 나아가는 패러

다짐을 가지시기 바랍니다.

둘째, 여러분에게는 날개가 있습니다
여러분은 세상의 자녀가 아니라 하나님의 자녀임을 아시기 바랍니다. 칭기즈칸의 이야기가 아니더라도 우리 모두는 성공할 가능성을 가지고 태어난 하나님의 백성입니다. 여러분은 독수리와 같은 날개가 있는 존재임을 잊지 마십시오.

어느 시골 농부가 우연히 독수리 새끼를 잡았는데, 닭장에 넣어 두었습니다. 독수리 새끼는 닭들과 함께 자랐고, 닭장의 생활방식과 환경에 적응하여 평범한 닭이 되고 말았습니다. 어느 날 동물보호운동을 전개하던 사람이 지나가다가 독수리 새끼를 보고 이렇게 말했습니다.

"아니, 저 녀석은 닭이 아니라 독수리군요."
농부는 대답했습니다.
"그렇기는 하지만 이젠 더 이상 독수리가 아닙니다. 녀석은 완전히 닭이 되어 버렸어요. 닭처럼 모이를 먹고 닭처럼 행동하거든요. 저 독수리는 절대로 날지 못할 것입니다."

동물보호가는 농부의 말이 사실인지 아닌지 실험해 보고 싶었습니다. 그래서 독수리를 날려 보려고 애를 썼지만 독수리는 날지 못했습니다. 날개가 있지만 그 날개를 사용하는 법을 배우지 못했기 때문입니다.

고민 끝에 어느 날 동물보호가는 해가 떠오를 때 독수리를 높은 산꼭대기로 데려갔습니다. 그리고 산꼭대기에서 그 독수리에게 자기와 똑같이 생긴 다른 독수리가 우아하게 하늘을 나는 모습을 보여 주었습니다. 그제야 독수리는 자기가 닭과 다르다는 사실을 깨달았습니다. 하늘을 날 수 있다는 비전을 갖게 된 것입니다. 독수리는 거친 울음소리를 내며 동물보호가의 팔에서 날아올랐습니다. 그리고 마침내 하늘 저편으로 사라졌습니다. 떠오른 태양 속으로 한 점 점이 되어 까마득히 사라져 버린 것입니다.

여러분에게도 이 날개가 있습니다. 하나님의 자녀에게 주신 혀의 권세와 말씀의 검이 있습니다. 그런데 여러분이 그것을 사용해 보지 않은 것입니다. 오늘에 만족하며 더 이상 새로운 세계를 개척하려고 하지 않기 때문에 날개를 사용할 일이 없는 것입니다.

자! 여러분, 어깨에 달려 있는 날개를 한번 만져 보시기 바랍니다. 모든 하나님의 자녀들에게는 그 사람에게 맞는 날개를 주셨습니다. 음악, 미술, 문학, 사교성, 경영 감각, 뛰어난 요리 실력, 협상력, 연구력 등등 그 날개를 펼 수 있는 블루오션 푸른 바다를 한번 살펴보시기 바랍니다. 고난을 당해도 움츠러 들지 말고 새로운 시야를 여는 계기로 삼아야 합니다.

셋째, 인생의 고난이 여러분의 날개를 움직이게 합니다

그러므로 고난을 즐기시기를 바랍니다. 여러분 주위를 보십시오. 어릴 때 극심한 고난을 겪은 사람들이 어떤 과정을 통해 자수성가하는지를. 그들은 인생이 겪을 수 있는 곤고를 어릴 때 이미 다 체득했기 때문에 세상의 어지간한 곤고는 눈도 깜짝하지 않습니다. 강한 사람이 되는 것입니다.

그러므로 자녀들에게 좋은 환경을 만들어 주지 못했다고 고민하지 마시기를 바랍니다. 자녀들이 해달라는 대로 다 해주는 것은 결국 그들을 망하게 하는 지름길이 됩니다. 자녀들을 양육할 때 잊지 말아야 할 것을 성경이 가르쳐 줍니다.

잠언은 다음과 같이 경고합니다(우리말 성경).

"회초리와 꾸짖음은 지혜를 주거니와 제멋대로 버려 둔 아이는 자기 어머니에게 수치를 가져오느니라"(잠 29:15).

"회초리를 아끼는 자는 자기 아들을 미워하는 것이나……아들을 사랑하는 자는 제 때에 징계하느니라"(잠 13:24).

'제 때(betimes)'라는 말은 말 그대로 '일찍(early)'을 의미합니다.

또한 잠언 19장 18절은 말씀합니다.

"소망이 있을 동안에 네 아들을 징계하되……."

이 말씀은 소망이 없을 때가 올 것임을 시사해 줍니다.

"그가 운다고 네 혼이 용서하지 말지니라"(잠 19:18).

이와 같이 성경은 부모들에게 자녀교육에 엄격할 것을 거듭 강조합니다. 하나님께서 인생들에게 자녀교육의 책임을 이렇게 맡기셨다는 것입니다. 또한 하나님 아버지도 성공시킬 자녀들은 엄하게 키우신다는 뜻이기도 합니다.

"마치 독수리가 그 보금자리를 어지럽게 하며 그 새끼 위에 너풀거리며 그 날개를 펴서 새끼를 받으며 그 날개 위에 그것을 업는 것같이"(신 32:11).

내가 안주하던 편안한 보금자리가 날카로운 가시덤불로 변한다는 것, 누군가 나를 끝없는 낭떠러지로 떨어뜨리려고 위협하는 것, 내가 그 무서운 낭떠러지로 한없이 떨어지고 있는 것, 이런 상황에 내가 있음을 발견할 때, 기뻐하시기 바랍니다. 이것은 모두 내가 '성장' 해야 할 때가 되었음을 의미하는 순차적 신호입니다.

또 사무엘하 7장 14절에 보면 "나는 그 아비가 되고 그는 내 아들이 되리니 저가 만일 죄를 범하면 내가 사람 막대기와 인생 채찍으로 징계하려니와"라고 되어 있습니다.

독수리는 보금자리를 어지럽게 하는 방법을 쓰지만 사람은 사람이 막대기, 즉 회초리가 되고 인생의 곤고가 채찍이 되는 것입니다. 하지만 하나님이 이러한 아픔의 막대기와 곤고의 채찍을 내리치시는 까닭은 우리를 사랑하시기 때문입니다. 나로 하여금 내가 보지 못하는 세상과 세계를 보게 하는 것입니다.

아브라함이 본토와 친척 아비 집을 떠나지 못하고 망설일 때 그에게는 조카 롯이라는 인생 막대기와 애굽의 바로에게 아내를 빼앗기는 채찍을 주셨습니다. 그가 본토 친척 아비 집을 떠나지 않으면 젖과 꿀이 흐르는 땅을 받을 수 없기 때문이었습니다.

우리는 본질적으로 사람을 의지하고 사람에게 매이려는 습성이 있습니다. 이것이 우리에게 올무가 되고 시야를 좁게 만듭니다. 처음에 미국으로 이민 간 한국 사람들을 보십시오. 그들은 일찍이 블루오션 전략을 취한 사람들입니다. 처음엔 어려웠지만 지금은 하나같이 자리를 잡고 미국의 주류사회로 들어가고 있습니다.

사랑하는 성도 여러분, 고난을 당할 때 나만 고난을 당한다고 원망 마시고 시야를 넓혀 지경을 확장하기 바랍니다. 고난은 시야를 바꾸라는 하나님의 사랑의 채찍입니다.

그러면 어떻게 지경을 넓힐 것인가 생각해 봅시다.

역대상 4장 10절에서 야베스가 이렇게 기도했습니다.

"이스라엘 하나님께 아뢰어 가로되 원컨대 주께서 내게 복에 복을 더하사 나의 지경을 넓히시고 주의 손으로 나를 도우사 나로 환난을 벗어나 근심이 없게 하옵소서 하였더니 하나님이 그 구하는 것을 허락하셨더라."

그러므로 우리도 오늘 추수감사절에 말씀에 의지하여 지경을 넓혀 달라고 기도해야 합니다. 그러면 어떻게 지경을 넓혀야 할까요? 다시 정리하시기 바랍니다.

첫째, 무엇보다 먼저 패러다임을 바꾸어야 합니다. 패러다임이 바뀌면 문제가 오히려 축복이 됩니다.

둘째, 여러분에게는 날개가 있습니다. 세상의 자녀가 아니라 하나님의 자녀임을 아시기 바랍니다.

셋째, 인생의 고난이 여러분의 날개를 움직이게 합니다. 그러므로 고난을 즐기시기 바랍니다.

고난을 축복으로 바꾸는 방법입니다

첫째, 말씀의 지경을 넓혀야 합니다

성경을 읽지 않는 사람은 하나님의 은혜를 받겠다는 생각이 전혀 없는 사람입니다. 모든 지혜의 원천이 성경에 있습니다. 하나님은 각 개인의 필요에 따라 적절한 은혜와 지혜를 성경 말씀 안에서 주십니다. 식물에게 "고마워요. 감사해요"라는 글자만 써 붙여 놓아도 식물이 생기를 얻고 싱싱해집니다. 하물며 천지 만물을 만드신 하나님의 말씀이 능력이 없겠습니까? 여러분의 마음판에 항상 하나님의 말씀을 새겨 두십시오.

둘째, 기도의 지경을 넓혀야 합니다

기도하지 않으면서 하나님의 도움을 받겠다면 그것은 참으로 무지한 소치입니다. 기도는 내가 기억할 수 있을 만큼 끈질기게 해야 참 기도입니다. 내가 무슨 기도를 했는지 모른다면 그 기도는 하나님의 응답을 받을 수 없습니다. 무슨 기도를 했는지 기도를 기록하며 해보시기 바랍니다. 그 기도가 응답이 되지 않았다면 응답이 올 때까지 다시 반복해서 해야 합니다.

셋째, 비즈니스의 지경을 넓혀야 합니다

문제를 보지 말고 문제 너머에 있는 원인을 보면 비즈니스의 지경이 넓어집니다. 이러한 지혜를 주시는 분이 하나님이십니다.

넷째, 천국의 지경을 넓혀야 합니다

하나님은 궁극적으로 하나님의 나라가 확장되기를 바라십니다. 우리는 지금 1만 성도, 1만 평 대지, 1만 평 성전을 위해 기도합니다. 2020년까지 20만 명의 성도를 위해 기도하고 있습니다. 하나님은 입을 여는 만큼 부어 주신다고 하셨기 때문에 저는 항상 입으로 시인합니다. 여러분도 하나님의 나라가 확장되기를 위해 항상 입으로 시인하고 긍정적으로 말하시기 바랍니다.

결론적으로, 세상은 고난을 당한 민족과 개인을 통하여 새로운 역사가 펼쳐졌습니다. 고난당하는 민족 이스라엘을 통하여 하나님의 계시가 완성되었고, 아브라함과 야곱은 고난을 통하여 약속의 땅을 받았습니다. 청교도들은 고난을 통하여 신대륙의 주인이 되었고, 인디언 소녀 엄마는 고난을 자초하였지만 역사를 만드는 인물이 되었습니다. 칭기즈칸을 보십시오. 그는 어릴 적 고난에 연단 받아 세계를 제패하는 패러다임을 소유할 수 있었습니다. 고난당하는 것이 유익이라는 고백이 성경에 나오는 이유가 이것입니다.

사랑하는 성도 여러분, 독수리같이 날고 싶다면 절벽에서 떨어지는 용기로 나아가 체험하시기를 바랍니다.

13. 믿는 자의 권세를 사용하라

누가복음 10장 17~19절; 22장 35~38절

칠십 인이 기뻐 돌아와 가로되 주여 주의 이름으로 귀신들도 우리에게 항복하더이다
예수께서 이르시되 사단이 하늘로서 번개같이 떨어지는 것을 내가 보았노라
내가 너희에게 뱀과 전갈을 밟으며 원수의 모든 능력을 제어할 권세를 주었으니
너희를 해할 자가 결단코 없으리라

저희에게 이르시되 내가 너희를 전대와 주머니와 신도 없이 보내었을 때에 부족한 것이 있더냐
가로되 없었나이다
이르시되 이제는 전대 있는 자는 가질 것이요 주머니도 그리하고 검 없는 자는 겉옷을 팔아 살지어다
내가 너희에게 말하노니 기록된 바 저는 불법자의 동류로 여김을 받았다 한 말이 내게 이루어져야 하리니
내게 관한 일이 이루어 감이니라
저희가 여짜오되 주여 보소서 여기 검 둘이 있나이다 대답하시되 족하다 하시니라

믿음의 기도

재미있는 한 이야기가 있습니다. 어느 교회 바로 앞에 술집이 있었습니다. 이사 가라고 해도 이사를 가지 않았습니다. 교회의

모습이 별로 좋아 보이지 않았습니다. 그래서 성도들은 이 술집이 이사 가도록 기도를 시작하였습니다.

그러던 어느 날 술집에 불이 났습니다. 술집에서는 교회가 기도해서 불이 난 것이라고 손해배상을 청구하는 재판을 걸었습니다. 재판할 때 술집 주인은 교회에서 기도하여 그랬다고 주장하였습니다. 교회에서는 그럴 리가 없다고 반박하였습니다.

재판장이 교인들에게 술집이 이사 가게 기도한 적이 있느냐고 물었습니다. 그렇다고 대답하였습니다. 재판장은 그러면 그 기도가 응답될 줄 믿고 기도했느냐고 물었습니다. 교인들은 침묵을 지켰습니다. 재판장은 "어떻게 당신들은 불신자인 술집 주인보다 믿음이 없습니까?"라고 말했습니다. 기도를 해도 막연히 했던 것입니다.

그러나 백부장은 예수님께서 말씀 한마디만 하면 먼 거리에 있는 중풍병 걸린 자기 하인이 나을 것을 믿고 간구하였습니다. 이런 믿음을 주님은 처음 본다고 하셨습니다.

로마가 온 세상을 지배하고 있을 때입니다. 스코틀랜드의 설교자였던 존 웰치 목사가 예수님을 전하다가 붙잡혀 투옥되었습니다. 지하 감옥의 습기와 불결함에 웰치 목사는 병들어 죽어 가고 있었습니다. 아내 메리 부인은 계속해서 남편의 석방을 로마 왕에게 호소하였습니다. 그러나 그 호소는 번번이 거절당하였습니다.

어느 날 로마 왕이 어둠 속에서 걸어오는 한 사람의 모습을 보았습니다. 메리 부인이었습니다. 그는 국왕 앞에 무릎을 꿇었습니다. 왕은 가던 길을 멈추었습니다. 메리 부인은 다시 남편의 석방을 요청하였습니다. 그때 왕은 다음과 같이 말했습니다. "만일 네 남편이 다시는 예수를 전하지 않는다고 한마디만 약속하면 석방을 약속하겠다."

이때 메리 부인은 왕 앞으로 나가더니 자신의 치마를 두 손으로 들어 올렸습니다. 그리고는 "왕이시여! 나는 그와 같은 약속을 하느니 차라리 이 앞치마에 내 남편의 머리를 받겠습니다"라고 말했습니다. 그런 확신에 근거한 믿음을 왕은 본 적이 없었습니다. 왕은 감동하여 웰치 목사를 석방시켰습니다. 주님은 이런 믿음을 보고 싶어 하십니다.

운전면허시험장에서는 다른 것은 하나도 보지 않고 운전 기술만 봅니다. 직업도 학력도 남녀도 상관하지 않습니다. 주님은 믿음만 보시는 분이십니다.

예수님은 귀신을 꾸짖으시고 쫓기도 하셨습니다. 누가 귀신을 쫓고 꾸짖겠습니까? 예수님에게는 권세가 있기 때문입니다. 예수님께서 승천하시면서 "하늘과 땅의 모든 권세를 내게 주셨으니 그러므로 너희는 가서 모든 족속으로 제자를 삼아 아버지와 아들과 성령의 이름으로 세례를 주고 내가 너희에게 분부한 모든 것을 가르쳐 지키게 하라 볼지어다 내가 세상 끝 날까지 너희와 항상 함께 있으리라"(마 28:18~20)고 말씀하셨습니다.

권세를 가지신 예수님은 70문도에게 이렇게 말씀하셨습니다.

"내가 너희에게 뱀과 전갈을 밟으며 원수의 모든 능력을 제어할 권세를 주었으니 너희를 해할 자가 결단코 없으리라"(눅 10:19).

그 권세가 우리에게도 주어졌습니다.

"영접하는 자 곧 그 이름을 믿는 자들에게는 하나님의 자녀가 되는 권세를 주셨으니"(요 1:12).

예수님께서 마귀는 능력이 있지만 권세는 우리에게 주어져 있다고 말씀하셨습니다. 능력은 힘입니다. 권세는 권위입니다.

자동차는 능력이 있습니다. 그러나 운전하는 사람에게는 그 자동차를 마음대로 움직일 수 있는 권세가 있습니다. 비행기는 능력이 있지만 파일럿에게는 권세가 있습니다.

홍콩 영화에서 장풍을 가진 사람이 시속 100킬로미터로 달리는 자동차를 멈추게 하는 것을 보았습니다. 대단한 힘이었습니다. 그러나 경찰은 그런 능력은 없지만 손을 드니까 150킬로미터로 달리던 자동차가 멈추었습니다. 능력이 아니라 권세 때문이었습니다.

예수님은 능력과 권세를 다 가진 분이십니다. 그러나 마귀는 권세는 없고 능력만 있습니다. 우리 성도들에게는 권세만 있고 능력은 없습니다. 주님의 권세가 우리 안에 흐르고 있습니다.

생명이 있는 분

예수님에게는 생명이 있습니다. 귀신 들린 사람은 귀신에게 끌려다니기에 생명이 없습니다. 그에게는 귀신의 노예성만 있는 것입니다. 예수님은 "도적이 오는 것은 도적질하고 죽이고 멸망시키려는 것뿐이요 내가 온 것은 양으로 생명을 얻게 하고 더 풍성히 얻게 하려는 것이라"(요 10:10)고 말씀하셨습니다. 예수님께서 이 땅에 오신 목적은 귀신에게 눌린 사람들에게 생명을 주기 위해서입니다. 그렇기에 예수님을 믿는 자들에게는 생명이 주어지는 것입니다.

평생 교회와 사회에서 괄목할 만한 업적을 남긴 사람이 죽어서 천국문 앞에 섰습니다. 그런데 한 사람이 못 들어가게 붙드는 것이었습니다. 돌아보니 사도 바울이었습니다.

"아! 여기까지 오시느라고 수고하셨습니다. 그런데 잠깐만 기다리십시오. 이곳을 통과하려면 약간의 절차를 거쳐야 합니다. 복잡한 것은 아니고, 당신이 지구에서 살아온 과정에서 1,000점을 받아야 합니다. 그렇지 않으면 천국문을 통과할 수가 없습니다."

"1,000점이라고요? 네! 전 자신 있습니다."

"자! 그러면 점수에 보탬이 될 일들을 말해 보십시오."

"전 선교기관에서 30년간이나 일하며 많은 선교사들을 세계 각국에 파송하였습니다. 주님이 제일 기뻐하시는 일이 선교라고 생각했기 때문입니다. 선교헌금도 엄청나게 많이 했습니다."

"아! 정말 잘하셨군요, 좋습니다. 1점입니다."

"1점이요? 그것밖에 안 됩니까? 이상하군요. 그럼 또 말하지요. 전 40년간 가정을 행복하게 꾸리고 아이들도 잘 길러서 목사, 교수, 의사, 판사들이 많습니다. 자녀들이 하나님의 일을 많이 하게 하였지요."

"정말 당신은 소문대로 훌륭한 사람이군요. 좋아요. 2점을 가산합니다."

"2점이요? 정말 점수가 짜군요?"

그는 땀을 뻘뻘 흘리기 시작하였습니다. 1,000점이 쉬울 줄 알았는데 너무나 먼 곳에 있었기 때문입니다. 조바심이 난 그는 계속 말을 이어 갔습니다.

"저는 60년 동안 예배에 한 번도 빠진 적이 없습니다. 새벽기도, 전도, 성경공부 등 교회에서 하는 일이라면 무조건 참여하였습니다."

"좋아요. 1점 가산합니다."

"이제 겨우 4점이군요. 어떻게 천국에 들어가지요? 더 이상 할 이야기가 없어요. 전 천국에 들어갈 만한 인격이 안 되는가 봅니다. 제발 이 죄인을 용서해 주십시오. 예수님 좀 만나게 해주십시오. 저를 구원하실 분은 오직 예수님밖에 없습니다."

그가 이렇게 말하자마자 바울은 "자! 이제 당신은 1,000점을 얻었습니다. 이젠 들어가도 좋습니다"라며 길을 비켜 주었습니다.

외양을 보고 판단하지 말라

언젠가 책에서 이런 이야기를 읽있습니다. 노르웨이에서 생긴 일입니다. 자동차 대리점에 한 허름한 옷을 입고 장화를 신은 사람이 들어오더니 자동차를 사겠다고 말했습니다. 주인은 신통치 않게 생각하였습니다. 초라한 사람이라 자동차를 사도 아주 싼 것으로 한 대 살 것이라고 여겼기 때문입니다.

그러나 손님은 "좋은 모델 좀 보여 주십시오. 열여섯 대를 사려고 합니다"라고 말했습니다. 주인은 화를 내면서 "여보세요? 지금 농담할 시간 없어요. 당신이 어떻게 열여섯 대의 자동차를 사겠다는 것입니까? 나가 주십시오"라고 하면서 내쫓았습니다.

그는 할 수 없이 맞은편 자동차 대리점으로 들어갔습니다. 그리고 열여섯 대의 자동차를 사려고 한다고 말했습니다. 그곳에서는 최고의 고객으로 대우하였습니다.

그는 그곳에서 열여섯 대의 자동차를 구입하였습니다. 그는 한 꺼번에 7만 7천달러의 돈을 지불하였습니다. 알고 보니 그는 청어잡이 어부였습니다. 열여섯 명이 출어하였다가 청어를 엄청나게 많이 잡아 돈을 벌었습니다. 그래서 그들은 자동차를 모두 새로 구입하기로 결정한 것이었습니다.

예수님은 겉으로는 목수입니다. 그러나 그는 하나님이십니다. 못할 것이 없으신 주님이십니다. 그는 기적을 주시는 분이십니다. 그가 이 땅에 오신 것 자체가 기적입니다. 기적을 믿는 자에게 기적이 있습니다.

2003년 냉해로 고통을 받은 우리 민족이 2004년에는 극심한 가뭄으로 온 국민이 고통을 받았습니다. 전기 사용량 기록이 매일 갱신되었습니다. 그래서 한 해에 열일곱 번이나 기록이 갱신되는 최다 갱신 기록을 세운 해입니다. 가뭄으로 온 국토가 타고 있을 때 우리는 하나님께 회개하며 비를 달라고 부르짖으며 기도하였습니다.

그런데 놀라운 일이 생겼습니다. 7월 31일 밤에 갑자기 목포 남쪽에서 태풍이 생겼습니다. 기상대도 예상하지 못하였던 태풍이었습니다. 기상대도 깜짝 놀랐습니다. 그 태풍이 우리나라 정가운데를 통과하여 비를 흠뻑 뿌렸습니다. 태풍치고는 피해가 거의 없는, 비만 내려준 이상한 태풍이 8월 1일 온종일 불며 비를 적당하게 뿌렸습니다. 그래서 온 국토를 해갈시켰습니다. 그렇게 내린 비는 돈으로 환산하면 1조 4천억 원에 해당하는 비라고 합니다.

비전의 중요성

하버드 대학 교수와 신시내티 대학교 총장 등을 역임하고 현재 지도자 연구센터(Center for Leadership Studies)를 운영하고 있는 워렌 베니스(Warren Bennis) 박사는 미국 최고의 기업인 500명을 선택하고 그중 비약적으로 성장하는 회사 경영자 90명을 3년간 직접 방문하여 인터뷰를 하였습니다. 그 결과 다음과 같은 세 가지 공통점이 발견되었습니다.

첫째, 그들은 큰 비전의 사람들이었습니다. 꿈의 사람들이었기에 처음에는 주변 사람들이 허풍쟁이라고 비웃을 정도였습니다.

둘째, 그들은 찰거머리 같은 끈기의 사람이었습니다. 아무리 절망과 위기가 닥쳐오더라도 낙심하지 않았습니다. 아무리 부정적인 파도가 몰려와도 찰거머리같이 매달리는 끈기의 사람들이었습니다.

셋째, 그들은 주님을 주인으로 모신 사람들이었습니다. 주님이 원하시는 대로 경영하였고, 주님의 뜻대로 돈을 썼습니다. 주님을 사랑으로 모셨습니다. 예수님을 주로 모신 믿음은 큰 믿음입니다.

말씀의 진검 승부를 하라

세상은 말씀으로 시작되었습니다. 그리고 인간의 역사는 인간의 말로 시작됩니다. 인류의 역사는 아담의 첫 한마디로부터 시작되었다는 뜻입니다. 그것은 이 세상을 인간의 발 아래 두신 하나님의 뜻입니다. 하나님은 세상을 만드시고 이 세상을 다스릴 권세와 능력을 인간에게 주셨기 때문에 만물이 인간에게 복종합니다. 그 증거는 수도 없이 많습니다.

에모토 마사루 박사는 《물은 답을 알고 있다》란 책에서 "행복하게 살고 싶다면 행복에 파장을 맞추라"며, 우주의 근본 현상인 파동과 공명을 우리 마음에 비추어 설명했습니다. 다시 말해서, 우리 생활 속에서 물이 지닌 치유 능력, 생명의 힘을 표현하고 있습니다.

똑같은 특성, 똑같은 양의 물을 두 개의 같은 그릇에 담았습니다. 한쪽 그릇에는 "좋아해, 사랑해, 그리움, 애정" 등 온갖 좋은 말을 해주었습니다. 다른 한쪽 물에는 "미워해, 싫어해, 증오해" 등 온갖 나쁜 말만 해주었습니다. 시간이 흐른 뒤 두 물을 동시에 냉동실에 얼렸습니다. 얼음이 된 물을 망치로 깼더니 어떤 결과가 있었을까요?

좋은 말만 해주었던 물은 일정한 방향과 모양으로 깨졌습니다. 하지만 나쁜 말을 해준 물은 그야말로 자기 멋대로 깨졌습니다.

서양 속담에 세상에 돌이킬 수 없는 것 세 가지가 있다고 했습니다. 그것은 '쏜 화살, 쏟아 놓은 말, 잃어버린 기회' 입니다. 한 번 쏟아 놓은 말은 다시 주워 담을 수 없습니다. 죽일 수도 없습니다. 루머, 악의에 찬 말, 근거 없는 이야기와 같은 것들입니다. 불은 가까이 닿는 것을 태우지만 혀는 멀리 떨어져 있는 것까지 죽입니다. 그래서 혀는 활이요, 그 혀를 통해서 나가는 말은 화살로 비유합니다. 자연만물이 내가 내뱉는 입술의 말에 따라서 다른 질서를 가지고 나의 주위를 감싼다는 것입니다.

중국의 고사성어 중에는 '촌철살인' 이라는 말이 있습니다. 한

치밖에 안 되는 바늘로 사람을 죽일 수 있다는 말로, 간단한 한마디 말이나 글로써 사람을 감동시킬 수도 있고 파멸시킬 수도 있다는 뜻입니다. 그러니 이 세상 역사는 인간의 세 치 혀에 달렸다고 하는 것입니다.

앞서도 말씀드렸듯이 '사랑, 감사'라는 글을 보여 준 물에서는 비할 데 없이 아름다운 육각형 결정이 나타났고, '악마'라는 글을 보여 준 물에서는 중앙의 시커먼 부분이 주변을 공격하는 듯한 형상이 나타났습니다. 또 "고맙습니다"라고 했을 때는 정돈된 깨끗한 결정을 보여 주었지만, "망할 놈, 바보, 짜증 나네, 죽여 버릴 거야" 등과 같이 부정적인 말에는 마치 어린아이가 폭력을 당하는 듯한 형상을 드러냈습니다.

"그렇게 해주세요"라는 말에는 예쁜 형태의 육각형 결정을 이루었지만, "하지 못해!"라는 냉랭소의 말에는 "악마"라고 했을 때와 비슷한 형상을 나타냈습니다.

물은 음악에도 반응했습니다. 쇼팽의 "빗방울"을 들려주자 정말 빗방울처럼 생긴 결정이 나타났고, "이별의 곡"을 들려주자 결정들이 잘게 쪼개지며 서로가 이별하는 형태를 취했습니다. "아리랑"을 들려주었을 때는 가슴이 저미는 듯한 형상을 보였습니다. 어떤 글을 보여 주든, 어떤 말을 들려 주든, 어떤 음악을 들려 주든, 물은 그 글이나 말, 음악에 담긴 인간의 정서에 상응하는 형태를 취했습니다. 또한 컴퓨터와 핸드폰, 전자레인지, 텔레비전 곁에 둔 물의 결정은 모두 육각형의 결정을 얻지 못하고 파괴되었는데, 그것은 전자파가 얼마나 해로운지를 한눈에 보여 줍니다.

저자는 오랜 연구 끝에 마침내 '물도 의식을 갖고 있으며, 모든 것을 알고 있다'는 결론에 이르게 된 것입니다. 아무도 생각하지 못했던 저자의 이러한 연구는 "말이 씨가 된다"는 우리 조상들의 격언이 결코 허언이 아니었음을 뒷받침해 줍니다. 또한 "생각이 현실을 만든다"는 정신주의자들의 주장에 힘을 실어 주고, "의식과 물질은 하나"라는 선구적 현대물리학자들의 가설이 진리임을 강력하게 암시합니다. 이러한 실험 결과는 인간의 생각과 의식이 몸에 결정적 영향을 미치고, 물질세계에도 변화를 가져올 수 있다는 가능성을 제시하는 사례입니다.

물의 결정체 사진 가운데 가장 아름다운 것이 바로 '사랑'과 '감사'라는 말을 들려주었을 때인데, 이는 우리가 서로에게 어떤 말을 하고, 어떤 에너지를 보내며 살아야 할지를 깊이 들여다보게 하는 대목입니다. 더구나 사람 몸의 70퍼센트가 물이고, 또 단백질 분자 한 개가 약 7만 개의 물 분자에 둘러싸여 있음을 생각할 때 긍정의 에너지를 주고받는 것이 얼마나 중요한지를 새삼 깨닫습니다.

기독 교사 한 분이 이 책을 읽고 직접 실험해 보기로 하였습니다. 먼저 밥 실험을 했습니다. 이 실험은 밥을 세 군데에 나누고, 하나는 "사랑해요, 감사해요"라는 말을 하고, 다른 하나는 "싫어, 미워"란 말을 해서 밥의 변화 정도를 보는 것이고, 나머지 하나에는 무관심하게 대했습니다. 그러자 "사랑해요, 감사해요"라고 써서 붙인 밥은 한 달이 넘도록 전혀 썩지 않고 흰색 그대로 있는 반면, "싫어, 미워"라고 써서 붙인 밥은 곰팡이가 피고 시커멓게 썩어 갔습니다.

이 실험과 더불어 말이나 글이 식물에 미치는 영향을 실험해 보았습니다. 좋은 음악을 들은 식물이 꽃도 잘 피우고, 열매도 잘 맺는다는 뉴스를 들은 적이 있는데, 말도 가능한가를 알아보고 싶어 이 실험은 시작되었다고 합니다.

똑같은 화분 세 개에 "사랑해요, 고마워요", "싫어, 미워"라고 써 붙이고 같은 조건에서 관찰하였습니다. 집을 6일 동안 비운 뒤 화분의 변화를 보니, "사랑해요, 고마워요", "싫어, 미워", 무관심 순으로 시든 정도가 확연히 차이가 났습니다. 무관심이 부정적인 관심이나 말보다 훨씬 좋지 않은 영향을 미쳤습니다.

민수기 14장 28절을 보면, "여호와의 말씀에 내 삶을 두고 맹세하노라 너희 말이 내 귀에 들린 대로 내가 너희에게 행하리니"라고 말씀하고 있습니다. 하나님은 우리가 말하는 대로 행하시는 분이심을 선포합니다. "할 수 없다"라고 말하는 사람은, 결코 돕지 않으십니다. 반면 "할 수 있다"라고 말하면, 할 수 있는 사람이 되게 해주십니다. 좋은 말을 해야 할 이유가 여기에 있습니다.

그러려면, 여러분의 영혼이 살아나도록 먼저 좋은 말을 들어야 합니다. 하나님의 말씀을 들으면 좋은 말을 할 수 있습니다. 가장 좋은 말씀은 성경에 있기 때문입니다. 그분의 말씀이 곧 영이요 생명이기 때문입니다.

검과 전대를 가지라

오늘 읽은 본문에는 주님께서 친히 우리에게 전대와 검을 가지라고 명령하셨습니다. 이것은 주님의 입에서 나온 말씀이요, 또 명령입니다. 명령은 시행치 않으면 그에 따른 손해가 있습니다.

검(劍)과 전대(纏帶)는 무엇일까요? 전대는 경제력, 즉 돈입니다. 주님이 제자들과 함께 계실 때는 제자들이 훈련받는 기간이라서 권력과 경제력이 필요 없었습니다. 그러나 이제 주님이 떠나가시므로 복음 전도 시에 '검과 전대(경제력 등의 세상 권세)'가 아주 유용할 수 있다는 것을 말씀하십니다.

현실에서 빚에 쪼들리고, 남의 하인 노릇이나 해서는 결코 훌륭한 복음 전도자가 될 수 없습니다. 그래서 현실의 문제를 뛰어넘는 복을 받아야 합니다. 돈을 가진 사람과 그렇지 못한 사람이 받는 대접은 분명히 다릅니다. 그러므로 여러분은 경제력과 세상의 권력을 가져야 합니다. 원래 그것은 에덴 동산에서부터 여러분과 저에게 주신 것들입니다.

경제나 권력은 무시한 채 복음만을 말할 때, 사람들이 귀를 기울일 수 있을까요? 현실에서 전투를 치르고 있는 그들에게 현실력이 없는 신앙을 말하면, 신앙을 그냥 취미나 마음의 평안을 주는 것으로만 생각할 것입니다.

진검 승부를 준비하라

검도에서 수련은 대부분 목검으로 합니다. 하지만 목검 수련의 목적은 진검 승부를 대비하는 것입니다. 여러분이 그냥 기도만 하면 이러한 권세를 가질 수 있습니까? 그것은 목검 수련일 뿐입니다. 목검으로는 사단과 싸울 수 없습니다. 말씀으로 항상 전투에서 사단 마귀와 진검 승부를 하는 사람만이 누릴 수 있는 권세가 권력과 경제력입니다.

그러면 어떻게 살아야 합니까? 세상의 권세가 정한 그 원칙에 따라 열심히 살아야 합니다. 공부를 열심히 하고, 돈을 벌기 위해서 근면하며 열심히 저축하고 투자하며, 또 연구활동을 하며, 모든 노력을 기울여야 합니다. 우리는 돈을 벌려고 노력하고, 처자에 대한 의무를 다하기 위해서 어떤 일이라도 해야 합니다. 우선 내가 생존해야 미래를 기약할 수 있는 것입니다.

축복은 그냥 오는 것이 아닙니다. 큰돈은 작은 돈이 종자가 되는 법입니다. 자기에게 주어진 싸움을 회피하면 큰 사람이 될 수 없습니다. 여러분이 고르반, 즉 주께 드린 바 되고 주의 일을 하느라고 부자가 되지 못하고 높은 권세를 얻지 못했다고 말하는 것은 하나님이 주신 말씀의 권세와 권능을 무시하는 것입니다.

말세가 가까울수록 현실의 문제가 그 위력을 더해 가고 있습니다. 그래서 주님께서는 누가복음 22장 36절의 말씀을 하신 것입니다.

"이제는 전대 있는 자는 가질 것이요 주머니도 그리하고 검 없는 자는 겉옷을 팔아 살지어다."

사랑하는 성도 여러분, 여러분의 현실을 향하여 명령을 내리십시오.

"세상아, 비켜라. 하나님의 아들딸이 나아간다. 너희는 주님의 것이다. 내가 이제 선포하노라. 너희는 주의 것이 될지어다."

여러분의 사업장에서도 항상 명령을 내리십시오. "너희 경제들아, 내가 너희에게 명령하노라. 너희들은 하나님의 것이다. 내가 축복하노라. 나의 집으로, 나의 교회로 모여들거라"라고 말입니다. 그렇게 사단이 내어 놓지 않는 것을 향하여 주님이 주신 권세로 당당히 내어 놓으라고 명령하고 선포하십시오.

경제 선교의 필연성

잘 보십시오. 세상에서의 검과 전대를 가진 자의 말 한마디 한마디는 분명히 다릅니다. 경제력과 권세는 분명히 흑암에서 신음하는 자들에게 소망과 믿음을 줍니다. 그리고 사람들은 거기에서 하나님의 참다운 능력을 보게 됩니다. 물론 선교 목적상 이보다 더욱 중요한 것이 있습니다. 하지만 세상의 실질적인 주권자들은 권세를 갖지 않은 그리스도인들이 하는 말에 전혀 귀를 기울이지 않습니다.

아무리 우리가 이 세상의 실질적인 임금은 예수님이라고 해도 그들은 이 말을 처음부터 무시해 버립니다. 복음의 내용이 그들에게 전달되지도 않는 것입니다. 그러나 세상 권세에 승리한 자가 세상의 주권자들에게 이런 말을 하면, 그 사람의 말을 듣습니다.

세상에서 검과 전대를 가진 자의 말은 들을 수밖에 없는 것입니다. 과거 로마 복음화 과정을 볼 때, 콘스탄티누스가 단 한마디로 기독교를 공인하자 전 유럽은 주님의 것이 되었습니다. 만일 우리가 세상에서 승리한 자들이 된다면 우리에게는 비로소 세상의 중심부에 말할 권한이 주어지는 것입니다.

마가복음 16장 마지막 절에서 말씀하는 바와 같이 하늘에서도 함께 역사하시어 표적을 통해 이 세상에 증거할 것입니다. 애굽의 바로가 하늘의 표적을 보고, 비로소 '하나님의 살아 계심과 그가 현실 세계 속에 역사하심'에 대해서 인식하였듯이 말입니다.

주님께서는 세상으로 나아가는 그의 제자들에게 다음과 같이 말씀하셨습니다.

"보라 내가 너희를 보냄이 양을 이리 가운데 보냄과 같도다 그러므로 너희는 뱀같이 지혜롭고 비둘기같이 순결하라"(마 10:16).

위에서 뱀은 세상 권세의 대표자입니다. 우리가 세상 문제와 관련해서는 그들보다 더 지혜로워야 하고, 더욱 세상에서 존귀한 존재가 되어야 한다는 것입니다. 그래야 세상이 선교의 장으로 변화된다는 것입니다. 원래 이러한 권세가 하나님의 것이었고, 주님께서 죄로 얼룩진 이 권세를 모두 회복하셨기 때문입니다.

자석이 철을 끌어들이는 힘이 있듯이, 우리의 말은 축복과 행복을 끌어들이는 힘이 있습니다. 그래서 바울 사도는 에베소서 6장 16~17절에서 "모든 것 위에 믿음의 방패를 가지고 이로써 능히 악한 자의 모든 화전을 소멸하고 구원의 투구와 성령의 검 곧 하나님의 말씀을 가지라"고 말씀한 것입니다.

그러면 어떻게 해야 내가 살고, 무엇이 축복 받는 혀일까요?

첫째, 성령에 사로잡힌 혀입니다

사도행전 2장 3절에 "불의 혀같이 갈라지는 것이 저희에게 보여 각 사람 위에 임하여 있더니"라고 하였습니다. 여기에 보면 "불의 혀"라고 표현했습니다. '불의 혀'는 곧 성령에 사로잡힌 혀입니다.

바이런은 말의 중요성에 대해서 "말은 재산이다"라고 말했습니다. 이 말 때문에 재산이 없어지기도 하고 생기기도 합니다. 말은 이런 큰 영향력을 끼치는 것입니다. 성령이 말하게 하심을 따라 말할 때 그 말에 권세가 나타나는 줄 믿으시기 바랍니다.

사도들의 입에서는 성령에 의해서 권세가 나타났습니다. 사도행전 3장 6절에 베드로가 앉은뱅이를 향하여 "은과 금은 내게 없거니와 내게 있는 것으로 네게 주노니 곧 나사렛 예수 그리스도의 이름으로 걸으라"고 말했을 때 성전 미문에 앉아 구걸하던 앉은뱅이가 일어났습니다. 제구시 기도 시간에 역사가 일어났습니다.

사도행전 4장 31절에 보면 "무리가 다 성령이 충만하여 담대히 하나님의 말씀을 전하니라"고 했습니다. 성령에 사로잡힌 혀로 말하면 담대한 말, 권세 있는 말, 이적이 나타나는 말을 할 수 있습니다. 예수 믿지 않는 자는 예수를 믿고 구원을 받게 되고, 병든 자는 건강하게 되며, 귀신들이 쫓겨 나갑니다.

그래서 우리는 우리의 혀가 늘 성령에 사로잡히기를 위해서 기도하고, 성령이 내 생활 속에서 앞서 행하시기를 위해 기도해야 합니다. 무엇을 하든지 성령의 감동이 오지 않거든 일을 시작하지 말고, 성령이 내 마음에 뜨겁게 역사하실 때까지 기도하고 기다리는 것이 더 현명한 일이 될 수 있습니다.

둘째, 권세 있는 혀입니다

잠언 18장 21절에 "죽고 사는 것이 혀의 권세에 달렸나니 혀를 쓰기 좋아하는 자는 그 열매를 먹으리라"고 하였습니다. 예를 들어 재판장이 무죄라고 하면 무죄가 되고, 3년 구형 언도를 내리면 그대로 3년 동안 징역을 사는 것입니다. 권세는 무시하지 못합니다. 성경에 권세는 다 하나님께로부터 난다고 했습니다(롬 13:1).

여러분, 이 세상의 권세도 큰 힘이 있습니다. 대통령이 "브라질 대사로 임명함"이라고 말하면, 그때부터 그는 대통령과 권세자들을 어디에 가도 만날 수 있는 그런 전권을 맡게 되는 것입니다.

이렇게 세상 권세도 귀하지만 하나님이 주신 권세 예수의 이름으로 말할 때는 하나님이 그 예수의 이름으로 말한 거기에 권세를 나타내십니다. 우리가 항상 예수의 이름을 앞세우면 사단이 무서워합니다. 예수님은 우리의 방패이시고 우리의 보호자이십니다. 예수의 이름은 축복의 이름, 응답의 이름, 치료의 이름입니다.

우리는 항상 언제 어디에서 무엇을 하든지 "주여" 하면서 살아야 합니다. 어려움이 있어도 "주"를 찾아야 합니다. 수술 후 마취에서 깨어날 때도 "주"를 찾아야 합니다. 우리는 혀의 권세가 있기 때문에 그 말 속에 하나님께서 역사하시는 것입니다.

그래서 혀의 권세를 가진 우리는 복된 말만 해야 합니다. 긍정적인 말, 감사하는 말, 좋은 말만 해야 합니다. 어떤 사람은 말끝마다 부정적인 말만 합니다. 별것도 아닌데, "집사님, 우리 교회 큰일났습니다"라고 말하는 분이 있습니다. 믿음의 주요 온전케 하시는 이인 예수님을 바라보면서 맡기면 주님이 알아서 다 역사해 주십니다.

셋째, 말씀의 혀입니다

사무엘하 23장 2절에 "여호와의 신이 나를 빙자하여 말씀하심이여 그 말씀이 내 혀에 있도다"라고 하였습니다. 오늘 주의 말씀이 여러분의 혀에 있기를 주의 이름으로 축원합니다. 말씀의 권세가 얼마나 큰지 아십니까? 예수님께서 죽은 지 나흘이 되어 무덤에 있는 나사로에게 "나사로야, 나오라"라고 말씀하셨을 때 나사로가 무덤에서 나왔습니다.

사도 베드로가 앉은뱅이에게 "나사렛 예수 그리스도의 이름으로 걸으라"라고 했을 때 일어나 걸었습니다. 이것은 말씀의 권세가 약보다 의술보다 더 크다는 것을 보여 준 것입니다.

말씀의 혀가 있는 사람은 권세가 있습니다. 하지만 불 같은 시험이 왔을 때 말씀이 없는 자는 "큰일났다, 죽었다, 끝장이다, 망했다" 이렇게 나갑니다.

넷째, 학자의 혀입니다

이사야 50장 4절에 "주 여호와께서 학자의 혀를 내게 주사 나로 곤핍한 자를 말로 어떻게 도와줄 줄을 알게 하시고 아침마다 깨우치시되 나의 귀를 깨우치사 학자같이 알아듣게 하시도다"라고 하였습니다. 우리는 어리석고 미련하고 무식한 변론을 절대 해서는 안 됩니다.

디모데후서 2장 23절에 보면 "어리석고 무식한 변론을 버리라 이에서 다툼이 나는 줄 앎이라"라고 말씀했습니다. 우리는 절대 어리석고 무식한 변론으로 다툼을 일으켜서는 안 됩니다. 부부 간에도 어리석고 무식한 변론 때문에 다투지 마십시오. 우리는 학자같이 알아들을 수 있는 지혜 있는 말을 해야 합니다. 시편 37편 30절에 보면 "의인의 입은 지혜를 말한다"고 했습니다.

사랑하는 성도 여러분! 하나님께서 사용하시는 혀는 성령에 사로잡힌 불의 혀, 권세 있는 혀, 말씀의 혀, 학자의 혀입니다. 하나님께서 주신 혀를 잘못 사용하지 말고 하나님께서 사용하시는 혀가 되도록 하여 하나님의 영광이 나타나기를 주의 이름으로 축원합니다.

　마음은 사람을 다스리고 통치하는 통치자입니다. 그러나 혀는 그 통치자를 조종합니다. 말이 엄청난 힘을 가지는 것은 혀가 사람의 마음을 지배하기 때문입니다. 당신이 하고 있는 말이 당신의 인생의 방향을 바꿉니다. 당신의 혀는 당신이라는 배의 키가 됩니다.

14. 메시아께 감사하라

히브리서 13장 1~15절

형제 사랑하기를 계속하고
손님 대접하기를 잊지 말라 이로써 부지중에 천사들을 대접한 이들이 있었느니라
자기도 함께 갇힌 것같이 갇힌 자를 생각하고 자기도 몸을 가졌은즉 학대받는 자를 생각하라
모든 사람은 혼인을 귀히 여기고 침소를 더럽히지 않게 하라
음행하는 자들과 간음하는 자들을 하나님이 심판하시리라
돈을 사랑치 말고 있는 바를 족한 줄로 알라 그가 친히 말씀하시기를
내가 과연 너희를 버리지 아니하고 과연 너희를 떠나지 아니하리라 하셨느니라
그러므로 우리가 담대히 가로되 주는 나를 돕는 자시니 내가 무서워 아니하겠노라
사람이 내게 어찌하리요 하노라
하나님의 말씀을 너희에게 이르고 너희를 인도하던 자들을 생각하며
저희 행실의 종말을 주의하여 보고 저희 믿음을 본받으라
예수 그리스도는 어제나 오늘이나 영원토록 동일하시니라
여러 가지 다른 교훈에 끌리지 말라 마음은 은혜로써 굳게 함이 아름답고 식물로써 할 것이 아니니
식물로 말미암아 행한 자는 유익을 얻지 못하였느니라
우리에게 제단이 있는데 그 위에 있는 제물은 장막에서 섬기는 자들이 이 제단에게 먹을 권이 없나니
이는 죄를 위한 짐승의 피는 대제사장이 가지고 성소에 들어가고 그 육체는 영문 밖에서 불사름이니라
그러므로 예수도 자기 피로써 백성을 거룩게 하려고 성문 밖에서 고난을 받으셨느니라
그런즉 우리는 그 능욕을 지고 영문 밖으로 그에게 나아가자
우리가 여기는 영구한 도성이 없고 오직 장차 올 것을 찾나니
이러므로 우리가 예수로 말미암아 항상 찬미의 제사를 하나님께 드리자
이는 그 이름을 증거하는 입술의 열매니라

고난의 순간은 잠시

한 사람이 1737년 4월 13일 오후에 화가 잔뜩 나서 연습장에서 집으로 방금 돌아왔습니다. 얼굴은 벌겋게 상기되고, 관자놀이에는 핏줄이 불끈 솟아 있었습니다. 성이 나서 2층에서 천장이 울릴 정도로 쿵쾅거리며 걸어 다니는 중이었습니다.

1층에서 지루함을 잊으려고 긴 대롱으로 비눗방울을 찍어 불고 있던 하인은 비눗방울이 날아가는 것을 넋을 놓고 바라보고 있을 때였습니다. 갑자기 쾅 소리가 나며 온 집안이 둔탁하게 울리자 깜짝 놀랐습니다. 그래서 하인은 벌떡 일어나 단번에 층계를 올라가 작업실로 향했습니다. 텅 빈 방에서 침실 쪽으로 넘어가려는데 한 사람이 보였습니다. 거구의 중늙은이는 바닥에 미동도 없이 누운 채 멍하니 눈을 뜨고 있었습니다.

정열적인 이 사내는 지금 나자빠져서 신음하고 있었습니다. 주인이 죽어 간다고 생각한 하인은 놀라 서둘러 무릎을 꿇고 절반쯤 의식을 잃은 그를 일으키려 애썼지만 몸집이 너무나 커 힘에 부쳤습니다. 때마침 주인의 조수 크리스토프 슈미트가 아래층에서 올라와 의사를 불렀습니다. 겨우 마차에 실어 병원에 도착하자 의사는 급히 사내의 혈관 일부를 절단했습니다. 그러자 핏줄기가 솟구쳐 올랐습니다.

다음 순간 그는 안도의 신음이 창백한 입술에서 새어나오더니 겨우 깊은 숨을 쉬며 눈을 떴습니다. 두 눈은 아직도 낯설고 의식이 없는 듯했습니다. 의사는 그의 오른쪽 눈은 움직이지 않지만 왼쪽 눈은 움직이고 있다는 것을 알았습니다. 진단 결과 뇌졸중이라고 했습니다. 오른쪽 반신이 마비된 것입니다.

의사는 사람은 살렸지만 한 명의 음악가는 잃어버린 것이라고 말했습니다. 이번 발작이 뇌 속에까지 영향을 미쳤을 것이라고 했습니다. 기적이 일어나지 않는다면 예전에 힘이 생명이었던 그의 몸 오른쪽은 마비되어 어쩌면 영원히 쓰지 못하게 될지도 모른다고 했습니다. 걸을 수도 쓸 수도 없고, 말을 할 수도 없고, 입술 또한 무섭게 일그러져 있을 것이라고 말했습니다.

의사는 그를 아헨의 온천지로 보내라고 권했습니다. 어쩌면 온천욕이 환자를 조금은 회복하게 할지도 모른다는 것이었습니다. 그러면서 세 시간 이상 온천수 속에 들어가 있으면 심장이 못 견뎌 죽을지도 모르니 조심해야 한다고 경고했습니다.

결국 의사들의 충고를 받아들여 사내는 온천에 갔습니다. 그는 삶의 강렬한 열망을 가지고 치유를 위해 죽음과 맞섰습니다. 매일 아홉 시간씩 온천수 속에 들어가 있었습니다. 의사들은 기겁을 했지만 그의 체력은 점점 강해져 다시 걷고, 팔도 움직일 수 있게 되었습니다. 의지력과 자신감의 승리였습니다.

결국 어느 정도 몸을 완전히 자유롭게 움직일 수 있게 되었습니다. 다시 그 거구의 중늙은이는 전보다 더 힘에 넘쳐서 일을 향한 폭발적인 열정과 더욱 강해진 열광으로 작업에 덤벼들었습니다. 그러나 시대상황은 그에게 호의를 보이지 않았습니다. 여왕의 죽음으로 연주회는 중단되고, 영국과 스페인의 전쟁이 시작되자 그가 운영하던 극장에는 손님이 없었습니다. 빚은 눈덩이처럼 불어만 갔습니다. 그의 처지는 점점 더 비참해지고 악화될 뿐이었습니다. 그는 필사적으로 싸웠으나 용기가 점차 사그라들었습니다.

이제 더 늙어 버린 이 사내는 자기 자신에 넌더리가 나고, 절망한 사람이 그렇듯이 자신의 힘도 믿지 못하고 하나님도 믿지 못하는 사람이 되어서, 몇 달 동안 저녁마다 런던 거리를 헤매고 다녔습니다.

	어느 날 그는 집으로 돌아와 책상에 있는 초에 불을 켰습니다. 자기도 모르는 새 우수에 가득 찬 한숨이 입술 사이로 새어나왔습니다. 산책에서 어떤 곡의 주제가 될 만한 악상을 얻고 돌아왔습니다. 그날따라 책상은 비어 있었습니다. 오선지 공책도 없었습니다. 아니, 비어 있는 것은 아니었습니다. 저기 저 밝은 구석에 무언가 종이 같은 하얀 것이 빛나고 있었습니다.

	그는 그것을 움켜쥐었습니다. 소포 꾸러미였습니다. 그 안에 무언가 서류 같은 것이 있었습니다. 성급하게 그는 봉인을 열었습니다. 맨 위에 편지가 있었습니다. 자기에게 "사울"과 "이집트의 이스라엘" 가사를 주었던 시인 제넨스의 편지였습니다. 편지는, "새로운 시를 보냅니다. 위대한 음악의 성령께서 나의 보잘것없는 글을 불쌍히 여기사 음악의 날개에 태워서 불멸의 에테르로 데려가 주십사 합니다"라는 사연이었습니다.

	그는 무언가 불쾌한 물체에 닿은 듯이 펄쩍 일어났습니다. 그는 속으로 말하기를 '이놈의 제넨스가 음악의 영혼이 마비되어 버린 나를 놀리려는 건가?' 하며 단번에 편지를 구겨서 방바닥에 내동댕이치고 발로 꽉꽉 밟아 버렸습니다.

	"빌어먹을 자식! 악당 같으니!" 하고 으르렁거렸습니다. 그가 사내의 상처 가장 깊은 곳으로 들어와서 쓸개즙이 터질 정도로 그 상처를 헤집어 놓은 것이었습니다. 그의 영혼 가장 쓰라린 저 깊은 곳까지.

너무나 속이 상해서 그는 불을 끄고 터벅거리며 침실로 들어가자마자 털썩 누웠습니다. 갑자기 눈물이 쏟아져 나왔습니다. 자신의 무력감에 화가 치밀어 전신이 떨릴 정도였습니다.

"너무하는구나! 모든 것을 빼앗긴 자에게 끝없이 조소를 퍼붓고, 고통받는 자를 더욱 괴롭히는 이 세상이여, 저주받을지어다! 마음은 이미 얼어붙고 힘은 다 빠져 버렸는데 어쩌자고 나를 부르는가. 영혼은 마비돼 버린 지 오래고, 감각조차 빛을 잃었다. 그런데 어떻게 나더러 작업을 부탁할 수 있단 말인가?"

그렇게 중얼거리며 '이제 잠이나 자자. 짐승처럼 무감각하게 잊어버리자. 더 이상 존재하지 말자!' 혼란과 패배감에 젖은 남자는 무겁게 자기 침대에 누워 있었습니다. 그러나 잠을 이룰 수가 없었습니다. 어떤 불안감이 그의 내면을 뒤흔들었습니다. 폭풍에 바닷물이 뒤집히는 것처럼 분노로 뒤집힌 이상하고 사나운 불안이었습니다. 왼쪽에서 오른쪽으로 돌아누웠다가, 오른쪽에서 왼쪽으로 돌아누웠다가 하면서 몸을 뒤척이는 사이 잠은 점점 더 달아나 버렸습니다.

"어쨌든 일어나서 텍스트를 한번 읽어보는 것이 낫지 않을까? 아니, 싫다. 나처럼 모든 것이 말라 버리고 감각이 죽어 버린 자에게 말이 대체 무슨 소용인가! 아니 나에게 위안은 없다. 신이 나락으로 떨어뜨려 버린 인간, 삶의 모든 신성한 흐름에서 떨어져 나온 나 같은 인간에게 위안은 있을 수 없다!"

그러나 그런 자포자기하는 마음 가운데서도 에너지는 점점 강하게 솟구쳤고, 호기심이 신비롭게 일어나면서 그를 몰아붙였습니다. 그는 거기에 대항할 수가 없었습니다. 다시 일어나 작업실로 돌아갔습니다. 흥분으로 인해 떨리는 손으로 다시 불을 켰습니다.

"이미 기적이 한 번 일어나서 신체의 반신 마비로부터 지옥에서 너를 이끌어 올리지 않았던가? 어쩌면 하나님은 영혼의 치유력과 위로를 알고 있었던 것 같다. 다시 한 번 나에게 힘을 주실지 모른다. 그 옛날 삼손에게 새 능력을 주셨던 자비로운 주님께서 나에게도 새로운 능력을 주실지 모른다."

그는 글씨가 쓰여진 종잇장 위로 촛불을 가까이 가져갔습니다. "메시아"라고 첫 장에 씌어 있었습니다. 그는 "아, 또 오라토리오 구나! 지난번 것들은 실패였다"라고 소리치며 불안한 태도로 표제의 장을 넘기고 읽기 시작했습니다.

그는 첫미디를 읽고 소스리치 듯 놀랐습니다. 'Comfort ye Comfort ye my people' 하고 텍스트는 시작되고 있었습니다. 그 뜻은 '위로받으라!' 입니다. 이 말은 마법과도 같았습니다. 아니, 말이 아니었습니다. 그것은 신이 주는 대답이었습니다. 구름으로 뒤덮인 하늘에서 자신의 의기소침한 마음속에 던진 천사의 부름이었기 때문입니다.

'Comfort ye', 이것은 어떤 울림을 가진 말이었습니다. 겁 많은 영혼의 내면을 얼마나 뒤흔들어 놓았는지 모릅니다. 창작하는, 아니 창조하는 이 한마디 말은, 그것을 읽고 있는 이 거구의 중늙은이의 마음속 깊이 느껴지기가 무섭게 벌써 음악으로 들려오는 것 같았습니다. 그것은 떨림과 외침과 도취감으로 부르는 노랫소리였습니다. '오 행복이여, 문은 열렸도다.' 그는 분명히 느꼈습니다. 다시 말을 음악으로 듣게 된 것입니다! 원고를 한 장 한 장 넘길 때마다 손이 떨려 왔습니다. 그렇습니다. 그는 부름을 받고 있었습니다. '이리 오라.' 한마디 한마디 말이 저항할 수 없는 힘으로 그의 내면으로 파고들었습니다.

"주께서 그렇게 말씀하신다! 이것은 나에게 주는 말이 아니었던가. 나를 땅바닥에 내동댕이쳤던 바로 그 손이 이제 다시 행복하게 나를 지상에서 하늘로 들어올리는 것이 아니겠는가? '그분이 나를 정화하시리.' 그렇다, 바로 그런 일이 나에게 일어난 것이다. 단번에 어두운 기분이 마음에서 깔끔히 걷혔도다. 마음이 밝아지기 시작하면서 수정 같은 순수함의 광채가 음악으로 울려나오기 시작하도다. 오직 나의 곤궁을 아시는 그분이 아니라면 누가 대체 저 갑스올에 사는 보잘것없는 시인 제넨스에게 이토록 외경스러운 말의 힘을 줄 수 있겠는가? '그들이 주께 제물을 바치도록.' 그렇다, 이것을 외치도록 하자, 울리는 나팔소리의 위력과 우렁찬 코러스와 더불어 외치도록 하자. 한 번 더 창조의 첫날처럼 오르간의 굉음과 더불어서, 하나님 말씀이, 성스러운 로고스가 아직도 어둠 속을 헤매는 모든 인간을 일깨우도록 하자."

거구의 사내는 잠들려고 했던 것도 잊어버리고 "그는 멸시를 당했다(He was despised)" 하는 구절을 읽으면서 무거운 기억이 어둡고 억누르는 듯한 음조로 변해서 자기 앞에 다시 나타나는 것을 느꼈습니다. 사람들은 벌써 그를 굴복시켰다고 생각했습니다.

"그들은 산 채로 그를 매장시켰으며 조소의 말을 하며 그를 쫓아버렸다 - '그들은 그를 보자 비웃었다(And they that see him, laugh).' '그때에 고통을 참는 자에게 위안을 주는 사람 없었네.' 아무도 자기를 도와주지 않았다. 무기력증에 빠졌을 때 위안을 주는 사람은 아무도 없었다. 그러나 기적의 힘. '그는 하나님을 믿었다(He trusted in God).' 그리고 이제 보라. '하나님께서는 그의 영혼을 무덤에 버려두지 않으셨다(But thou didst not leave his soul in Hell).' 그렇다. 하나님께서는 절망의 무덤과 무기력의 지옥 속에 그의 영혼을 버려두지 않으셨다. 오히려 하나님께서는 다시 나를 불러 올리셨다. 인류에게 기쁨의 소식을 전하도록. '너희들아 머리를 들지어다(Lift up your heads).'"

기쁜 소식을 알리라는 위대한 명령이 그의 내부에서 음악이 되어 마구 솟구쳐 나왔습니다. 갑자기 그는 놀라서 몸을 떨었습니다. 거기에 제넨스의 손으로 씌어진 말이 있었기 때문이었습니다.

'주께서 말씀을 주셨다(The Lord gave the word).'

그는 숨이 멎는 듯했습니다. 여기 우연한 존재인 인간의 입술을 통해서 진리가 직접 말하고 있었습니다. 주께서 그에게 말씀을 주셨던 것입니다. 말씀은 위로부터 그에게 온 것입니다. 그분에게서 말씀이 왔으며, 그분에게서 음악이 왔으며, 그분에게서 은총이 온 것이었습니다! 그분께 영광을 돌려야 했습니다. 기쁨이 넘쳐 그분께로 올라가야 했습니다.

"이제 나는, 그분을 찬양하는 것이 창작하는 기쁨과 의무가 되어야 한다. 오, 그 말씀을 잡아 들어 올려서 음악에 태우고, 그 말씀을 온 세상만큼 넓히고 그 말씀이 존재의 모든 환희를 감싸도록, 그 말씀이 하나님 자신처럼 위대해지도록, 오, 죽어서 스러져 버릴 말씀을 아름다움과 무한한 열정을 통해서 다시 영원으로 바꾸는 일! 보라, 거기 쓰여 있었네. 말씀이 울리고 있었네. 무한히 되풀이되고 변화하면서 '할렐루야! 할렐루야! 할렐루야!' 그렇다. 이 지상의 모든 음성을 이 구절 안에 합치자. 밝은 음과 어두운 음, 남자의 지속적인 음성과 여자의 유연한 음성을 가득 채워서 상승시키고 변화시키자. 그것들을 율동적인 코러스 안에서 조이기도 하고 풀기도 하자. 음으로 만들어진 야곱의 사다리처럼 목소리들이 오르내리도록 하자. 바이올린의 달콤한 현으로 약하게 했다가 팡파르가 터져 나오면서 울려 퍼지게 하자. 또 천둥 치는 듯한 오르간 소리 속에서 울려 나오게 하자. 할렐루야! 할렐루야! 할렐루야! 이 말씀. 이 감사의 말씀으로부터 환희를 만들어내자. 이 지상을 울리고 천지의 창조주께로 올라가도록!"

다음 날 아침 하인이 조심스럽게 방으로 들어왔을 때도 거구의 그 사내는 변함없이 책상에 앉아서 쓰고 있었습니다. 조수인 슈미트가 혹시 베끼는 일을 도울 수 없을까 해서 수줍게 물어보았을 때에도 아무런 대꾸가 없었습니다. 단지 매우 퉁명스럽고 위협적으로 으르렁거렸을 뿐이었습니다.

아무도 감히 그에게 다가갈 수가 없었습니다. 그는 3주 동안 방을 한시도 떠나지 않았습니다. 그리고 하인이 먹을 것을 가져가면 왼손으론 서둘러서 빵을 몇 조각 집어먹으면서도 오른손으로는 계속해서 음표들을 그려 나갔습니다.

그는 멈출 수가 없었습니다. 마치 거대한 도취 상태가 그를 사로잡은 듯했습니다. 때때로 그가 자리에서 일어나 방을 이리저리 돌아다니며 큰소리로 노래하고 박자를 맞출 때 보면 그의 눈은 정말 이상했습니다. 또 누군가가 그에게 말을 걸면 깜짝 놀라 허둥

거리며 횡설수설했습니다.

하인으로서는 그때가 가장 힘든 나날의 연속이었습니다. 그동안 채권자들이 차용증서를 들고 찾아오는가 하면, 가수들이 축제일의 칸타타를 얻으려고 찾아왔으며, 왕궁에서도 그를 초대하려고 심부름꾼들이 찾아왔습니다. 하인은 이 모든 사람을 거절해서 쫓아 보내야만 했습니다. 일에 미친 주인에게 단 한마디 말도 건넬 수가 없었기 때문입니다. 그랬다가는 화를 버럭 내며 사자처럼 소리를 질러댈 것이기 때문이었습니다.

사내는 솟구쳐 나오는 물살의 흐름에만 이끌려갔습니다. 자기 자신 속에 갇힌 그는 스스로 만들어낸 감옥 안을 쾅쾅 발을 굴러가며 박자에 맞춰 걸어 다니면서 노래도 불렀다가 하프시코드도 쳐봤다가 다시 자리에 앉아서 손가락이 부르트도록 악보를 쓰고 또 쓰곤 하는 것이었습니다. 그와 같은 창작의 폭풍이 그를 덮친 적은 일생 동안 한 번도 없었습니다. 그렇게 산 적도, 그렇게 음악 속으로 빨려 들어가 고통받은 적도 없었습니다.

마침내 3주 후

오늘날에도 여전히 이해할 수 없는 일이며, 어쩌면 영원히 이해할 수 없는 일이지만 정확히는 9월 14일 그의 작업은 완성되었습니다. 언어가 음악으로 바뀌었던 것입니다. 메마르고 무미건조했던 언어가 싱싱한 꽃으로 활짝 피어나서 노래가 되었던 것입니다. 그 언젠가 마비된 육체에 부활의 기적이 일어났던 것처럼 타오르는 영혼에 의지력의 기적이 일어난 것이었습니다. 모든 것은 이미 형상화되어 멜로디와 열광 안에 펼쳐졌습니다. 오직 한마디 말만 아직 덜 되었습니다.

　작품의 마지막 말 "아멘"이 끝나지 않았던 것입니다. 하지만 이 짤막하고 빠른 두 개의 음절인 '아멘'이 하늘로 올라가는 음의 계단을 만들도록 그의 손을 붙잡았습니다. 한쪽 음성들에게는 말을 주고, 다른 한편으로는 번갈아가며 코러스를 이루도록 했습니다. 그는 이 두 음절을 늘렸습니다. 그것을 거듭해서 서로 분리시켰다가 새로이 더욱 열광적으로 하나로 합쳤습니다. 신의 숨결처럼 그의 내면의 열정은 위대한 기도의 이 마지막 울림말 속으로 들어갔습니다. 그 말은 이 세상처럼 넓어지고 풍부해졌습니다. 이 마지막 말 한마디가 그를 놓아주지 않았기 때문입니다.

　그 역시도 그 말을 놓지 않았습니다. 그는 이 '아멘' 부분을 위대한 푸가 형식으로 만들어냈습니다. 밝게 울리는 첫 울림 '아-' 하는 소리가 대성당을 가득 울리며 시작된 것입니다. 그 소리는 정점에 이르러 하늘에까지 이르도록 점점 높이 올라갔다가 마침내 떨어지고 다시 올라가게 만들었습니다. 마지막에는 오르간의 굉음에 휩싸여서 합창 목소리와 함께 한 번 더 높이 올라가서 모든 공간을 가득 채웠다가, 마침내 이 감사의 대찬가를 천사들도 함께 노래하는 듯, 이 영원한 '아멘! 아멘! 아멘!' 하는 노랫소리에 대들보가 무너져 내릴 정도까지 상승되게 한 것입니다.

　"들어보라, 나는 신비스런 이야기를 하겠네(Behold, I tell you a mystery)", 이것은 "메시아"의 일절이었는데 마치 농담처럼 시작되었습니다. 그러나 그의 손가락이 잔잔한 음악의 기류에 닿자마자 음악은 그를 이끌어 갔습니다. 연주에 몰입한 사내는 다른 사람들은 물론이거니와 자기 자신조차 잊었습니다. 그 흐름은 그를 계속해서 이끌어 갔습니다. 갑자기 그는 다시 작업의 한가운데로 되돌아가서 꿈속을 걷듯 만들어냈던 마지막 코러스를 노래하면서 연주했습니다. 지금 그는 그 코러스를 처음으로 명료한 의식 속에서 들었습니다.

"오 죽음이여, 그대의 가시는 어디 있느냐(Oh death where is thy sting)."

그는 삶의 불길이 자신을 꿰뚫고 있음을 느꼈습니다. 목소리는 더욱더 강해졌습니다. 그는 환호하고 경탄하는 코러스까지 연주한 후 마지막의 '아멘, 아멘, 아멘'도 불렀습니다. 방 안은 음악으로 가득 채워졌습니다. 그는 자신의 힘을 아주 육중하고 웅장하게 음악에 쏟아 부었던 것입니다. 소식을 듣고 달려온 제넨스는 마비된 듯이 서 있었습니다. 마침내 몸을 일으키자 당황한 제넨스는 경탄하면서 겨우 이런 말을 했을 뿐이었습니다.

"맙소사, 이런 음악은 한 번도 들어 보지 못했습니다. 당신 몸 속에 악마가 있지는 않을 테니 성령이 당신에게 임했나 보군요."

"하나님께서 나와 함께 계셨다는 것이 진심으로 믿어집니다. 그분을 찬양합니다."

지금까지 이야기한 이 사람이 누군지 아십니까? 쉰두 살에 중풍에 걸려 모든 소망을 빼앗겼으나 불굴의 의지로 일어선 다음해인 쉰세 살에 불후의 명작인 오라토리오 "메시아"를 작곡한 헨델입니다.

몇 달이 지난 뒤에 잘 차려입은 두 명의 신사가 아베이 거리에 있는 셋집 문을 두드렸습니다. 런던에서 온 음악가 헨델이 더블린에 머무는 동안 묵고 있는 집이었습니다. 그들은 헨델이 몇 달 동안 이곳에서 한 번도 들어본 적이 없는 위대한 작품들을 연주해서 아일랜드의 수도 더블린 시를 기쁨으로 채워 주십사 간청했습니다. 헨델이 새로운 오라토리오인 "메시아"를 이곳에서 초연하고 싶어 한다는 말을 들었다고, 런던에 앞서 바로 이 도시에서 최신작 공연을 허락한 것은 커다란 명예라고 했습니다. 그리고 저 비범한 협주곡을 생각해 보면, 큰 수익도 기대해 볼 수 있다고 말했습니다. 그러면서 관대하기로 널리 알려진 그가 작품 초연의 수익금을 자신들이 대표로 있는 자선단체에 기부해 주실 수 있는지 물었습니다.

헨델은 인자하게 그들을 바라보았습니다. 그는 더블린 시를 사랑했습니다. 이 도시가 그에게 사랑을 주었기 때문이었습니다. 더구나 그의 마음은 열려 있었습니다. 그는 기꺼이 동의한다고 하면서 웃음을 지었습니다. 헨델은 단체의 성격에 대해서 물었습니다.

"여러 감옥에 있는 죄수들을 후원하는 단체입니다" 하고 선량해 보이는 백발의 신사가 말했습니다. "그리고 메르시에 병원에 있는 환자들을 위한 단체입니다." 또 한 사람이 덧붙였습니다. 그들은 이 헌금은 초연의 수익금에만 한정되는 것이고, 다른 수익금은 당연히 작곡가의 몫이라고 말했습니다.

그러나 헨델은 거부했습니다. "안 됩니다."

그는 나직하게 말했습니다.

"이 작품에서 나오는 돈은 한 푼도 받지 않겠습니다. 절대로 돈을 받지 않겠어요. 나도 다른 분께 빚을 지고 있습니다. 그러니까 이 수익금은 환자와 죄수들에게 돌아가는 것이 마땅합니다. 나 자신도 한때 환자였습니다. 지금은 다시 건강해졌지만요. 또한 나는 죄수이기도 했습니다. 그런데 이 음악이 나를 해방시켜 주었습니다."

1741년 8월 21일의 이야기입니다. 약간 어리둥절해진 두 남자는 서로를 바라보았습니다. 그들은 잘 이해가 되지 않았습니다. 그러나 그들은 머리를 깊이 숙여 감사의 뜻을 표하며 떠났습니다. 그리고 그 기쁜 소식을 더블린 곳곳에 알렸습니다.

마침내 1742년 4월 7일, 마지막 연습이 시작되었습니다. 돈을 절약하기 위해서 피셈블 거리에 있는 뮤직홀에서 조명도 약하게 한 상태에서 초연되었습니다. 사람들은 런던에서 온 헨델의 새 작품을 듣기 위해서 이쪽에 두어 명, 저쪽에 몇 명 하는 식으로 흩어져 앉아 있었는데, 넓은 홀은 차갑고 어두컴컴하기만 했습니다.

그러나 코러스가 웅얼거리는 폭포처럼 나직하게 노래를 부르기 시작하자 이상한 일이 벌어졌습니다. 여기저기 흩어져 있던 사람들이 모르는 사이에 한 군데로 모여들어 한 무리의 청중을 이루며 놀라운 표정으로 음악을 들었습니다. 지금까지 한 번도 들어본 적이 없는 이 음악의 힘이 개개인에게는 너무나 크게 느껴져서 마치 음악이 자신들을 쓸어갈 것 같았습니다. 그들은 점점 더 가까이 모여들었습니다. 즐거운 전율이 그들 모두를 마치 한 몸처럼 관통했습니다. 드디어 최초로 '할렐루야' 하는 음이 우렁차게 울리자 모든 사람이 동시에 자리에서 일어섰습니다. 그들은 그 힘에 휩쓸려 그 자리에 앉아 있을 수 없었기 때문입니다.

그들은 신께 한 치라도 더 가까이 가서 자신들의 경외심을 바치기 위해서 그 자리를 떠났습니다. 이곳저곳 지상의 음악과는 격이 다른 천상의 음악이 만들어졌노라고 전하면서 돌아다녔습니다. 도시 전체는 긴장과 기쁨에 넘쳐서 이 대작을 경청하려고 흥분했습니다.

히브리서 13장 15절은 이렇게 말씀합니다.
"이러므로 우리가 예수로 말미암아 항상 찬미의 제사를 하나님께 드리자 이는 그 이름을 증거하는 입술의 열매니라."
여러분에게도 주의 성령이 임하여 주 예수님으로 말미암는 구원의 감격을 찬미하는 성도가 되기를 바랍니다. 할렐루야.

15. 너는 내 아들이다

히브리서 1장 5~6절

하나님께서 어느 때에 천사 중 누구에게 네가 내 아들이라 오늘날 내가 너를 낳았다 하셨으며
또다시 나는 그에게 아버지가 되고 그는 내게 아들이 되리라 하셨느뇨
또 맏아들을 이끌어 세상에 다시 들어오게 하실 때에 하나님의 모든 천사가 그에게 경배할지어다 말씀하시며

사위가 오던 날

한 어머니가 닭 세 마리를 키우고 있었습니다.

"오늘 우리 사위가 온다던데 저 중에서 한 놈을 잡아야 하는데 어느 닭을 잡을까? 어/느/것/을/ 고/를/까/요!" 하지만 아까운 생각이 자꾸 들었습니다.

"그래 이왕 죽이는 거 될 수 있으면 떨떨한 놈을 잡자!"

"자! 모두 모여 봐라! 내가 지금부터 문제를 내겠다. 못 푸는

놈은 각오해라."

닭 세 마리가 옆으로 나란히 서서 주인의 눈치만 살피는데,

"먼저 너! (깜짝 놀란 닭. 두근두근) 1+1은 뭐지?"

"2인데요."

"호오, 좋았어 넌 통과! 다음은 너!(철렁 떨어진 가슴 진정) 2+2는 뭐지?"

"4입니다, 주인님."

"흐음, 두 마리 다 맞혀 버렸네. 한 마리는 꼭 잡아야 하는데. 좋아 다음은 너!(내 목숨이 걸린 문제이구나. 두근두근) 3265423×9674는? (설마 요건 못 맞추겠지)"

한참을 골똘히 생각하다 말고 그 닭이 날갯짓을 하며 주인에게 덤비며 말했습니다.

"그래. 인간아! 물 끓여라!"

옛날부터 장모 사랑은 사위라고 했습니다. 하지만 장모가 정말 사위를 사랑해서 씨암탉을 잡아 주었을까요? 아닐 것입니다. 사실은 딸을 사랑하지만 우회적으로 사위를 사랑하는 척하는 것입니다. 부모의 자식 사랑은 이렇게 끝이 없는 법입니다.

하나님의 사랑은 작은 씨앗과 같아 하나님의 사랑이 사람에게 심겨지면 하나님의 영광이 그 사람의 삶에서 나타납니다. 예수님의 수제자가 된 베드로는, 갈릴리 호숫가에서 고기를 잡고 있을 때는 어느 누구도 훗날 권능의 대사도가 될 것이라고 상상하지 못하였습니다. 그러나 예수님을 만나 그분의 사랑을 깨닫고 나자 하루에 3천 명을 회개시키고 죽은 자를 살리는 등 그 누구도 예상할 수 없었던 복된 삶을 살았습니다.

요한복음 21장 16~17절에 보면 배신을 하고 떠나간 베드로를 다시 부르신 주님께서 세 번 그에게 물으셨습니다.

"또 두 번째 가라사대 요한의 아들 시몬아 네가 나를 사랑하느냐 하시니 가로되 주여 그러하외다 내가 주를 사랑하는 줄 주께서 아시나이다 가라사대 내 양을 치라 하시고 세 번째 가라사대 요한의 아들 시몬아 네가 나를 사랑하느냐 하시니 주께서 세 번째 네가 나를 사랑하느냐 하시므로 베드로가 근심하여 가로되 주여 모든 것을 아시오매 내가 주를 사랑하는 줄을 주께서 아시나이다 예수께서 가라사대 내 양을 먹이라."

예수님이 베드로의 마음에 심은 씨앗은 사랑의 씨앗이었습니다. 하나님은 여러분이 그분을 배신했다 하더라도 결코 행한 대로 갚거나 보응하지 않으시는 정말 좋으신 아버지십니다.

하나님은 사랑이시다

이런 이야기가 전해 옵니다. 프랑스의 한 백만장자가 사랑하는 아내와 외아들과 함께 행복하게 살고 있었습니다. 그런데 어느 날 그 행복이 깨졌습니다. 아내가 병으로 죽게 되자 부자도 시름시름 앓더니 죽고 만 것입니다. 갑작스런 죽음이라 유언도 할 여유가 없었습니다.

당시 프랑스 법에 의하면 유언 없이 죽으면 모든 재산은 국고에 들어가게 되어 있었습니다. 열 살도 채 안 된 아들은 고아가 되었고, 거지가 되었습니다. 경찰에서는 재산을 모두 공매하기 시작하였습니다. 비싸고 좋은 것들은 빠른 시간에 팔려 나갔습니다.

그러나 엄청난 부동산은 팔리지 않았고, 경매가 시작된 지 10일이 지나도록 팔리지 않는 것이 하나 있었습니다.

그것은 어린 아들의 갓난아이 때 찍은 사진을 넣은 초라한 액자였습니다. 그 사진 액자를 사겠다는 사람이 나타났습니다. 그 집에서 오랫동안 집안일을 맡아 오던 집사 브라운이었습니다. 그는 불쌍한 아이를 양자로 데려다가 기를 생각을 하였고, 그렇게 하려면 아이에게 기념이 될 만한 사진이 필요하였기에 구입한 것이었습니다.

액자를 사가지고 집으로 돌아와서 유리를 닦으려고 사진을 꺼낸 순간 그는 너무나 놀랐습니다. 거기에 바로 그 부자가 남긴 유서가 들어 있었기 때문입니다. 거기에는 이렇게 쓰여 있었습니다.

"이 사진은 내 사랑하는 아들의 것이나 이것을 사 가는 사람에게 나의 전 재산을 상속하겠다. 그 이유는 첫째, 어린 나의 아들은 아직 이 많은 재산을 관리할 능력이 없기 때문이며, 둘째, 내 사랑하는 아들의 사진을 사 가는 사람이라면 틀림없이 내 아들을 사랑하는 사람이고, 사랑하는 아들을 훌륭한 청년으로 길러 줄 것이기 때문이다."

오늘 히브리서 1장 5절의 말씀은 그런 뜻입니다. 하나님에게는 참 아들이 한 분밖에 없으십니다. 그분은 순종하고 죽기까지 하나님 말씀에 복종하는 참 착한 아들입니다. 그래서 하나님은 오래 전 그 아들이신 예수님과 약속하신 것이 있습니다.

"아들아, 나의 사랑하는 예수야! 내가 너에게 약속하겠다. 너를 사랑하고 너를 받아들이는 사람은 누구라도 어떤 잘못을 저지른 죄인이라도 내가 다 용서하며 너에게 주었던 모든 축복을 주겠다."

이것을 신학적으로는 천상의 언약이라고 합니다. 하나님 아버지와 아들 되신 예수님 사이에 세우신 천국에서의 언약이라는 말씀입니다. 이 증거로 요한복음 5장 21~23절에서 주님이 이렇게 말씀하고 계십니다.

"아버지께서 죽은 자들을 일으켜 살리심같이 아들도 자기의 원하는 자들을 살리느니라 아버지께서 아무도 심판하지 아니하시고 심판을 다 아들에게 맡기셨으니 이는 모든 사람으로 아버지를 공경하는 것같이 아들을 공경하게 하려 하심이라 아들을 공경치 아니하는 자는 그를 보내신 아버지를 공경치 아니하느니라."

두 번째로 기억할 사실은 예수님이 첫 아들, 즉 맏아들이 되셨듯이 예수님을 믿고 마음에 영접하여 그 아들에게 순종하는 자는 모두 하나님의 아들이 되게 하시겠다는 약속입니다. 오늘 본문 6절에서 예수님은 맏아들로 나타납니다.

"또 맏아들을 이끌어 세상에 다시 들어오게 하실 때에 하나님의 모든 천사가 저에게 경배할지어다 말씀하시며."

우리는 놀라운 하나님의 음성을 듣게 됩니다.

"내가 언제 천사보고 너는 내 아들이라고 했느냐? 중국의 황제를 보고 내 아들이라고 했느냐? 세상의 어떤 존재를 보고 내 아들이라, 내가 너를 낳았다고 했느냐? 아니다." 그러면서 말씀하십니다.

"너는 내 아들이다. 내가 너를 낳았다."

놀라운 말씀이 아닐 수 없습니다.

하나님이 나를 보고 "내가 네 아버지이다. 내가 너를 낳았다"라고 하시는 것입니다.

본래 하나님의 아들은 단지 예수 한 사람뿐이었습니다. 그리고 그분만이 하나님의 사랑하는 존재였습니다. 그분이 세상에 탄생하실 때, 그리고 세례를 받으실 때 하늘의 모든 존재들은 노래하고, 하나님은 외치셨던 것입니다.

"저는 내 사랑하는 아들이다. 저의 말을 들을지어다."

정말 살아 계신 동안 온 하늘과 땅은 그분의 명령을 들었습니다. 파도는 잠잠하고 귀신들은 물러났습니다. 그는 진정 하나님의 아들이셨습니다.

그런데 이제 이 일이 내게 임하는 것입니다. 어떻게 그것이 가능할까요? 성경은 증거합니다. 예수님을 믿어 죄 사함 받고 그 아들의 영을 받았기 때문이라고 말입니다.

로마서 8장 2절에 있는 대로 성령은 예수님 안에만 계셨습니다. 그런데 예수님을 영접하니까 영접한 것은 예수님이었는데 내 속에 성령님도 같이 들어오셨습니다. 성령이 우리 속에 계시면 우리는 하나님을 아바 아버지라 부르게 되는 놀라운 기적이 일어납니다.

이것이 하나님의 구원의 법입니다. 사랑의 법입니다.

다시 정리해 보겠습니다. 하나님은 예수님에게 하늘과 땅의 모든 권세를 주셨습니다. 그러나 이제 그를 영접한 모든 사람에게도 그 엄청난 축복이 주어진 것입니다. 놀랍지 않습니까?

하지만 오늘날 이 일이 우리에게 일어나고 있는가 하고 물으면 난감해질 때가 있습니다. 하나님의 아들들이 과연 맏아들이신 예수 그리스도처럼 살고 있는가 물으면 그렇지 못하다고 말할 수밖에 없습니다.

크리스천들은 매일 만나고 헤어지면서 "할렐루야! 승리합시다"라고 하지만 그 말대로 되고 있습니까? 아닙니다. 그러면 왜 그럴까요? 그 이유는 간단합니다. 주어진 힘과 혜택이 어떤 것인지 거의 모르고 있기 때문입니다. 이것이 비참한 일입니다.

권리를 알면 이긴다

한국 학생이 미국에 공부하러 가서 제일 먼저 알아야 할 것은 학생의 권리입니다. 미국 학교에서는 학생들에게 많은 혜택을 준비해 놓고 있습니다. 장학금부터 시작하여 일자리가 그렇습니다. 어려울 때 돌보아 주는 사람도 많습니다. 지도교수가 있고, 학생지도 담당이 있습니다. 외국 학생들에게는 전담 직원이 있습니다. 그러므로 학생의 권리를 가지고 교수들을 자꾸 찾아가서 상담하고 방법을 물어보아야 합니다. 그러지 않고 가만히 있으면 아무 도움도 혜택도 없습니다.

장학금도 한국에서는 공부를 최고로 잘해야 주지만 미국에서는 아무리 잘해도 신청하지 않으면 주지 않습니다. 또 공부 못해도 잘 알아보면 장학금 받을 길이 있습니다. 적어도 공부를 계속할 수 있는 길은 있습니다. 자꾸 찾아가고, 알아보고, 부탁하고 하면서 혜택도 도움도 받는 것입니다. 그렇게 적극적으로 대처하는 것을 배우게 됩니다. 인생 공부를 하는 것입니다.

그런데 대부분의 유학생들은 이 비결을 거의 유학 생활이 끝나서야 깨닫곤 합니다. 그러니 그동안 얼마나 손해를 보았을까요! 그래도 그 비결을 배워서 한국 사회에 왔으니 감사하다고 말하는 사람을 많이 보았습니다. 가만히 있으면서 불평해서는 안 됩니다. 계속 알아보고 추구하는 삶을 살아야 합니다. 그래서 유학 가는 학생들에게는 이 충고를 해주지만 쉽게 적응이 안 되는 모양입니다. 한국에서 부모가 다 해주니까 아무것도 안 하는 습관이 생겼기 때문입니다. 하지만 미국 사회는 다릅니다. 그 방법을 안다면 훨씬 잘 살 수 있습니다.

신자의 삶도 이와 같습니다. 신자에게 주어지는 기회와 혜택은 가히 상상할 수도 없을 정도입니다. 하지만 가만히 있으면서 하나님이 다 해주실 것으로 안다면 오산입니다. 하나님은 우리 주위에 놀라운 일들을 준비해 놓고 계십니다. 그러므로 몸을 움직여 찾아봐야 합니다. 신자의 삶은 그대로 모험이요, 새로운 시도입니다.

송탄에 있는 어느 목사님에게 들은 이야기입니다. 예배 시간이 끝날 때가 되면 미군 10여 명이 교회당에 몰려든다는 것입니다. 끝날 때가 되어서 축도밖에 할 게 없는데 꼭 그 시간이면 몰려들 온다는 것입니다. 그래서 축도를 하면 고개를 숙이고 축도를 받고 다 돌아간다는 것이다. 단지 그것뿐입니다. 예배는 영어로 하는 부대 교회에서 드립니다. 그러나 작은 부대라서 군목이 없기 때문에 축도를 받으러 부대 옆 교회로 오는 것입니다.

어느 날에는 일찍부터 몰려와서 초만원을 이루었다고 합니다. 왜 그랬을까요? 그날은 성찬식을 한다는 소식을 듣고 그렇게 몰려왔다는 것입니다. 하나님의 복을 받는 게 바로 자기들의 권리인 것을 아는 것입니다. 예배하는 아들의 권리요 왕자의 복입니다. 왕이신 하나님과 언제든지 어디서든지 독대할 수 있는 자격은 황태자에게만 주어진 것입니다. 성찬을 통해서 주의 피와 살에 참여

하는 것이 얼마나 큰 축복인지요! 하나님을 위해서 시간을 드리고 몸을 드리고 돈을 드리는 게 얼마나 큰 권리 이행인지 알아야 합니다.

하나님은 아버지이시며 교관이시다

장애아 재활원에서 일어난 일입니다. 어린이가 보조기구를 달고 걸어갑니다. 두 발도 떼지 못하고 바닥에 넘어져 뒹굽니다. 뒤에서 보던 엄마가 달려 나갑니다. 그러나 훈련원은 엄마를 제지합니다. 아이는 이를 악물고 일어납니다. 그리고 다시 비틀거리면서 걷기 시작합니다. 이번에는 더 심하게 엎어집니다. 엄마의 얼굴은 온통 눈물 투성이가 됩니다. 그러나 다시 일어나는 아이의 눈에는 의지가 보입니다.

이 장면이 우리에게 주는 의미는 무엇일까요? 하나님은 우리의 부모만 되시는 게 아닙니다. 동시에 우리의 훈련원이 되십니다. 이 아이는 여러 달의 노력 끝에 보통 아이들처럼 걷기 시작했습니다. 그 기간 동안 무섭도록 강한 훈련이 주어졌습니다. 아이도 자기의 목표를 알고는 죽을힘을 다해서 훈련에 임했습니다. 아이는 평생을 통해서 이 훈련을 거울삼아 성공적인 삶을 살았습니다.

오늘날 대부분의 신자들은 하나님이 무엇인가 해주시기를 바랍니다. 그래서 기도의 대부분이 "건강을 주십시오. 재물을 주십시오. 강하게 해주십시오. 교만하지 않게 해주십시오. 미워하지 않게 해주십시오" 하는 것입니다. 물론 이런 기도도 하나님은 들으십니다. 그리고 이렇게 대답하십니다.

"노, 아니다. 네가 스스로 해보아라. 내가 너를 낳았다. 너는 내 아들이다. 너는 나처럼 힘을 가졌다. 자, 이제 훈련하라."

여러분이 성숙하지 않으면 기도 응답은 오지 않습니다. 하나님이 마술을 부리는 분은 아니시기 때문입니다. 기도한다고 게으른 인간이 일확천금을 얻게 하지 않으십니다. 공부 안 하는 애가 별안간 일류 대학에 붙게 하지 않으십니다. 운동도 안 하고 술만 퍼먹으면서 건강 축복 달라는 기도가 나온다면 정말 하나님을 잘못 배운 것입니다.

하나님은 우리의 믿음에 지식을 더하고, 지식에 절제를 더하기를 원하십니다. 베드로후서 1장 6절 말씀에서처럼 "지식에 절제를, 절제에 인내를, 인내에 경건을" 이루기 원하십니다.

인격까지 신의 성품에 참여하도록 하라

왕자는 죽어라 공부하고 훈련을 받아야 합니다. 왕자가 게으르고 무능하고 비전이 없는 나라는 저주받은 것입니다. 마찬가지로 하나님이 낳은 사람들은 자기 속에 왕의 혈통과 능력이 흐르는 것을 알아야 합니다. 위대한 일을 꿈꾸어야 합니다. 모든 역경을 감사히 받으며, 그 어떤 평민보다도 열심히 일해야 합니다. 이런 왕자가 왕이 될 때 그 나라는 축복 받은 것입니다. 마찬가지로 신자들은 누구보다도 더 열심히 일해야 합니다. 그때 하나님이 도우십니다. 축복하십니다.

그러므로 왕자는 평민들에게 양보하고 많이 주어야 합니다. 그것이 훈련입니다. 샘물을 자꾸 퍼내야 샘이 맑아지고 물이 넘치는 것과 같은 이치입니다. 신자가 하나님께 바치고 가난한 사람에게 준다고 없어지는 게 아닙니다. 세상처럼 만 원 중 5천 원 쓰면 5천 원 남는 게 아닙니다. 오히려 더 많아지는 게 하늘나라의 법입니다.

이럴 때 하나님이 나와 함께하시며 돕고 계시다는 것을 깨닫게 됩니다. 요셉은 그것을 하나님의 형통이라고 고백했습니다.

그렇습니다. 그렇기 때문에 신자는 두 가지 사실을 믿습니다. 첫째는 자기 죄가 용서받았다는 사실이요, 둘째는 자기 속에 하나님이 들어와 계시다는 사실입니다. 이 두 가지 사실을 이루기 위해서 그리스도가 오신 것입니다. 하나님이 스스로 인간이 되셨던 것입니다.

"하나님은 나의 아버지시다. 그래서 나를 사랑하신다."

사람들은 각자 자신만의 생각이 있습니다. 이것을 잘 모르는 사람들이 오해하고 이런 말 저런 말을 하면 마음이 참 답답해집니다. 그런데 그 마음을 누가 알겠습니까? 하나님만이 아시는 것입니다. 그래서 기도는 마음에서 나오는 기도가 진실한 기도입니다. 그런 기도를 영혼으로 드리는 기도라고 합니다.

하나님은 여러분이 힘들어하고 괴로워하는 것을 아십니다. 다 아십니다. 다 아시지만 여러분에게 직접적인 도움을 주기보다는 스스로 일어나기를 기다리시는 것입니다. 근원적인 문제는 우리가 성숙해져야 해결되기 때문입니다. 대부분 신자들이 경험하는 문제는 아직 신앙과 인생의 연륜이 짧아서 오는 것입니다.

고린도전서 13장 11절에서 바울은 이렇게 말합니다.

"내가 어렸을 때에는 말하는 것이 어린아이와 같고 깨닫는 것이 어린아이와 같고 생각하는 것이 어린아이와 같다가 장성한 사람이 되어서는 어린아이의 일을 버렸노라."

이 사실만 확실하다면 우리는 아무것도 두려워할 것이 없습니다. 천지를 만드신 전능하신 하나님이 모든 사람을 다 사랑하고 돌보시는 그런 것이 아닙니다. 나만을 개인적으로 사랑하고 계시는 것입니다.

내가 한다는 생각을 버리라

어느 호숫가에 두 마리의 오리와 개구리가 정답게 살고 있었습니다. 어느 해에 가뭄이 극심하여 호수의 물이 다 말라 버렸습니다. 세 식구는 이사를 가지 않으면 안 되었습니다. 오리 두 마리는 날아가면 되지만 개구리는 갈 수가 없었습니다. 그래서 어떻게 하면 개구리도 같이 갈 수 있을지 궁리하였습니다. 드디어 아이디어가 떠올랐습니다. 나뭇가지를 꺾어 두 오리가 양 끝을 물고 날아갈 때 개구리는 그 나뭇가지를 물고 있는 것이었습니다. 멋지게 셋이서 하늘을 날았습니다.

참으로 시원하게 넓은 세상이 통쾌하게 보였습니다. 이때 땅 아래에서 이 모습을 바라보던 농부가 말을 붙였습니다.

"얘들아! 누가 이런 멋진 아이디어를 생각했니?"

개구리가 "내가"라고 대답했습니다. 개구리는 입을 연 순간 그만 떨어져 죽고 말았습니다.

'내가'라는 말은 율법적 언어입니다. '내가'라는 단어는 인생의 영광을 자랑하는 평민들의 단어입니다. 그래서 주님이 싫어하시는 말씀입니다. 언제나 '주님께서'라고 말해야 합니다. 기도할 때 끝에 예수님의 이름으로 기도하듯이 말을 할 때도 예수님의 이름으로 해야 합니다. 그렇게 할 때만이 기적이 있습니다. 이것이 복음입니다.

이제 하나님의 아들이 된 우리가 알아야 할 마지막 사실 하나는 여러분이 성숙해서 문제를 이기고 성공했다고 할지라도 내가 했다는 생각을 버려야 한다는 것입니다. 맏아들이신 예수님은 항상 하나님 아버지를 먼저 내세우셨습니다. 모든 영광을 아버지께 돌렸습니다. 우리가 건강하더라도, 우리가 성공했더라도, 부자가 되었더라도 하나님은 이렇게 말씀하십니다.

"이와 같이 너희도 명령 받은 것을 다 행한 후에 이르기를 우리는 무익한 종이라 우리의 하여야 할 일을 한 것뿐이라 할지니라"(눅 17:10).

이사야 43장 1절부터 하나님은 말씀하십니다. "내가 너를 책임진다. 너는 내 것이다. 내가 너를 사랑하니 두려워하지 말아라. 네가 물 가운데 지날지라도 물이 너를 침몰치 못하고, 불 가운데 지날지라도 불이 너를 사르지 못한다. 너는 내 것이다. 너는 나의 족속이다. 내가 너를 낳았다. 그렇게 살아라."

내 속에 하나님이 계심을 알아야 합니다. 그러므로 단호히 악한 일은 끊어야 합니다. 내가 했다는 말도 이제 버려야 합니다. 말을 버리고, 생각을 바꾸어야 합니다.

"내가 너를 낳았다!"

얼마나 다정한 하나님 우리 아버지의 음성입니까!

"내가 너를 낳았다!"

이 얼마나 든든한 내 아버지의 약속입니까!

그러므로 하나님을 위해, 왕을 위해 왕자로서 위대한 일을 계획해야 할 것입니다. 내 것을 희생하는 법을 배우십시오. 그것은 희생이 아니라 획득이기 때문입니다. 하늘의 장학금, 하나님의 특권과 선물을 획득하는 방법입니다.

16. 긍정의 힘을 믿습니다

마태복음 13장 1-9절

그 날에 예수께서 집에서 나가사 바닷가에 앉으시매
큰 무리가 그에게로 모여들거늘 예수께서 배에 올라가 앉으시고 온 무리는 해변에 섰더니
예수께서 비유로 여러 가지를 저희에게 말씀하여 가라사대 씨를 뿌리는 자가 뿌리러 나가서
뿌릴새 더러는 길가에 떨어지매 새들이 와서 먹어 버렸고
더러는 흙이 얇은 돌밭에 떨어지매 흙이 깊지 아니하므로 곧 싹이 나오나
해가 돋은 후에 타져서 뿌리가 없으므로 말랐고
더러는 가시떨기 위에 떨어지매 가시가 자라서 기운을 막았고
더러는 좋은 땅에 떨어지매 혹 백 배, 혹 육십 배, 혹 삼십 배의 결실을 하였느니라
귀 있는 자는 들으라 하시니라

여러분, 얼마 전 텔레비전에 한참 나오던 국정홍보처의 공익광고를 아십니까? 그 광고는 잔잔한 음악과 함께 낭랑한 목소리의 여자 아나운서가 이렇게 말하는 것으로 시작됩니다.

두 가지 의견이 있었습니다.

다시 시작하기엔 너무 늦었다는 것과
지금이 아니면 영원히 일어설 수 없다는…….
휠체어는 장애를 의미한다는 것과
휠체어는 단지 안경과 같은 것이라는…….
두 가지 의견이 있었습니다.
가난은 정해진 운명이라는 것과
그 속에서도 희망의 종은 울릴 수 있다는…….
지금 우리 경제에 대한 두 가지 의견이 있습니다.
긍정의 힘을 믿습니다.
대한민국.

저는 이 광고를 보면서 '아! 공익광고도 이렇게 잘 만들 수 있구나!' 하는 감동을 받았습니다. 첫 번째 광고가 나가자 인터넷의 네티즌들이 열광했습니다. 그래서 제2탄이 만들어졌습니다.

두 가지 의견이 있었습니다.
배는 물 위에서 **만들어야** 한다는 것과
반드시 그런 것만은 아니라는…….
우리 기술로는 불가능하다는 것과
우리 기술로도 해낼 수 있다는…….
두 가지 의견이 있었습니다.
바람이 너무 거세다는 것과
그 뒤에 정상이 기다리고 있다는…….
지금 우리 경제에 대한 두 가지 의견이 있습니다.

긍정의 힘을 믿습니다.
대한민국.

이 세상에는 네 종류의 사람이 있다고 합니다. 그러나 다른 사람은 중요하지 않습니다. 단 한 사람, 긍정의 힘을 믿고 깨달아 실천하는 사람만이 기억되기 때문입니다.

여기 긍정의 사람이라고 할 만한 사람을 소개합니다

인간이라 불리는 진귀한 존재가 지구상에 발을 붙인 이래 불과 300년 전까지만 하더라도 인간은 돛을 단 배의 빠르기를 속도의 기준으로 삼았습니다. 세계라 불리는 좁은 공간 안에서 이루어진 그 모든 놀라운 기술상의 발전도 속도의 영역에서만큼은 이렇다 할 발전을 보여 주지 못했습니다.

전신기에서 발생한 전기는 전류가 통하지 않는 도자기로 된 종 덕분에 지상에서 아무런 방해도 받지 않고 계속 앞으로 나아갑니다. 그러나 물속에서는 전류가 물에 흡수되어 버리기 때문에 그 시대만 해도 바닷속으로 관을 통과시키는 일은 불가능했습니다. 더군다나 물속에서 구리와 쇠로 된 철사줄을 완전히 절연하는 적당한 물질도 아직 발견되지 않은 상태였습니다.

대서양이나 태평양은 둘 다 중간 지점도 없이 엄청난 거리로 벌어져 있으니 어떻게 그 대양을 단 한 줄의 전선으로 연결할 수 있었겠습니까? 잘은 몰라도 그 일은 절대 쉬운 일은 아니었을 것입니다. 하물며 바다의 깊이가 아직 측정되지 않았던 시기이니 말을 다 했다고 보아야죠. 게다가 그토록 깊은 곳에 던져진 전선이 그 엄청난 수압을 견뎌낼 수 있을지도 불투명했습니다. 그리고 그렇게 끝없이 긴 케이블을 그런 깊은 바닷속까지 설치하는 것이 기술적으로 가능하다고 하더라도, 2천 마일이나 되는 철과 구리로 된 전선을 실을 수 있는 큰 배가 대체 어디 있었겠습니까? 그러나 그 시대에도 모두가 불가능하다고 믿는 일을 오직 긍정적인 생각으로 시도하려던 사람이 있었습니다.

그 사람은 바로 영국의 기술자 기스본이었습니다. 그는 뉴욕에서 미국의 가장 동쪽 지점인 뉴펀들랜드까지 케이블을 설치하려고 했습니다. 그러나 중간에 돈이 바닥나는 바람에 중지해야만 했습니다. 그래서 그는 투자자를 찾아 보기 위해서 뉴욕으로 다시 돌아왔습니다.

이런 말이 있습니다. "우연이야말로 위대한 업적의 아버지다." 이 말 그대로 기스본은 우연히 목사의 아들인 사이러스 필드라는 남자를 알게 되었습니다. 그는 일찍이 하는 일마다 성공을 거두어서 젊은 나이에 큰 재산을 모은 사람이었는데, 지금은 특별히 하는 일 없이 한가한 생활을 즐기고 있었습니다. 무엇에도 매이지 않은 이 남자는 계속 아무 일도 안 하기에는 너무 젊고 정열적인 사람이었습니다. 기스본은 뉴욕에서 뉴펀들랜드에 이르는 케이블 설치에 투자하도록 그를 설득했습니다.

마태복음 13장 말씀에 예수님의 이런 비유가 있습니다.

씨를 뿌리는 자가 씨를 뿌렸는데 어떤 것은 길가에 떨어져 새들의 먹이가 되어 버렸고, 더러는 흙이 얇은 돌밭에 떨어져 싹이 나왔지만 뿌리가 없어 말라 죽었고, 더러는 가시떨기 위에 떨어져 가시가 자라 죽게 되었습니다. 하지만 좋은 땅에 떨어진 씨앗은 수십 배의 결실을 맺었습니다.

이 젊은 남자는 좋은 땅에 떨어진 씨앗과 같은 사람이었습니다. 어떤 사람은 기스본의 말을 듣고도, 씨앗이 길가에 떨어지듯이 한 귀로 듣고 한 귀로 흘려 버렸습니다. 또 어떤 사람은 돌밭에 떨어져 깊은 뿌리를 내리지 못한 씨앗과 같이 깊은 생각을 하지 못하였습니다. 가시떨기 때문에 자라나지 못한 씨앗처럼 다른 잡생각 때문에 기회를 놓쳐 버린 사람도 있었습니다.

기스본과 그는 곧바로 작업에 착수하였습니다. 젊은 남자는 이 순간부터 자기 것은 물론 주변에 있는 것도 이 일을 위해서 모두 투자하겠다고 굳게 결심했습니다.

마침내 한 남자는 자기 일생을 걸 만한 사업을, 하나의 사업은 적절한 투자자를 서로 찾아낸 것입니다. 그래서 자본금 5만 3천 파운드라는 거금에 대한 서명 확인이 영국에서 며칠 만에 이루어졌습니다. 그런 거금을 단번에 서명하기는 쉬운 일이 아니었지만 그 둘은 긍정의 힘을 믿고 있었기 때문에 가능했습니다.

그 외에도 작가인 새커리와 레이디 바이런의 이름도 서명자 명단에서 찾아볼 수 있었습니다. 그들은 사업상의 목적은 전혀 없이 오직 도덕적으로 열광해서 이 일이 추진되기를 바랐던 인물들입니다. 그때는 스티븐슨과 아이잠바 브루넬, 그 밖에 다른 위대한 기술자들이 영국에 넘쳐흐르던 시대였고, 기술과 기계에 대한 긍정적인 의견이 팽배해 있었습니다. 그래서 단 한 번의 호소만으로도 철저히 공상적인 모험임에도 불구하고 많은 사람이 긍정의 힘을 믿고 많은 돈을 기부했습니다.

작업에 있어 물론 가장 큰 문제는 케이블 자체였습니다. 지구 상의 두 지점을 잇는 이 어마어마한 탯줄을 만들기 위해서는 상상하기도 힘든 엄청난 일들이 요구되었습니다. 이 케이블은 한편으론 쇠 밧줄처럼 단단해서 끊어지지 않아야 했고, 또 한편으로는 설치가 쉽도록 탄력이 있어야 했습니다. 모든 압력을 견디면서도 비단실처럼 매끈하게 쭉 뻗어야 했습니다. 즉 단단함과 정밀성을 동시에 갖춰 가장 미세한 전파라도 2천 마일 이상을 전달해야 하는 것입니다. 이 거대한 줄의 단 한 군데서라도 식별하기 어려운 작은 틈이 생기거나 조금만 울퉁불퉁하여도 전파 전달은 차질을 빚을 수 있기 때문이었습니다.

이미 335마일의 케이블을 깔았습니다. 필드는 5일이나 불안하게 보낸 뒤 8월 1일 저녁에는 여러 시간의 작업과 흥분으로 지친 몸을 좀 쉬려고 자리에 누웠습니다.

그때 갑자기 털털거리는 소리가 멎었습니다. 한순간에 배에 있던 모든 사람이 깨어나서 갑판으로 달려나왔습니다. 기계를 살펴 봤더니 케이블의 출구가 비어 있었습니다. 케이블이 갑작스럽게 몽땅 물레에서 미끄러져 나가 버린 것이었습니다. 풀려 있는 끝을 제때에 잡기란 불가능한 일이었고, 잃어버린 끝을 물 속에서 찾아서 다시 끌어올리기란 더욱 불가능한 일이었습니다. 기술상의 사소한 잘못이 여러 해에 걸쳐 이룩한 일을 허사로 만들어 버린 것입니다. 결국 담대하게 출발했던 사람들이 실패자의 몰골을 하고 영국으로 돌아왔습니다.

그러나 이런 말이 있습니다. "결정적인 일들은 거의 언제나 조용한 가운데 성공한다." 이 말이 여기서 또 한 번 확인되었습니다.

두 번째 출항은 거의 주목을 받지 못하는 가운데 이루어졌습니다. 이별의 만찬도 베풀어지지 않았고, 연설도 없었고, 목사가 나와서 하나님이 함께해 주시기를 기원하지도 않았습니다. 배들은 마치 해적질을 하러 나가는 것처럼 은밀하고 조용하게 항구를 떠났습니다.

그러나 바다만은 친절하게 그들을 맞아들였습니다. 정확하게 약속된 날짜인 7월 28일, 퀸즈타운을 출발한 지 꼭 열하루째 되는 날에 아가멤논호와 나이아가라호는 대양 한가운데 약속된 장소에서 대사업을 시작했습니다.

마침내 그들은 성공했습니다. 1866년 지구상의 두 지점을 잇는 거대한 사업을 이룩해 낸 필드는 마침내 현대판 콜럼버스라는 이름을 얻게 됩니다.

17. 구원의 KTX를 타라

요한복음 10장 10절

> 도적이 오는 것은 도적질하고 죽이고 멸망시키려는 것뿐이요
> 내가 온 것은 양으로 생명을 얻게 하고 더 풍성히 얻게 하려는 것이라

베르테르 효과(Werther Effect)

"목련꽃 그늘 아래서 베르테르의 편지를 읽노라……"로 시작하는 "사월의 노래"를 아십니까? 중년이 지난 분들도 학창 시절 한 번쯤은 불러 보았을 이 가곡은 시인 박목월 님의 글에 작곡가 김순애 님이 곡을 붙인 것입니다.

문호 괴테의 소설《젊은 베르테르의 슬픔》에서 주인공 베르테르는 연인 로테와의 사랑을 이루지 못하고 결국 권총 자살로 생을 마감합니다. 당시 이 소설은 유럽의 젊은이들 사이에서 큰 반향을 일으켜서 요즘 말로 베스트셀러가 됐고, 소설 속의 베르테르처럼 자살을 시도하는 사람들이 급격하게 늘어났습니다. 이 사건에서 연유해 자신이 모델로 삼고 있던 사람이나 영향력 있는 인물이 자살하거나 죽었을 경우, 그 사람과 스스로를 동일시해서 자살 시도를 따라 하는 현상을 '베르테르 효과(Werther Effect)'라고 부릅니다.

미국의 사회학자 데이비드 필립스는 20년 동안의 자살에 관한 자료를 연구해 유명인의 자살 사건이 언론에 보도된 직후 자살률이 껑충 뛰는 것을 밝혀냈습니다. 마릴린 먼로가 사망한 다음에는 일시적으로 미국인의 자살이 12퍼센트 증가했다고 합니다. 어떤 연구는 유명 인사의 자살 보도가 있게 되면 자살이 평소의 14.3배까지 늘어났다고 보고하고 있습니다.

이처럼 자살은 전염성이 있기 때문에, 언론이 자살 사건에 관해 흥미 위주로 다루어서는 곤란합니다.

얼마 전 뉴욕 유학 중 '치명적 교통사고'로 숨진 것으로 발표된 이건희 삼성그룹 회장의 셋째 딸 윤형(26) 씨의 사인이 사고가 아닌 자살로 밝혀져 자살 이유에 대해 궁금증이 일었습니다. 삼성 관계자는 26일 "윤형 씨는 교통사고로 숨진 것이 아니라 자살한 것이 맞다"고 확인했습니다. 이 관계자는 그러나 윤형 씨의 자살 이유에 대해서는 여러 가능성을 내놓았습니다. 그는 "윤형 씨가 막내딸로서 가족의 사랑을 받고 자라 왔기 때문에 처음 가족과 떨어져서 한 유학 생활에 적응하기 힘들었을 것으로 추정된다"며 "또 아버지인 이 회장이 국내의 여러 가지 일로 고민하는 모습을 옆에서 보면서 심한 스트레스를 받았던 것으로 보인다"고 말했습니다.

윤형 씨는 이화여대 재학 시절부터 명문대 출신의 신 씨를 사귀어 왔으며, 지난해 화제가 됐던 미니홈피에는 신 씨와 겪었던 일화들을 털어놓기도 했습니다.

입방아에 오르내리고 있는 윤형 씨를 보면서 우리는 많은 것을 생각하게 됩니다. 자살을 권하는 사회를 보면서 오히려 생존을 위해 몸부림치던 보릿고개 시절이 더 행복했다고 말하는 것은 지나친 궤변일까요? 하지만 분명한 것은 물질 문명의 발전이나 풍요가 결코 인간의 행복과 관련이 없다는 사실입니다. 새로운 정신혁명, 영적인 혁명이 일어나야 할 때라고 봅니다.

성경은 말씀합니다.

"인생에게 임하는 일이 짐승에게도 임하나니 이 둘에게 임하는 일이 일반이라 다 동일한 호흡이 있어서 이의 죽음같이 저도 죽으니 사람이 짐승보다 뛰어남이 없음은 모든 것이 헛됨이로다" (전 3:19).

당신이 인생을 살아가는 동안 베르테르 효과를 일으키는 비극의 주인공이 될 수도 있지만 기적을 창조하고 사람들에게 생명을 주는 복의 사람이 될 수도 있습니다.

문제를 만나서 좌절하고, 그래서 결국은 자살로 인생을 마감하는 무책임하는 사람들을 동경하지 마십시오. 성경을 볼 때 오히려 하나님의 기적은 문제를 만났을 때 나타나고, 그들에게 눈에 보이지 않는 전혀 다른 세계가 존재함을 보여 주었습니다. 여러분을 위해 예비하신 예수님의 기적을 경험하십시오.

기적은 모두 문제를 통해 시작됩니다. 예수님은 우리의 문제를 통해 기적을 창조하십니다. 우리는 문제를 싫어하지만, 예수님께는 문제가 기적을 창조하는 재료가 되는 것입니다. 예수님이 무엇을 통해 기적을 창조하시는지를 배우십시오. 어떤 환경에서, 어떤 사람에게 기적을 창조하시는 예수님의 은혜가 임하는지를 배우십시오.

문제는 기적의 씨앗이다

오늘 당신에게 문제가 있다면 너무 슬퍼하지 마십시오. 오히려 기뻐하십시오. 오히려 하나님의 기적을 기대하십시오. 문제를 하나님이 조심스럽게 건네주신 씨앗으로 여기십시오. 문제의 씨앗을 잘 심고 가꿈으로써 놀라운 기적을 경험하십시오. "감당하기 힘든 문제일수록 우리는 더 큰 기대를 가져야 합니다. 문제의 크기가 기적의 크기를 결정하기 때문입니다. 하나님의 기적은 인간의 절망의 절정에서 시작됩니다.

기적을 부르는 믿음의 법이 있습니다.
- 하나님의 기적은 인간의 절망의 절정에서 시작됩니다.
- 믿음의 눈을 뜨면 매순간 기적이 보입니다.
- 기적은 사랑과 믿음이 만나는 곳에서 일어납니다.
- 예수님을 만나면 우리의 문제와 부족함과 고통도 기적의 재료가 됩니다.
- 예수님의 능력을 확신하는 믿음이 기적의 창조자 예수님을 움직입니다.
- 말씀에 온전히 순종하는 믿음이 기적을 창조합니다.

- 부족함을 아뢰는 간절한 기도가 기적을 부릅니다.
- 기대하고 인내하는 자가 기적을 경험합니다.
- 기적의 목적은 우리가 예수님을 더 알게 되는 것입니다.
- 감사하는 믿음이 기적의 은혜를 유지하고 발전시킵니다.

자! 그러면 왜 예수님을 만나면 죽을 일이 살 일이 되고, 망할 일이 흥할 일이 되는지 말씀드리겠습니다.

저는 부흥회를 인도하기 위해 자주 KTX를 탑니다. 지난주에도 두 번 부산에 갔다 왔습니다. 안산에서는 KTX를 타기가 힘들어 서울 아니면 광명으로 가서 KTX를 탑니다. 같이 출발한 무궁화호는 추풍령을 넘어가고 있었습니다. 그런데 잠시 후 제가 탄 KTX는 동대구에 도착했는데 그때까지 무궁화호는 구미를 지나오고 있었습니다. 똑같은 길인데 어떤 차를 탔느냐에 따라서 도착 시간이 다르고 도착 방법이 다른 것입니다.

하나님은 우리를 구원하시기 위하여 천국행 KTX를 만드신 것입니다. 예수님은 "수고하고 무거운 짐 진 자들아 다 내게로 오라 내가 너희를 쉬게 하리라"(마 11:28)고 하셨습니다. "내가 곧 길이요 진리요 생명"이라고도 말씀하셨습니다. 즉 예수님이 천국으로 인도하는 KTX와 같은 역할을 한다고 말씀하십니다.

인생살이가 힘드십니까? 인생 짐이 무겁습니까? 죄 짐이 무겁습니까? 천국행 KTX만 타시면 지금 당장 마음의 평안과 안식을 누리실 수 있습니다.

그런데 하나님께서 여러분을 위해서 천국행 KTX를 개설하실 때 무엇이 가장 큰 문제였을까요? 성경은 "모든 사람이 죄를 범하였으매 하나님의 영광에 이르지 못했다"고 말씀합니다(롬 3:23).

이 죄를 예수님께서 모두 대신 지고 죽으셨습니다. 그래서 예수님을 마음에 영접만 하면 누구라도 죄를 용서받고, 새로운 법이 그 사람을 지배하게 됩니다.

사람은 누구도 하나님과 연결하는 천국행 KTX를 개설할 수 없지만 하나님은 개설하실 수 있습니다. 하나님은 자신의 외아들 예수님을 이 세상에 보내주셨습니다. 성경은 이렇게 말씀합니다. "우리는 다 양 같아서 그릇 행하여 각기 제 길로 갔거늘 하나님께서는 우리 무리의 죄악을 그에게 담당시키셨도다"(사 53:6).

그리고 우리 죄를 대신 지고 죽으셨지만 예수님은 죄를 지은 적이 없기 때문에 죽으신 지 3일 만에 부활하셨습니다. 결국 하나님은 자신의 외아들 예수님의 죽음과 부활을 통해서 사망의 구렁텅이 위로 우리와 하나님을 연결하는 천국행 KTX를 개통시키셨습니다.

어떤 열차를 타고 갈 것이냐는 본인의 자유 의지

이제 여러분은 하나님이 개설해 놓으신 KTX만 타면 됩니다. 지금처럼 아날로그 방법으로 무궁화호나 새마을호를 타고 갈 것이냐, 아니면 천국행 KTX를 타 볼 것이냐는 여러분의 자유요 선택입니다. 성경은 이렇게 말씀합니다.

"하나님이 세상을 이처럼 사랑하사 독생자를 주셨으니 이는 저를 믿는 자마다 멸망치 않고 영생을 얻게 하려 하심이니라"(요 3:16).

우리가 예수님이 나의 죄 때문에 죽으시고 내게 영생을 주시기 위해서 부활하셨다는 것을 믿기만 하면 죄 용서를 받고 영생을 소유할 수 있습니다. 믿는다고 하는 것은 마음으로 믿고 입으로 시인하는 것입니다. 성경은 또 이렇게 말씀합니다.

"사람이 마음으로 믿어 의에 이르고 입으로 시인하여 구원에 이르느니라"(롬 10:10).

마음으로 믿고 입으로 고백한다는 것이 구체적으로 어떤 것입니까?

여러분은 이미 오래 전 천국행 KTX가 개통되었다는 소식을 들으셨을 것입니다. 성경에 있는 대로 천국행 KTX 열차표를 손에 들고 계십니다. 이제 가장 중요한 것은 열차표를 내고 열차를 타는 것입니다. 성경은 "보라 지금은 은혜 받을 만한 때요 보라 지금은 구원의 날이로다"(고후 6:2)라고 말씀합니다.

여러분, 천국행 KTX를 타는 기회를 결코 놓치지 마십시오. 예수님을 믿고 영생을 누리시기 바랍니다.

자, 그럼 천국행 KTX를 탄다는 것은 무슨 의미입니까?

첫째, 천국의 시민권을 미리 받는다는 의미입니다

지금도 30만 명이 넘는 북한 주민들이 중국 땅을 헤매고 있습니다. 그들이 바라는 것은 한국행입니다. 그들이 구원을 받으려면 어디든지 외국 공관으로 들어가야 합니다. 중국 땅에 있더라도 외국 영사관이나 대사관, 그리고 외국인 학교는 중국의 주권이 미치지 못합니다. 그래서 철조망을 뛰어넘어서라도 그곳에 들어가기만 하면 구원을 받는 것입니다.

이 땅에 있는 교회는 하나님 나라의 대사관입니다. 사단의 세력이 침범하지 못하는 치외법권 지역입니다. 사단의 주특기인 물고 늘어지기 작전이 통하지 않는 곳입니다. 그러므로 주님의 교회 안에 들어오기만 하면 천국의 법에 따라 축복을 받게 됩니다.

교회에 나와 예수 그리스도를 마음에 믿으며 입으로 시인하고 그래서 주 예수님을 영접만 하면 그 즉시로 여러분은 마귀의 손아귀에서 벗어납니다. 가계에 흐르는 저주에서 구원을 받습니다. 마귀나 악한 사단의 세력이 여러분을 해치지 못합니다.

둘째, 천국 시민의 능력을 경험하게 됩니다

신자의 삶은 기적의 연속입니다. 기적을 매일처럼 체험하며 산 사람들이 이스라엘 사람들입니다. 그 기적은 과거에만 있었던 것이 아닙니다. 지금도 기적은 일어나고, 기적은 시작됩니다. 한국판 베드로의 기적 김상태 집사의 간증입니다.

2천 년 전 어느 날 밤 어부 베드로는 밤새도록 수고하며 물고기를 잡으려 했지만 그물은 텅 비어 있었습니다. 이때 베드로를 바라보던 예수님이 말씀하셨습니다. "깊은 데로 가서 그물을 내려 고기를 잡으라." 베드로는 말씀에 순종해 깊은 곳에 그물을 내렸고, 그물이 찢어질 만큼 많은 고기를 잡았습니다. 누가복음 5장 1~11절에 나오는 말씀입니다.

베드로의 기적은 성경 이야기로 끝나지 않았습니다. 경상북도 포항에 있는 김상태 집사에게 베드로의 기적이 다시 일어난 것입니다. 그분은 간증하기를, 자신은 이 일이 일어나기 전 사소한 일 가지고도 목사님과 다투는 버릇없는 집사였다고 고백했습니다. 목사님 내쫓기를 한두 번 하지 않았고, 목사님 눈에서 눈물이 나도록 한 것이 한두 번이 아니었는데, 가재는 게 편이라고 하나님은 목사 편이라, 목사님 눈에서 눈물이 흐르게 한 뒤 7년 동안 빚이 늘어나고 하는 일마다 꼬였다고 고백했습니다. 그런데 오산리 금식기도원에 가서 진심으로 회개하고 금식을 마친 후 교회로 돌아와 하나님 앞에 서원했습니다.

"주님! 우리 구계교회가 재정적으로 너무 어렵습니다. 성전을 건축할 수 있도록 도와주세요."

그러다가 성탄절을 이틀 앞두고 교회 담임목사님과 이런 이야기를 나누었다고 합니다.

"목사님, 이번에 고기가 좀 많이 잡혀야 성전을 건축할 수 있을 텐데요."

"집사님, 기도합시다. 하나님께서 반드시 도와주실 거예요. 돈이 없어 20년 동안 성전을 한 번도 제대로 수리하지 못했으니 이번에 하나님께서 고기를 떼로 잡게 해주실지 모르지요. 기대해 봅시다."

그리고 며칠이 지난 2000년 12월 25일 새벽 6시 35분 어장으로 향한 김 집사는 도저히 믿기 어려운 일을 체험했습니다. 그의 어장(정치망) 안에 방어 떼가 가득 들어 있었던 것입니다. 도저히 과학적으로 증명할 수 없는 놀라운 일이 일어났습니다.

어장 안으로 물고기가 들어가려면 25미터의 수문 출입구를 통과해 160미터를 지나 1미터의 마지막 수문을 통과해야 했습니다. 수문이 점점 줄어들어 어장 안에 갇히는 것이기 때문에 마지막 입구는 한 마리가 들어갈 수 있는 정도밖에 되지 않습니다. 그러니까 5~10킬로그램짜리 방어 5천 마리가 어장 안으로 들어가려면 밤새워 한 줄로 기다려야 한다는 얘기입니다.

그의 어장을 기준으로 동서남북 500미터 거리를 두고 다른 어장들이 많은데, 방어 떼는 그의 어장 안으로만 쏙 골라 들어왔던 것입니다. 마치 천사가 몰아서 데리고 들어온 것처럼 말입니다.

"원래 방어는 겨울에 잡히지 않아요. 주로 가을에 잡히는데, 많이 잡아도 300~500마리가 기록이었죠. 더욱 놀라운 것은 이날 다른 어장에 방어가 단 한 마리도 안 잡혔다는 거예요."

그렇다면 마지막으로 들어온 5천 번째 방어는 그의 어장에 들어가기 위해 얼마나 오랫동안 줄을 서야 했을까요?

그의 인생은 방어로 인해 확 바뀌었습니다. 일확천금을 얻은 것보다 하나님이 살아 계시다는 것을 두 눈으로 똑똑히 봤기 때문이라고 했습니다. 김 집사는 자신을 "방어한테 전도받은 사람"이라고 고백하며 어장에 갈 때마다 "고기 잡으러 가는 게 아니라 하나님이 주신 고기를 가지러 갑니다"라고 말합니다.

방어 떼의 축복이 있기 전 그는 고기가 잡히지 않아 아주 어려운 상황이었습니다. 인부들을 고용하고 배를 움직여야 했기에 여기저기 돈을 빌렸고, 고기는 잡히지 않아 4억 6천만 원이나 되는 빚 때문에 부도 직전의 상황이었던 것입니다. 사람들은 "용왕제라도 지내 보자. 크리스천이라 꺼려지면 우리가 지내 줄 테니 옆에 있어라"라고 부추겼습니다.

"주님이 살아 계시면 책임을 지실 거예요. 사단은 가장 가까운 사람을 통해서 들어오는 거니까 흔들리지 마세요." 그는 빚더미를 생각하면 무슨 일이든 하고 싶었지만 하나님을 온전히 의지하기로 했다고 합니다. "망해도 내가 망하니 제사는 드리지 맙시다. 하나님 싫어하시는 거 하면 안 됩니다"라며 끝까지 신앙을 지켰다고 합니다. 27일까지 빚을 갚지 못하면 경매에 들어가는 위기 상황에서 하나님은 25일 방어 떼를 통해 부도를 막아 주셨습니다.

끝까지 신앙을 지키고 기적을 체험한 그를 보며 주변 사람들은 많이 달라졌습니다. "예수쟁이가 한방에 끝냈다"고 소문이 나면서 신앙이 없던 사람들도 하나님을 알게 됐다는 것입니다. 더욱 놀라운 것은 마을 사람들이 제사를 지내야만 고기가 많이 잡힌다는 고정관념에서 벗어난 것입니다. 그는 방어 떼로 벌어들인 돈으로 십일조를 내고, 빚을 다 갚았습니다. 하나님께 너무 감사해 교회에 특별헌금을 하며 기뻐했습니다.

그런데 감사로 제사를 드린 한 달 뒤 또다시 기적이 일어났습니다. 이번엔 그의 그물망에 길이 5미터의 밍크 고래가 잡힌 것입니다. 이번에도 해안선을 따라 늘어서 있는 어장 중에 그의 어장에만 대형 밍크 고래가 걸린 것입니다.

하지만 그에게 일어난 기적은 여기서 그치지 않았습니다. 그의 사업장 옆으로 있는 500평 대지를 어떤 공직자로부터 아무 조건 없이 기증받은 것입니다. 바닷가 바로 옆, 국도가 연결돼 있는 황금 땅을 말입니다.

그러면 왜 천국행 KTX를 타면 기적이 일어날까요?

그 아들 예수께 순종했기 때문입니다
요한복음 3장 36절에 "아들을 믿는 자는 영생이 있고 아들을 순종치 아니하는 자는 영생을 보지 못하고 도리어 하나님의 진노가 그 위에 머물러 있느니라"고 하였습니다.

하나님은 아들 되신 예수님이 죽기까지 복종했기 때문에 권세를 주셨습니다. 그러므로 하나님의 아들 예수님에게 순종하면 기적이 나타나는 것입니다.

하나님은 아들의 말씀을 통해 기적을 창조하십니다

누가복음 5장 3~11절 말씀을 보면, "예수께서 한 배에 오르시니 그 배는 시몬의 배라……밤이 맞도록 수고를 하였으되 얻은 것이 없지마는 말씀에 의지하여 내가 그물을 내리리이다 하고 그리한즉 고기를 에운 것이 심히 많아 그물이 찢어지는지라……"고 하였습니다.

베드로는 밤새도록 고기를 잡았지만 얻은 것이 하나도 없었습니다. 구원의 KTX를 탄 사람에게는 세상의 법칙보다 하나님의 법칙, 천국의 법칙이 더 우선합니다. 그래서 세상에서 배운 지식대로 해도 잘 안 될 때가 훨씬 많습니다. 오히려 주님을 멀리하고 신앙생활 열심히 하지 않는데 잘되는 것은 불길한 징조입니다. 더 크게 실패하는 길로 갈 수 있기 때문입니다. 온전히 아들이신 예수님의 말씀에 의지해 보십시오.

하나님은 예수님의 인내를 배워야 기적을 창조하십니다

"믿음의 주요 또 온전케 하시는 이인 예수를 바라보자 저는 그 앞에 있는 즐거움을 위하여 십자가를 참으사 부끄러움을 개의치 아니하시더니 하나님 보좌 우편에 앉으셨느니라 너희가 피곤하여 낙심치 않기 위하여 죄인들의 이같이 자기에게 거역한 일을 참으신 자를 생각하라"(히 12:2~3).

예수님을 '참으신 자'라고 표현하고 있습니다. 예수님은 참고 사셨습니다. 참고 죽으셨습니다. 그는 참으심으로 일생을 일관되게 나아가셨습니다. 우리가 예수님을 바라볼 때 예수님을 통해서 마음속에 느껴지는 감동은 그분의 인내입니다.

"시험을 참는 자는 복이 있도다 이것에 옳다 인정하심을 받은 후에 주께서 자기를 사랑하는 자들에게 약속하신 생명의 면류관을 얻을 것임이니라"(약 1:12).

"너희가 피곤하여 낙심치 않기 위하여"라는 말씀은 '너희들이 세상 살기 힘들어 낙심될 때 주님 바라보라'는 뜻입니다. 가난할 때 주님을 바라보면 참을 수 있습니다. 억울한 일을 당할 때 주님 바라보면 참을 수 있습니다. 원수를 만났을 때 예수님을 바라보면 참음으로 이길 수 있습니다. 실패하고, 낙심하고, 답답한 일을 당해도 주님을 바라보면 능히 참을 수 있습니다.

우리를 쓰러뜨리지 못하는 것은 우리를 강하게 만듭니다. 하나님은 은혜를 사모하는 사람에게 기적을 베푸십니다. 하나님은 인내하는 믿음을 통해 기적을 창조하십니다. 하나님은 말씀에 순종하는 믿음을 통해 기적을 창조하십니다. 처음에 받은 은혜를 잘 가꾸어 더 큰 은혜를 받으십시오.

하나님은 예수님의 기도를 배워야 기적을 창조하십니다
상록수명륜교회는 개척 11년이 지난 지금 교육관을 포함하여 1,000여 평에 이르는 교회 건물 1,100가정 약 3,000여 명에 이르는 재적 성도를 보유하게 되었습니다. 너무나 열악한 상황에서 이루어낸 하나님의 성공 스토리라 할 것입니다.

교회 개척 이전에 저처럼 가난을 운명처럼 지고 살아온 사람도 그리 많지 않을 것입니다. 지난번에 낸 책에도 말씀을 드렸지만 정말 가난은 저의 지긋지긋한 오랜 친구였습니다. 지금은 하나님의 은혜로 가난을 떨쳐버리고 살고 있지만 아주 오랫 동안 가난은 가까이에서 저를 괴롭혔습니다. 그동안 수없이 가난과 결별을 선언했음에도 가난은 잠시 제 눈을 피해 숨어 있는 듯하다가 어느샌가 제 뒤로 바짝 다가와 있곤 했습니다.

말할 것도 없이 아버지가 돌아가신 후 우리 집은 형편이 더욱 어려워졌습니다. 생계에 보탬이 되기 위하여 학업을 포기하고 일터로 나간 누님과 형님들이 생활비를 보내오긴 했지만 기울 대로 기울어 버린 집안 형편을 일으켜 세우기에는 역부족이었습니다. 가난이 우리와 동거한 것이 어제오늘의 일은 아니었지만 가난이 심술을 부릴 때마다 우리 가족이 겪어야 했던 고통은 참으로 말로 다 설명하기 어려운 것이었습니다.

그러한 환경 속에서 자라 온 제가 지금은 가난을 친구라고 말할 수 있는 데는 남다른 이유가 있습니다. 가난이 더해질수록 어머니와 저는 더욱 하나님께 가까이 나아갈 수 있었기 때문입니다. 어머니는 신앙을 갖기로 작정하셨던 그날부터 매일 새벽마다 자녀들을 위하여 기도하셨습니다. 하나님의 도움 없이는 자녀들을 올바로 키울 수 없다는 사실을 분명히 알고 계셨던 어머니는 형편이 어려워질수록 절망하거나 포기하기보다는 오히려 하나님을 더 신뢰하며 그분께 매달리셨습니다.

저 역시 어머니 손에 이끌려 새벽기도와 예배를 다니면서 조금

씩조금씩 신앙이 자랐습니다. 어린 나이였지만 어머니의 간절한 기도를 곁에서 지켜보면서 배고프고 부족할수록 낙심하기보다는 하나님께 더욱 의탁해야 한다는 것을 온 몸으로 배운 것입니다. 가난은 제게 아픔을 주었지만 뒤돌아보면 하나님께 가까이 나아갈 수 있도록 인도해 준 친구였습니다.

하나님은 예수님처럼 고난을 통해 기적을 창조하십니다
기적을 기대하며 사십시오. 하나님께 발견되는 것이 은혜입니다. 하나님은 고난을 통해 기적을 창조하십니다. 고난이 깊어지는 것은 마치 비가 오기 위하여 하늘이 어두워지고 먹구름이 끼는 것과 같은 것이요, 아침이 오기 위하여 밤이 깊어지는 것과 같은 원리입니다.

하나님은 예수님처럼 감사를 통해 기적을 창조하십니다
3년간의 공생애 기간에 행하신 많은 기적 중에서 가장 의미 있는 기적을 꼽으라고 한다면 오병이어의 사건이 아닐까 생각합니다. 왜냐하면 예수님을 소개한 네 개의 복음서에 다같이 소개되는 유일한 기적이기 때문입니다. 마태복음 14장, 마가복음 6장, 누가복음 9장, 요한복음 6장에 소개됩니다.

같은 사건을 네 명의 기자 모두가 기록하는 것을 보면 그만큼 중요한 의미가 있습니다.

그런데 이 기적을 소개할 때 차이가 있습니다. 마태복음, 마가복음, 누가복음은 단순히 사건을 소개하는 데 그칩니다. 예수님께서 벳새다 빈 들에서 보리떡 다섯 개와 물고기 두 마리로 여자와 아이 외에 남자만 5천 명을 먹이시고 열두 광주리에 남기셨다는 것입니다.

그러나 요한복음에서는 이 빈 들에서 5천 명을 먹이신 오병이어의 사건을 기록하면서 기적의 과정을 자세하게 소개합니다. 그리고 이 기적의 의미도 상세하게 설명합니다.

요한복음 6장에서 예수님은 빈 들 벳새다 광야에서 보리떡 다섯 개와 물고기 두 마리를 통해서 5천 명을 먹이실 때 보리떡 다섯 개와 물고기 두 마리를 가지고 축사하십니다. 여기 축사한다는 것은 감사 기도를 말합니다. 주님의 손에는 지금 보리떡 다섯 개와 물고기 두 마리밖에 없습니다. 그러나 주님은 그것에 감사하셨습니다. 우리 주님께서 빈 들에서 오병이어를 감사하셨습니다.

풍성한 삶은 감사에서 시작됩니다. 소외된 사람을 사랑하시는 예수님께 감사를 드리십시오. 간구의 목소리와 감사의 목소리가 같을 때 더 큰 기적을 경험합니다. 감사로 제사를 드릴 때 하나님이 영광을 받으십니다.

하나님은 겸손을 통해 기적을 창조하십니다

앞서 말씀드렸듯이 고통은 하나님이 주시는 고귀한 선물입니다. 고통은 우리를 하나님께 가까이 나아가도록 도와줍니다. 고통은 우리를 겸손하게 만드는 귀한 스승입니다. 겸손한 믿음을 통해 예수님은 기적을 창조하십니다. 예수님은 겸손한 믿음의 사람을 칭찬해 주십니다.

하나님은 문제를 재료로 삼아 기적을 창조하십니다. 하나님의 기적은 절망의 절정에서 시작됩니다. 하나님은 겨자씨만한 믿음을 활용하는 사람을 통해 기적을 창조하십니다. 하나님은 말씀의 능력을 믿는 사람을 통해 기적을 창조하십니다. 지금 가진 문제를 온 가족이 축복의 기회로 삼으십시오.

18. 마리아의 사랑 노래

누가복음 1장 26~38절

여섯째 달에 천사 가브리엘이 하나님의 보내심을 받들어 갈릴리 나사렛이란 동네에 가서
다윗의 자손 요셉이라 하는 사람과 정혼한 처녀에게 이르니 그 처녀의 이름은 마리아라
그에게 들어가 가로되 은혜를 받은 자여 평안할지어다 주께서 너와 함께 하시도다 하니
처녀가 그 말을 듣고 놀라 이런 인사가 어찌함인고 생각하매
천사가 일러 가로되 마리아여 무서워 말라 네가 하나님께 은혜를 얻었느니라
보라 네가 수태하여 아들을 낳으리니 그 이름을 예수라 하라
저가 큰 자가 되고 지극히 높으신 이의 아들이라 일컬을 것이요
주 하나님께서 그 조상 다윗의 위를 저에게 주시리니
영원히 야곱의 집에 왕 노릇 하실 것이며 그 나라가 무궁하리라
마리아가 천사에게 말하되 나는 사내를 알지 못하니 어찌 이 일이 있으리이까
천사가 대답하여 가로되 성령이 네게 임하시고 지극히 높으신 이의 능력이 너를 덮으시리니
이러므로 나실 바 거룩한 자는 하나님의 아들이라 일컬으리라
보라 네 친족 엘리사벳도 늙어서 아들을 배었느니라
본래 수태하지 못한다 하던 이가 이미 여섯 달이 되었나니
대저 하나님의 모든 말씀은 능치 못하심이 없느니라
마리아가 가로되 주의 계집종이오니 말씀대로 내게 이루어지이다 하매 천사가 떠나가니라

마리아의 기도

용혜원 시집에서 시 "마리아의 사랑 노래"를 아주 감명 깊게 읽었습니다. 마리아의 이야기를 시로 엮어서 고백한 것이었는데 정말 감동적인 한 편의 기도입니다. 연극을 만들어도 좋을 만큼 마리아의 감정이 잘 표현되어 있습니다. 여기 잠시 그 시를 소개해 봅니다.

누구입니까
내 마음의 뜨락에 다가오는
당신은 누구입니까
싱그러운 봄내음으로
마음의 설레임으로
나의 창을 열어 놓으려 하는
당신은 누구입니까

아침 이슬처럼 스며드는
사랑의 노래는
너무나 아름답습니다

오! 하나님
요셉을 사랑하는데
오! 하나님
요셉과 사랑하는데

감당할 수 없는
은총을 입게 되었습니다
성령으로 하나님의 아들을
잉태하게 되었습니다
오! 하나님
나의 사랑 노래는 마음에 간직하렵니다

하나님의 뜻을 위하여
하나님의 영광을 위하여

오! 하나님
나의 사랑 노래는
마음에 간직하렵니다.

성탄절의 여인

성탄절이 다가올 때마다 생각나는 여인이 있다면 바로 예수님의 어머니 마리아입니다. 시골 처녀였던 마리아에게 찾아온 천사는 "은혜받은 자여, 평안할지어다. 네가 하나님의 은총을 입어 하나님의 아들을 잉태하게 될 것이라"고 하였습니다. 이것은 엄청난 축복입니다. 여자가 가진 최대의 능력은 잉태하는 것인데, 마리아는 자신의 태에다가 하나님을 잉태케 되었으니 그 얼마나 큰 은총입니까?

하지만 그 은총은 곧 마리아에게 사형선고와도 같은 것이었습니다. 생각해 보십시오. 처녀가 임신한다는 것은 창피한 일일 뿐 아니라 유대 사회에서는 곧 죽음을 의미했습니다. 결혼식을 올린 뒤에 생긴 아이라면 무슨 고민이 있겠습니까? 그러나 그 전에 임신을 했으니 파혼당할 것은 물론이고, 레위기의 율법에 따라 돌로 맞아 죽을 수도 있습니다.

마태복음 1장 19절을 보면 마리아의 임신 사실을 알게 된 요셉은 조용히 파혼하기로 결정을 내렸습니다. 요셉이 오해를 한 것입니다. 그러나 의로운 요셉은 그것을 공개해서 문제 삼지 않고 조용히 처리하려고 했습니다.

마리아는 사랑하는 사람의 오해를 받고서도 변명할 수 없었습니다. 오해는 때로 자살을 부르기도 합니다. 자신의 결백을 증명하려고 죽은 선생님도 얼마 전에 있었습니다. 오해받는 것이 견디기 힘든 고통임을 단적으로 보여 줍니다. 그런데 더 견디기 힘든 것은 태어날 아이가 장차 십자가의 고난 중에 죽을 것이라고 예언된 것입니다.

자신의 아들이 죽어 가는 모습을 보는 고통은 또 얼마나 큰 것입니까? 앞으로 마리아가 얻게 될 영광이 얼마나 큰지 알지 못하지만 그 과정 속에 겪고 치러야 할 고통은 얼마나 큽니까?

오늘 우리가 누리고 있는 이 기쁨의 성탄절은 마리아의 고통이 있었기 때문임을 깨닫습니다. 그런데 수많은 사람들이 이날을 술을 먹어도 되고, 호텔에 들어가도 되고, 흥청망청 밤을 지새워도 되는 날로 인식하고 있습니다. 한 여인은 하나님의 뜻을 이루기 위해서 수모와 아픔을 겪었는데, 우리는 그런 것을 아랑곳하지 않고 죄의 길을 가는 것입니다.

마리아는 천사의 통고를 받고 고민을 합니다. 자신이 하나님의 아들을 잉태한다는 것은 한편으로 생각하면 굉장히 영광스러운 일이고, 하나님께 선택 받고 은총을 입은 것은 말로 표현할 수 없는 축복이라고. 그러나 그와 동시에 짊어져야 할 고통 또한 너무 컸습니다. 그래서 많은 사람들이 이 믿음의 길을 가다가 중도에 탈락하기도 합니다. 그러나 누가복음 1장 38절에 보니 마리아는 이렇게 결심합니다.

"주의 계집종이오니 말씀대로 내게 이루어지이다."

이것이 마리아의 결단입니다. 우리가 마리아에게서 배워야 할 신앙입니다. "주의 말씀대로 이루어지기를 원합니다." 이렇게 주께 내어 맡기고 순종하기를 결심할 때 견딜 수 있는 힘도, 영광을 향하여 나아갈 꿈도 주시는 것입니다.

믿음은 변화를 일으킨다

마리아가 우리에게 보여 주는 것은 믿음 그대로 변화의 능력입니다. 믿음은 상황을 역전시킵니다. 죽을 것같이 웅크리고 모든 것을 주께 내어 맡기면 하나님이 책임지시고 상황을 반전시켜 주십니다.

애벌레를 생각해 보십시오. 이 애벌레가 나비가 되기 위해서 필연적으로 겪어야 할 것이 있습니다. 번데기가 되는 것입니다. 잠시 죽는 것입니다. 딱딱하고 흉한 보잘것없는 껍데기 속에서 시체처럼 죽어 있는 것입니다. 그러나 겉모습은 죽은 것이지만 그 안에 생명은 꿈틀거리고, 더 나은 생명으로 변화하고 있는 것입니다.

마찬가지입니다. 우리도 하나님의 말씀 앞에 내어 맡기고 그분의 긍휼을 구할 때, 그리고 죽은 것같이 순종하며 기다릴 때 죽음의 껍데기는 생명 싸개가 됩니다.

마리아와 요셉의 사랑에 금이 갈 위기가 닥쳤습니다. 남자에게 있어서 여자는 절반이라면 여자에게 있어서 남자는 전부입니다. 파혼으로 인한 상처는 마리아가 곱절이나 클 것입니다. 인생의 멋진 바다를 항해하려고 이제 막 닻을 올리는 마리아의 생애 앞에 너무나 큰 시련이 찾아왔습니다. 가정을 꾸려 보기도 전에 사랑이 깨져 버린 것입니다. 하지만 이 문제를 마리아는 자신의 지혜대로 해결하려고 하지 않았습니다.

"주의 말씀대로 이루어지기를 바랍니다"라고 내어 맡긴 것입니다. 이것이 우리가 배워야 할 믿음입니다.

어떤 처녀가 잉태를 합니다. 주위에서는 '당연히 낙태를 시켜야 한다, 말아야 한다'고 말이 많습니다. 여러분도 나름대로 원칙이 있을 것입니다. 지금도 천주교에서는 그 문제를 놓고 입씨름을 하고 있습니다.

하지만 남의 이야기일 때에는 마음대로 이야기할 수 있겠지만, 나 자신이 혹은 내 자식이 그런 문제에 처하면 상황은 돌변하게 됩니다. 낙태는 죄라고 떠들던 사람도 내 자식이 원치 않는 임신을 했다면 두말 하지 않고 시켜 버리고 맙니다. 이것이 우리의 윤리요 의인 것입니다.

그러나 마리아는 하나님의 말씀의 기준에 따랐습니다. 죽음의 위협, 파혼과 오해의 고통이 있을지라도 하나님의 말씀이 시키는 대로 했던 것입니다. 그것이 믿음입니다. 말씀대로 따라가는 것이 믿음입니다. 믿음이 있는 자에게 하나님의 말씀은 교훈과 책망과 바르게 함과 의로 교육함입니다. 그 과정 중에 번데기처럼 웅크리고 있어야 하는 시기도 있겠지만 하나님의 말씀을 믿는 사람에게는 변화가 일어납니다.

프랑스 어느 도시에 무명 작가가 있었습니다. 그는 감동 있는 소설을 쓰는 작가가 되기 위해 열심히 습작했습니다. 그래서 몇 년간 최선을 다하여 쓴 소설을 출판사에 보냈습니다. 그런데 작품을 보낸 지 며칠이 지나도 아무런 소식이 없었습니다. 그는 자기가 보낸 글이 어떻게 됐는지 궁금했습니다. 그래서 그는 기다리다 못해 편지를 써 보냈습니다.

그 내용은 글이 아니라 물음표(question mark) '?' 였습니다. 그것은 "내 작품이 어떻게 되었습니까?"라는 뜻입니다. 그리고 며칠이 지난 후 출판사에서 답시가 왔는데, 보낸 편지를 재밌게 보았는지 그 쪽에서도 역시 글이 아니라 부호만 보내왔습니다. 그 부호는 느낌표(feeling mark) '!' 였습니다.

알아보니 그 뜻은 "당신 작품이 대단히 감동적이어서 출판하게 되었다!"는 내용이었습니다. 과연 그 작품이 출판되어 나왔는데, 바로 저 유명한 《레 미제라블(Les Misérables)》, 《장발장》입니다. 그 작가가 바로 빅토르 위고(Victor Hugo, 1802~1885)입니다. 만일 그가 출판사로부터 느낌표(인정)를 받지 못했다면 《장발장》은 영원히 이 세상에서 햇빛을 보지 못했을 것입니다.

여러분, 오늘 우리의 신앙생활이 재판장 되신 하나님으로부터 어떤 표를 받을까 생각해 보기 바랍니다. 우리 주 예수님은 십자가에 헌신하심으로 하나님 앞에 인정받고 영원한 승자가 되셨습니다. 오늘 우리가 하나님 앞에 설 때 만일 '?'를 받는다면 "너 무엇 하는 사람이냐? 너 신자 맞느냐?"라고 하신 것이요, '!'를 받는다면 "너는 착하고 충성된 내 종이다!"라고 하신 것입니다.

"사람의 모양으로 나타나셨으매 자기를 낮추시고 죽기까지 복종하셨으니 곧 십자가에 죽으심이라"(빌 2:8). 여기 예수님의 십자가 헌신을 두 가지로 표현하였습니다.

먼저 "자기를 낮추시고(he humbled himself)"입니다. 겸손으로 자기를 낮추어야만 헌신하게 되고, 겸손하지 않으면 헌신할 수가 없습니다.

세상 사람들이나 교인들 중에 하나님 앞에 헌신하지 않는 것은 자존심, 자만심 때문입니다. 즉 예배 생활이나 기도 생활이나 전도나 헌금 생활은 겸손해야 하게 됩니다. 자만감이나 우월감을 가진 자는 결코 영적인 일에 헌신하지 않습니다.

그러나 예수님은 자기를 천하게 여기며 낮추심으로 십자가에 헌신하실 수 있었습니다. 오늘 우리도 우리 자신을 겸손히 낮추어 헌신하며 하나님 앞에 인정받아 기적을 체험하기 바랍니다.

또 예수님의 헌신은 복종입니다. "죽기까지 복종하셨으니(he became obedient to death)"

저는 시골에서 자란 영향인지, 목회철학을 '단순함'으로밖에 표현할 방법이 없습니다. 목회도 농사와 같아서, 항상 돌보지 않으면 안 되는 것이라고 생각했습니다. 저의 사무실에는 잠언 27장 23절 "네 양 떼의 형편을 부지런히 살피며 네 소 떼에 마음을 두라"는 말씀이 걸려 있습니다. 저는 항상 모든 관심을 목양에 두면서 복음을 그 근본으로 삼고 있습니다. 복음을 전하는 데 방해가 된다면 무엇이든 과감히 버릴 수 있어야 한다는 것이 저의 목회철학입니다.

제 목회의 또 하나의 축은 바로 성령님이십니다. 저는 수많은 성령 체험의 경험을 통해, 전폭적으로 성령님을 의지하면 그분이 알아서 다 해주신다는 믿음이 생겼습니다. 도저히 풀리지 않는 문제가 있으면 오히려 가만히 둡니다. 그러면 성령께서 방법을 알려 주시고, 해결해 주셨습니다. 도저히 될 수 없는 여건에서 이뤄진 교회와 함께해 왔던 만큼, 저에게는 성령의 인도하심이 가장 강력하고도 중요한 목회 교과서인 것입니다.

제게는 믿음의 은사가 있습니다. 그동안 목회 과정에서 도저히 안 될 일들을 진행하다 보니 가족들과 성도들, 동료 목회자들이 많이 걱정해 왔습니다. 그러나 저 자신은 1퍼센트의 근심 걱정도 없었습니다. 왜냐하면 하나님이 해주신다 했으니 반드시 된다는 믿음을 가졌기 때문입니다.

저는 개척 직후부터 교회로 새신자들이 마구 밀려들어오는 광경을 믿음의 눈으로 보았습니다. 지금 상록수명륜교회는 1만 명 구원을 비전으로 외치고 있습니다. 계속해서 7만 명, 20만 명, 100만 명의 비전을 외칠 것입니다.

결론입니다. 하나님의 말씀을 따라 사는 것이 사람의 본분입니다. 우리가 가정에서, 어떤 관계에서 하나님의 말씀을 기준으로 삼고 따라간다면 겉보기에는 고통스러워도 그 결과는 하늘과 땅의 차이가 날 것입니다.

마리아가 천사의 통고를 받고 거절하였다면 우리는 구세주의 오심을 아직도 보지 못했을 것입니다. 마리아가 자신의 행복을 위해 예수 그리스도의 오심을 원하지 않았다면 결혼은 정상대로 했을지 모르지만 성탄절마다 생각나는 여인이 되는 영광은 누리지 못했을 것입니다. 그러나 하나님의 말씀대로 이루어지기를 원했을 때 그는 요셉과의 사랑도 이루었고, 예수님의 어머니가 되는 영광도 얻었습니다.

이 성탄절에 우리도 마리아처럼 "주의 말씀대로 이루어지이다"라고 고백하면서 우리의 가정에 주님이 임재하시도록 간절히 구해야 할 것입니다.

19. 여호와께 감사로 응답하자

호세아 6장 1~3절

오라 우리가 여호와께로 돌아가자 여호와께서 우리를 찢으셨으나 도로 낫게 하실 것이요
우리를 치셨으나 싸매어 주실 것임이라
여호와께서 이틀 후에 우리를 살리시며 제삼일에 우리를 일으키시리니 우리가 그 앞에서 살리라
그러므로 우리가 여호와를 알자 힘써 여호와를 알자 그의 나오심은 새벽 빛같이 일정하니 비와 같이,
땅을 적시는 늦은 비와 같이 우리에게 임하시리라 하리라

해외 토픽에 이런 이야기가 실린 적이 있습니다.

비가 오던 한적한 길을 랜드로버 지프차가 달리고 있었습니다. 그 차에는 아버지와 이제 네 살 난 아들이 탔는데, 수십킬로미터 떨어진 농장으로 가고 있었습니다. 날씨는 점점 험해져 가고, 천둥과 번개까지 동원한 폭풍이 다가왔습니다. 그때 갑자기 가까운 곳에서 벼락이 치더니 길가에 있던 전주를 향해 내리꽂혔습니다. 순간적으로 전주가 넘어지고 고압 전선이 끊어졌습니다.

그 끊어진 전선은 조심해서 달리던 이 차에 붙어 버렸습니다.

자동차는 일순간에 위험에 처했습니다. 멈춰 선 자동차 속에서 아버지와 아들은 차 안의 어떤 쇠붙이도 만져서는 안 되었습니다. 앞좌석에 앉은 아버지는 뒷좌석에 앉은 네 살배기 아들이 걱정되기 시작했습니다. 아버지는 아들을 향해 조용히, 그리고 천천히 이야기합니다.

"얘야! 아무것도 만져서는 안 된다. 그대로 앉아 있어야 해." 영문을 모르는 네 살배기는 아빠의 얼굴을 쳐다보면서 고개를 끄덕였습니다. 위험에 대하여 설명해줘도 이해할 수 없는 아들에게 할 수 있는 말이라곤 이 한마디밖에 없었습니다.

"아빠 말을 들어야 한다. 아빠를 믿어야만 해. 아무것도 만져서는 안 돼." 시간이 얼마나 흘렀을까? 다행히 아들 녀석은 아빠의 눈을 쳐다본 채 그렇게 그냥 앉아 있었습니다. 그들은 무려 네 시간 동안 긴급 복구반이 와서 끊어진 전선을 치울 때까지 그대로 있었습니다. 그 아이는 꼼짝도 않고 아빠 말을 믿고 참았기 때문에 살아날 수 있었습니다.

이 짤막한 이야기는 우리에게 참으로 많은 것을 시사해 줍니다. 아빠와 함께 차 안에 갇힌 이 어린아이는 위험이 무엇인지, 전기가 왜 목숨을 앗아 가는지, 2만 볼트의 전압이 무엇을 의미하는지 아무것도 모릅니다. 아이가 알 수 있는 것은 단지 아버지뿐입니다. 아버지의 표정과 말에서 무언가 이전과는 다른 것을 느낍니다. 그리고 아버지가 그에게 결코 해로운 일을 하지 않을 것을 믿을 뿐입니다. 믿음만이 그 아이를 구할 수 있었던 유일한 방법이었습니다.

그렇습니다. 하나님과 우리의 관계도, 또 나아가서 우리의 삶과 하나님과의 관계도 이런 믿음의 관계로만 이해될 수 있을 뿐입니다. 우리에게는 내일도, 또 모레도, 나의 미래도 하나님이 나의 인생을 더 잘 알고 계시기 때문에 가야 할 길과 가지 말아야 할 길을 그 누구보다도 잘 알고 인도해 주시리라는 믿음만이 필요할 뿐입니다.

사랑하는 성도 여러분, 이처럼 신앙은 믿음으로 시작되어, 믿음으로 그분을 따르고, 믿음으로 말씀을 듣는 것입니다. 다시 말해, 신앙이란 하나님과 나와의 인격적인 관계입니다. 시시콜콜한 행동지침을 외우고 억지로 지키는 종교적 행위가 아니라, 하나님이 나를 자녀로 받으시고 나의 부친이 되셔서 나의 미래를 성공하는 길로 인도하실 것이라는 사실을 믿고 의지하는 것입니다. 그래서 오늘도 우리는 여호와 하나님이 어떤 분이신지를 알아야 하고, 배워야 하고, 따라가야 합니다.

하나님께 나아가야 합니다

우리가 하나님을 알려면 무엇보다 먼저 하나님께로 돌아가야 합니다. 하나님께로 나아가야 그분을 알 수 있지 않겠습니까? 하나님을 만나야 그분이 좋은지 나쁜지 알 수 있지 않겠습니까?

아마 그래서 사람들은 하나님을 만나 보려고, 하나님을 느껴 보려고 유사 이래로 끊임없이 하나님을 찾았는지 모릅니다. 인간의 종교 역사가 그것을 증명하고 있습니다. 혹시 이 우주에 하나님이 계시지 않을까? 아니, 역사를 자세히 연구하면 지존자를 찾을 수 있지 않을까? 인간의 의식과 그 내면을 뒤져 보면 조물주가 계시지 않을까? 그렇게 찾아보기를 수천 수만번도 더 하였을 것입니다. 그러나 사람들은 하나님이 계실 것이라는 심증만을 찾았지 정확한 물증을 찾지 못하였으니 성경은 이것에 대하여 무엇이라고 이야기합니까?

"모든 사람이 죄를 범하였으매 하나님의 영광에 이르지(다다르지) 못하더니"(롬 3:23).

끝없이 찾고 더듬는다고 하여도 결코 하나님을 찾고 그 영광을 구경조차 할 수 없었다니, 이 무슨 이야기입니까? 그리고 그 이유가 죄라고 하는 것은 또 무슨 뜻입니까? 하나님께 나아가야 하나님을 알고 느끼고 도움을 얻고 체험을 할 터인데, 우리가 그분께 영원히 나아갈 수 없다고 하니 우스운 얘기가 아닙니까? 그러나 분명히 성경 말씀은 하나님께 나아갈 수 없다고 이야기하고 있습니다. 그 이유는 죄 때문이라는 것입니다.

심지어 성경은 에베소서 2장 1절에서 밝히길, 우리는 우리의 죄와 허물로 죽은 자들이라고 합니다. 이 말씀의 뜻은 죄인인 인간은 어떤 열심과 의지, 노력으로도 하나님을 만날 수 없는 무능력자요 소망 없는 자라는 것입니다. 하나님을 찾고, 그분을 깨닫는 데 있어서 우리가 송장과 같은 존재라는 말입니다.

제 아버님이 임종하셨을 때를 기억합니다. 온 천하를 다 호령하던 그분도, 자녀들에 대하여 불호령 같은 위엄으로 말씀하시던 그분도 염을 하는 장의사 앞에서 수의를 입으시고 입에는 솜을 한 움큼 무셨어도 한마디의 말씀도, 단 한 번의 꿈틀거림도 없었습니다. 참으로 죽음의 엄숙함과 무상함에 진저리를 칠 수밖에 없었습니다.

우리는 성경대로라면 하나님께로 한 발자국도 더 진행할 수 없는 무기력자입니다. 그러면 우리가 어떻게 하나님을 찾고 만날 수 있겠습니까? 먼저 우리는 이 사실에 동의해야 합니다. 나는 하나님을 만난 적도, 만날 수도 없다. 나는 죄인이라는 명제 앞에 '옳다'라는 고백을 해야 한다는 말입니다. 그리고 조용히 성경이 무엇이라고 말해 주는지 귀를 기울여야 합니다.

우리를 치신 하나님

첫째, 우리를 치신 이가 하나님이시며, 우리가 하나님의 긍휼하심을 입지 못한 채 송장이 되도록 죄인이 되도록 찢어 놓으신 이가 하나님 아버지라는 사실입니다. 호세아 6장 1절이 다음과 같이 이야기합니다.

"……여호와께서 우리를 찢으셨으나 도로 낫게 하실 것이요 우리를 치셨으나 싸매어 주실 것임이라."

우리가 원래 하나님을 모르고, 버림을 받고 징계를 받은 자들이 아니라 하나님을 알고 그분께 창조함을 받았으나 한결같이 하나님 앞에 범죄함으로, 로마서 1장 28절이 밝히고 있는 대로 '마음에 하나님 두기를 싫어하였기 때문에' 우리는 다 징계 가운데, 영혼의 죽음 가운데, 찢기고 맞은 상처 가운데 놓여 있다는 것입니다.

이스라엘 역사가 우리에게 역설적으로 설명해 주지 않습니까?

이스라엘은 찬란한 신적 영광과 권위 위에 탄생된 나라였습니다

이스라엘은 사사시대를 거쳐 다윗과 솔로몬 시대에 이르러 가장 작은 영토를 가졌음에도 아시아와 유럽, 아프리카에 걸쳐 엄청난 판도와 영향력을 행사하는 신정 국가였습니다. 그들의 역사 속에는 하나님이 계셨고 간섭하셨으며, 실제로 국가가 탄생되도록 도우셨습니다. 이스라엘은 야훼 종교를 바탕으로 부국 강병을 이루었습니다.

그러나 오늘 호세아 선지자 시대에 이르러서는 국가의 기강은 땅에 떨어졌고, 하나님은 그 나라를 징계하듯 내팽개치셨으며, 급기야 앗수르라는 대제국이 이스라엘을 점령해 왕과 제사장과 젊은이들을 포로로 끌고가 버렸습니다. 당시에 나라 없는 설움, 피정복 국민의 고통은 오늘날보다 훨씬 더 잔혹한 것이었습니다. 하나님은 그들을 남기지 않고 잔해하도록 허락하셨던 것입니다.

그 이유가 무엇입니까? 이스라엘에게 이런 고통과 시련을 왜 주셨습니까? 호세아 3장 1절에 그 해답이 나옵니다.

"여호와께서 내게 이르시되 이스라엘 자손이 다른 신을 섬기고 건포도 떡을 즐길지라도……."

그렇습니다. 이스라엘은 하나님을 버렸고, 다른 신을 섬겼으며, 바알에게 제사드리는 제사 음식인 건포도 떡으로 즐거워했습니다. 참 신을 버리고 농경 신이며 추수의 신이고 또한 경제의 신인 바알을 따랐다고 했으니, 오늘날로 이야기하면 돈의 신인 맘몬, 머니(money)를 더 가까이하였다는 말입니다.

사랑하는 성도들이여, 우리의 신앙에 가장 큰 장애가 되고, 좀

더 하나님을 신앙하며 섬기지 못하도록 하는 우리의 적이 무엇입니까? 돈입니다! 재물입니다! 눈앞의 이익입니다. 우리는 이것 때문에 기꺼이 하나님을 포기할 수 있습니다. 우리는 돈 때문에 얼마든지 하나님을 팔 수 있습니다. 재물과 명예와 지식 때문에 기꺼이 신앙을 저버릴 수 있습니다.

이스라엘이 하나님을 만나지 못하고, 오늘 우리가 하나님을 만나지 못하는 이유는 바로 이런 두 마음 때문입니다. 혼합주의 때문입니다. 영원히 양립할 수 없는 하나님과 세상을 겸하여 섬기기 때문입니다.

이스라엘 역사는 우리에게 가차 없는 징계를 보여 줍니다

이스라엘은 다른 민족들이 얻지 못한 축복과 영광을 얻었습니다. 시작이 좋았습니다. 이스라엘의 국가 건립은 하나님의 능력과 도우심 때문이었습니다. 신정 국가인 것을 자랑으로 여겼습니다. 그런데 결과가 어떻게 되었습니까? 왕이 눈이 뽑혀서 쇠고랑을 찬 채 적국의 수도까지 장장 1천 킬로미터가 넘는 먼 거리를 질질 끌려갔습니다. 고관대작들은 포로로 볼모로 잡혀가고, 성전의 모든 기물들은 개 같은 이방인들에 의해 약탈당했습니다.

그러나 그 엄청난 환난 속에서도 하나님은 그들을 돌아보지 않으셨습니다. 하나님은 이스라엘을 아끼지 아니하시고 강탈 가운데 버려 두셨습니다. 그들은 하나님은 계시지 않는다고 고백하기에 이르렀습니다. 곳곳에서 자행되는 노략질과 강간, 그리고 피비린내 나는 살육이 강산을 뒤덮었고, 지상에서 이스라엘은 사라져 버렸습니다. 절망입니다. 송장입니다. 문둥병자입니다. 혈루병자입니다. 회생 불가능입니다.

이 가차 없는 징계 앞에 송장처럼 시체실로 밀어넣어 버리는 하나님의 이 진노는 도대체 무슨 까닭입니까? 어떻게 하면 다시금 긍휼함을 얻으며, 어떻게 하면 다시 용서받아 회복할 수 있겠습니까?

우리를 불러 주시는 하나님

하나님은 이처럼 가차 없이 우리를 징계하시지만 회복할 길도 제시해 주셨습니다. 또다시 우리에게 기회를 주시는 하나님의 사랑이 없었다면 우리는 정말 소망 없는 자였을 것입니다.

첫째, 하나님이 불러 주셔야 합니다
왕 앞에는 어느 누구도 먼저 나아갈 수 없습니다. 수산궁의 에스더도 왕이 불러 주기 전에는 나아갈 수 없었듯이, 먼저 하나님이 우리를 부르시고 초청해 주셔야 합니다. 갈 수 있도록 길과 초대장을 보내 주셔야 합니다.

성경을 보십시오. 얼마나 많은 초청이 있습니까?

"수고하고 무거운 짐 진 자들아 다 내게로 오라 내가 너희를 쉬게 하리라"(마 11:28).

오늘 본문 또한 호세아의 전달 사항입니다. "하나님이 우리를 다시 오라고 하신다. 그가 우리를 큰 나라를 동원하여 치신다고 하셨으나 우리를 용서하실 것이요 우리를 찢으셨으나 다시 세우도록 해주실 것이다."

언제나 반복되는 하나님의 음성입니다. 그리고 이제 이 세상 역사의 마지막에 자신의 아들을 보내어 전 세계적으로, 우리를 사랑으로 초청하십니다. 수고하고 무거운 짐 진 모든 사람을 향하여 초청하십니다.

저는 한국 교회의 많은 목회자들을 보며 마음 아파하는 점이 있습니다. 객관적이라는 명목하에 '안 된다'는 생각이 너무나 팽배해 있다는 점입니다. 그러나 하나님의 사역은 순종만 하면 이루어진다는 것을 체험했습니다. 내 사업이 아니라 하나님의 사업이기 때문입니다.

저는 처음부터 너무 크게 생각하지 말고 1퍼센트만 성공하도록 노력하자고 스스로에게 말했습니다. '1퍼센트만 성공하면 99퍼센트도 가능하다. 작은 것부터, 단계별로 하나하나 해 나가면 반드시 교회는 성장할 것이다' 라고 생각한 것입니다. 저희 교회, 저 같은 무지렁이 목사의 교회가 부흥되었다면, 한국에서 성장할지 못할 개척교회는 없습니다. 하나님은 제가 어려울 때의 기억들을 심어 두셨다가 목회할 때 사용하게 하셨습니다.

지금은 고인이 되셨지만, 지금도 잊지 못하는 누님이 계십니다. 저 때문에 그리고 집안의 어려움 때문에 많은 고생을 하셨던 누님의 아픔을 어찌 이 미력한 필설로 다 이야기할 수 있을까요?

그분은 저의 둘째 누님으로, 이름은 '이영자' 입니다. 둘째 누님은 누구보다 사랑이 많으셨는데, 아버지와 어머니가 밭일을 나가면 언제나 어린 저를 자상하게 돌봐주셨습니다. 동네 또래 아이들과 고무줄 놀이며 숨바꼭질 놀이를 할 때도 누님은 날 업은 채였습니다.

그러다 제가 초등학교 2학년이 되자 누님은 어느 부잣집에 가정부로 들어갔습니다. 전부터도 여러 일을 하면서 가정 살림을 도와 오던 누님이 저를 중학교에 보내겠다며 남의 집 허드렛일을 도맡아 하게 된 것이었습니다. 이렇게 고생하며 제 학비를 마련하였는데 갑작스런 집안 문제로 그동안 모은 돈을 한꺼번에 써야 할 상황이 발생했습니다. 누님은 가정부 일을 그만두시고 며칠 동안 상심해 있었습니다.

하루는 밖에서 놀다 저녁 늦게 집으로 돌아오는데, 집 앞에서 누님이 저를 기다리고 계시더니 저의 볼을 어루만지며 "상철아, 내가 너만큼은 꼭 중학교에 보내 줄 테니까, 다른 걱정하지 말고 공부나 열심히 해, 알았지?" 하는 것이었습니다. 저는 얼떨결에 고개를 끄덕였지만 빨갛게 물든 저녁놀의 반사 탓인지 붉어진 누님의 눈시울이 왠지 슬퍼 보였습니다.

며칠 후 누님은 시집을 가셨습니다. 누님이 시집을 가고 얼마 후 약속대로 저는 매형의 도움으로 중학교에 다니게 되었습니다. 당시 우리 마을에는 중학교가 없었기 때문에 저는 충주에 있는 중학교에 진학하였습니다. 누님이 문산에 신혼집을 꾸리고 있어서 저는 거기서 거처하며 중학교를 다녔습니다. 학교까지는 버스를 타고 한참을 가야 하는 먼 거리였지만 중학교에 다닐 수 있는 것만으로도 얼마나 기뻤는지 모릅니다. 누님은 제가 공부에 전념할 수 있도록 갖은 배려를 다 해 주었습니다. 아이를 임신하여 먹고 싶은 것이 많았을 텐데도 누님은 아껴 모은 돈으로 자신보다 저를 위해 쓰는 것을 더 기쁘게 생각했습니다. 이러한 누님의 사랑과 배려로 저는 공부에 전념할 수 있었습니다.

중학교 1년 과정을 마치고 겨울 방학이 되었습니다. 방학 기간 동안 저는 문산에 있으면서 도서관에 다니며 다음 학년을 준비하고 있었습니다. 그때 충주의 한 교회에서 유명한 목사님을 초청하여 부흥회를 열었습니다. 하나님께서 제게 주신 비전이 목회자였고 또한 부흥 강사를 꿈꾸던 저는 가능한 한 많은 예배와 집회에 참석하고 싶었습니다.

그날 저녁 집회까지 참석하고 늦게 문산으로 돌아와 보니 집안이 말끔히 청소된 채 아무도 없었습니다. 처음엔 좀 이상하다고 생각했지만 누님이 출산을 앞두고 있었던지라 '아이를 낳으러 병원에 갔나 보다'라고 생각했습니다. 그런데 밤늦게 전해 들은 말은 저를 그 자리에 주저앉게 만들었습니다. 누님이 아이를 낳다가 숨을 거두었고, 지금은 장례식을 치르는 중이라는 것이었습니다. 연락을 받자마자 누님의 빈소로 정신없이 달려갔습니다.

"아니야, 그럴 리 없어."

저는 누님의 죽음을 끊임없이 부정하며 제발 착각이거나 장난이기를 바라고 또 바랐습니다. 빈소까지 달려가는 그 시간이 왜 그리 길게만 느껴지던지…….

허겁지겁 누님의 빈소를 찾아가니 매형이 눈물을 머금은 채 아무 말 없이 저를 맞아 주었습니다. 저는 누님이 돌아가셨다는 것을 인정하고 싶지 않았습니다. 지금이라도 누님이 앞에 나타나서 화사하게 웃으실 것만 같았기 때문입니다. 하지만 누님의 영정을 보는 순간, 누님의 죽음을 사실로 받아들여야만 했습니다.

저는 한동안 목이 매여 소리도 못 내고 하염없이 눈물만 흘렸습니다. "내가 뭐라고, 못난 동생 공부시키겠다고 고생만 하다가 이렇게 먼저 가면 어떻게 해?" 서러움이 목까지 차올라 말도 잘 나오지 않았지만, "누님에게 받기만 하고 해준 것은 하나도 없는데……" 누님을 잃은 슬픔은 제 입술에서 원망 아닌 원망으로, 미안함으로, 그리고 그리움의 흐느낌으로 새어 나왔습니다.

동생으로서 누님의 마지막 가는 길을 지켜보지 못한 것이 더더욱 마음 아프고 미안했습니다. 누님은 사진 속에서 말없이 저를 바라보고 있었습니다. 자상했던 누님, 영정 속에서도 제게 미소를 지으며 내려다보는 누님의 모습은 나를 더욱 슬프게 하였습니다.

저는 누님에게서 진정한 사랑이 무엇인지를 뼈저리게 배웠습니다. 누님은 아무 조건 없이 저를 위해 자신을 희생하셨습니다. 그게 예수님의 사랑이 아닐까 생각했습니다. 자신만을 위해 살았다면 누님도 다른 여자들처럼 얼마든지 예쁘게 자신을 꾸미며 살 수 있었을 테지만 누님은 동생을 위하여 이 모든 것을 포기했습니다. 동생들을 위해 좋은 옷 한 번 못 입어 보고, 갖은 고생을 다 하셨던 누님!

누군가 "희생이 없는 사랑은 사랑이 아니다"라는 말을 한 적이 있습니다. 저는 누님의 희생적인 사랑을 통해 작은 예수를 보았습니다. 누님은 저에게 사랑을 가르쳐 주었고, 그때까지만 해도 피상적으로만 알던 예수님의 사랑이 어떤 것인지 절실히 느끼게 되었습니다. 예수님께서 십자가를 지신 사건을 더 이상 지식으로만 알아서는 안 된다고 확신하기에 이르렀습니다. 또한 감정적으로만 이해하려 해서도 안 된다고 믿게 되었습니다.

십자가 희생을 마다하지 않으셨던 그 애달프고 처절한 주님의 사랑은 우리의 삶 속에서 경험되어야 합니다. 희생이 동반된 사랑, 주님은 누님을 통해 이것을 제게 가르쳐 주셨습니다.

둘째, 초청을 따라 나아가야 합니다
초청을 받아들임에 있어서, 앞서 살핀 사상에 대한 동의가 필요합니다. 나는 죄인이요, 죄인인 고로 의에 대하여 하나님에 대하여 죽었기 때문에 하나님께서 나를 직접 구원해 주시고 살려 주시기 전에는 어떤 노력도 다 무가치한 것임을 고백해야 합니다.

하나님은 우리를 치셨고 때리셨고 징계하셨지만 그럼에도 언제든지 회개하고 돌아서면 용서하신다는 것을 알아야 합니다. 호세아 14장 1절에도 하나님은 분명한 음성으로 우리를 초청하십니다.

"이스라엘아 네 하나님 여호와께로 돌아오라."

자! 그러면 어떻게 돌아가야 하겠습니까? 이 초청하는 음성을 들었다면 어떻게 돌아가야 하겠습니까?

첫째, 하나님은 마음이 상한 자를 찾으십니다. 또 통회하는 자, 전심으로 뉘우쳐 하나님께로 돌아오는 자를 찾으십니다. 시편 34편 18절에 이르기를 "여호와는 마음이 상한 자에게 가까이하시고 중심에 통회하는 자를 구원하시는도다" 하였고, 시편 51편 17절에는 "하나님의 구하시는 제사는 상한 심령이라 하나님이여 상하고 통회하는 마음을 주께서 멸시치 아니하시리이다"라고 하였습니다. 그러므로 우리는 가난하고 상하고 통회 자복하는 심령으로 주께 돌아와야 하는 것입니다.

둘째, 구체적으로 마음을 찢는 행동과 고백이 있어야 합니다. 요엘서 2장 13절에 하나님은 "너희는 옷을 찢지 말고 마음을 찢고 너희 하나님 여호와께로 돌아올지어다 그는 은혜로우시며 자비로우시며 노하기를 더디 하시며 인애가 크시사 뜻을 돌이켜 재앙을 내리지 아니하시나니"라고 말씀하십니다.

'회개'란 가던 길을 돌이켜 하나님께로, 집을 나간 자식이 아버지의 집으로 돌아오는 것을 말합니다. 그러므로 회개는 구체적으로 아버지 앞으로, 아버지의 집으로, 성전 앞으로 나아오는 것을 말합니다.

셋째, 무엇보다 가장 중요한 행동은 그의 아들 되신 예수 그리스도께 무릎 꿇고 그분에게 입 맞추며 호소하는 것입니다. 왜냐하면 아버지께서는 그의 아들 예수 그리스도를 우리에게 화목제물로, 화해의 대사로 보내셨기 때문입니다. 우리가 아무리 회개한다고 하더라도 하나님의 보내신 자, 독생자 예수께 무릎 꿇어 경배하여 모시지 아니하면, 영접하지 아니하면 화를 면할 수 없는 것입니다. 시편 2편 12절에 기록되어 있습니다.

"그 아들에게 입 맞추라 그렇지 아니하면 진노하심으로 너희가 길에서 망하리니 그 진노가 급하심이라 여호와를 의지하는 자는 다 복이 있도다."

사랑하는 성도들이여, 이제 무더운 여름입니다. 조금만 움직여도 땀이 온 몸을 적십니다. 휴식이 생각나고 휴가가 그리워집니다. 푸른 산하와 푸른 파도가 우리를 오라고 유혹합니다. 이 찌는 듯한 태양 아래에서 저와 여러분이 계획하고 있는 것은 무엇입니까? 우리가 어디로 가서 머리를 식히고 안식하며 쉼을 얻겠습니까?

저는 여러분에게 참된 휴식과 쉼이 있는 한 장소를 소개합니다. 그 어디로 바캉스를 다녀온 것보다 더 의미 있고 보람 있는 안식의 장소를 소개합니다.

우리 모두 여호와께로 돌아갑시다. 가서 여호와를 배웁시다. 하나님을 알도록 합시다. 더 깊이, 더 많이 더 친밀하게 하나님을 알도록 합시다. 우리가 그분께 나아간다면, 모든 좋은 오락과 놀이를 포기하고 그분께 나아간다면 오늘 본문 호세아 6장 2절에 약속된 대로,

① 여호와께서 이틀 후에는 우리를 살리실 것입니다.
② 제삼일에는 우리를 일으키실 것입니다.
③ 우리가 그 앞에서 살아날 것입니다.

찌그러지고 넘어지신 분 있습니까? 상실하신 분 있으십니까? 지난 세월 인생살이의 고달픔 속에서 마음이 상하신 분 있으십니까? 여호와께로 돌아갑시다. 그분이 그의 아들 예수님을 보내셨고, 예수께서는 당신을 찾는 자들에게 성령 충만을 약속하셨습니다. 교회가 준비하고 있는 모든 예배에 여러분이 비록 상하였지만 회복을 바라는 간절한 심정으로 참석하신다면, 기도하신다면 둘째 날부터는 망했던 내 인생이, 기울어 가던 내 사업이, 무너져 가던 내 건강이 살아나며, 제삼일에는 일어서는 역사가, 그래서 내려올 때는 살아나는 역사가 있을 것입니다.

할렐루야! 주께서 이 여름 우리를 부르고 초청하십니다. 그분 앞에 나아갑시다. 모두 큰 은혜를 받읍시다. 큰 축복이 있을 것입니다.

20. 눈물의 기도

열왕기하 20장 2~7절

히스기야가 낯을 벽으로 향하고 여호와께 기도하여 가로되
여호와여 구하오니 내가 진실과 전심으로 주 앞에 행하며 주의 보시기에
선하게 행한 것을 기억하옵소서 하고 심히 통곡하더라
이사야가 성읍 가운데까지도 이르기 전에 여호와의 말씀이 저에게 임하여 가라사대
너는 돌아가서 내 백성의 주권자 히스기야에게 이르기를 왕의 조상 다윗의 하나님 여호와의 말씀이 내가
네 기도를 들었고 네 눈물을 보았노라 내가 너를 낫게 하리니 네가 삼 일 만에 여호와의 전에 올라가겠고
내가 네 날을 십오 년을 더할 것이며 내가 너와 이 성을 앗수르 왕의 손에서 구원하고 내가 나를 위하고 또
내 종 다윗을 위하므로 이 성을 보호하리라 하셨다 하라 하셨더라
이사야가 가로되 무화과 반죽을 가져오라 하매 무리가 가져다가 그 종처에 놓으니 나으니라

기도할 마음이

한 목사님이 3년을 개척했는데도 고생스러운 개척 기간이 끝나지 않고, 성도들은 개척할 당시의 70명밖에 더 이상 모이질 않았습니다. 원래 한의사 집안에서 태어난 이분은 한의대를 졸업해

서 한의사를 하다가 목회자의 길로 접어들었는데 도무지 부흥이 되지 않았습니다. 별의별 좋은 방법을 목회에 적용해 보았지만 속수무책이었습니다.

그러다가 어릴 때 아버지께 무엇인가를 달라고 할 때 떼를 쓰면 만사 제쳐 두고 주시던 것을 기억하고, '하나님도 나의 아버지시라고 했는데 떼를 쓰자. 그러면 하나님이 내 기도를 들으실지 모른다' 라고 생각하게 되었습니다. 그분은 그날부터 이부자리를 들고 강대상 위에 올라가서 하나님께 떼를 쓰기 시작했습니다. 하루가 지나고 이틀이 지나 매일 밤 기도하시는 목사님을 따라 성도들이 한 분 두 분 기도하기 시작했습니다. 급기야는 70명 전 성도들이 매일 밤 철야를 하고, 그 기도하는 무리들 위에 성령의 권능이 임하였습니다.

그때부터 전 성도들이 전도와 기도에 불이 붙어 부흥하기 시작하여 오늘날 대교회를 이루었는데 그분이 왕성교회 길자연 목사님이십니다. 그렇습니다. 기도는 아버지이신 하나님 앞에 나와서 죄 씻음 받고 자녀 된 특권(요 1:12)을 가진 성도들이 그분 앞에 나와 떼를 쓰는 것입니다.

히스기야의 기도

무엇보다 기도는 인격적이신 하나님 아버지께 인격적으로 요구하는 것입니다. 이처럼 기도의 원리는 간단합니다. 우리가 예수 그리스도의 이름으로 죄 씻음 받은 것이 확실하다면, 예수 그리스도의 공로로 하나님의 자녀 된 것이 사실이라면, 하나님과 나와의 관계는 분명히 부자지간입니다. 그렇다면 철부지인 우리 자녀들은 우리 인생의 나이가 어떠하든 간에 아버지 앞에 떼를 쓰는 것이 기도입니다. 오늘 본문의 히스기야 왕은 이것을 깨달았습니다.

첫째, 히스기야 왕의 기도는 하나님을 바르게 깨닫는 것으로부터 시작됩니다

① 그는 하나님을 인격적으로 알았습니다(3절).

하나님은 판단하시고 생각하시며, 감정이 풍부하시고 그 마음의 생각대로 움직이시는 지(知)·정(情)·의(意)의 하나님이신 것을 알았습니다.

하나님은 보고 계시고 기억하시며, 판단하여 복을 주기도 하시고 저주를 내리기도 하시는 하나님이심을 히스기야가 깨달았으니 이것이 축복 아닙니까?

② 그는 하나님의 전지전능하심을 믿었습니다(3절).

히스기야는 병들어 죽게 되었습니다. 그러나 그가 기도할 때에 죽고 사는 것은 오직 전능하신 하나님께만 달려 있음을 깨달았습니다. 이것이 그로 하여금 기도하게 한 것입니다. 하나님도 불가능한 것이 있다면 어찌 우리의 기도와 간구에 응답하실 수 있겠습니까? 그리스도인의 기도는 이처럼 우리의 무능함 때문에 전능하신 아버지의 도움을 요청하는 것이어야 합니다.

③ 그는 하나님께서 자녀의 기도에 약하다는 것을 알았습니다(3절).

하나님이 엄위하시지만 자녀 된 자의 울음소리에는 약하시다는 것을 알았습니다.

저희 아이가 어릴 때입니다. 부엌에서 밥을 하던 집사람과 서재에 있던 제가 갑자기 자지러지게 우는 아이의 울음소리를 들었습니다. 그때 우리는 아주 바쁘고도 중요한 일들을 하고 있었음에도 불구하고 모든 일을 멈추고 울음소리가 나는 곳으로 달려갔습니다. 아이가 지하실로 내려가는 계단에서 거꾸로 떨어져 머리가 깨져 피가 흘러나오고 있었습니다.

아이의 머리를 어루만지고 피를 닦고 울음을 달래는 데 한참 시간을 보내야 했습니다. 그렇지만 우리는 그 시간을 아깝게 생각하지 않았습니다. 그 이유는 간단하지요. 우리 아이를 사랑하기 때문입니다.

그렇습니다. 성도들이여, 우리가 진실로 어려움을 호소하고 도움을 요청하면 부모 된 하나님께서 어찌 듣지 않으시겠습니까? 그분은 진실로 우리를 사랑하시기 때문에 우리의 기도에 약하십니다.

둘째, 히스기야 왕은 최대한 겸손하게 하나님 앞에 나아갔습니다

그의 얼굴은 벽을 향해 있었습니다.

"히스기야가 낯을 벽으로 향하고 여호와께 기도하여 가로되" (2절).

어디 하나님이 벽에 계십니까? 오히려 성전이 있는 쪽을 향하여 앉든지 성 꼭대기에 올라가서 기도해야 하지 않겠습니까? 벽을 향하였다는 것이 무슨 뜻입니까? 그것은 그 문제는 인생이 해결할 수 없고 사람이 도와줄 수 없는 문제임을 알았다는 것입니다. 다시 말해, 세상을 의지하지 않고 등을 지고 앉았다는 것입니다.

진실로 이 세상에 사람이 해결할 수 있는 것이 과연 몇 가지나 됩니까? 그래서 시편 기자들은 노래하기를, "인생을 의지하는 자는 수치를 당하며 하나님을 의뢰하면 구원을 얻으리라"라고 가르쳐 주는 것입니다. 인생을 의지하면 안 됩니다. 세상과 사람들로부터 등을 돌려 비장한 마음으로 벽을 향하여 오직 하나님만 바라보면서 기도해야 하는 것입니다. 세상의 부귀영화, 왕의 지위, 자신의 지혜, 사람들의 도움으로부터 등 돌려 앉을 때 기도의 문은 열립니다.

히스기야는 전능하신 이 앞에 겸손하게 자신을 오픈(open)했습니다.

"여호와여 구하오니 내가 진실과 전심으로 주 앞에 행하며 주의 보시기에 선하게 행한 것을 기억하옵소서 하고……"(3절).

그동안 상록수명륜교회는 세 번 이사를 했고 네 번 교회를 건축했는데, 그때마다 그것이 우리의 비전이었고 이를 위해 기도했으며 응답을 받는 가운데 성도들도 성장했습니다.

예수님께서는 보혜사 성령이 우리에게 임하시면 우리가 장래 일을 알게 될 것이라고 하셨습니다. 하나님의 비전이 인간의 야망과 다른 점은 비전은 하나님의 뜻, 즉 교회 성장이 목적이지만, 야망은 목회자 자신의 뜻, 즉 교회 확장이 목적이라는 것입니다. 야망은 실패하지만 비전은 반드시 이루어진다는 것을 저는 절실히 깨달았습니다.

그래서 저는 지금 1만 명의 교회를 바라보며 기도하고 성도들도 함께 기도하고 있습니다. 비전의 주체는 항상 사람이 아니라 하나님이시기 때문에 가능한 것입니다. 전능하신 이 앞에 오면,

모든 것을 감찰하여 꿰뚫어 보시는 이 앞에 기도하려고 앉으면 무엇보다 우리의 마음을 열어야 합니다. 다시 말해, 진실과 전심이 있어야 한다는 말입니다.

다윗이 이런 기도를 하여 죄 용서함을 받고 은혜를 회복하는 응답을 받았습니다. 시편 51편 6절에 그렇게 기도했습니다.

"중심에 진실함을 주께서 원하시오니 내 속에 지혜를 알게 하시리이다." 마음을 열어야 기도가 하나님 앞에 상달되는 것입니다. 진실과 전심으로 그분께 나아가야 합니다.

셋째, 히스기야의 기도의 참됨은 눈물에 있었습니다

3절 끝에 보면 그가 "심히 통곡하더라"고 기록되어 있습니다. 참된 기도에는 감정이 따라오고, 감정의 가장 밑바닥에 눈물이 있습니다.

밧세바와 간음죄를 지어 죄책감과 심판에 대한 두려움으로 가득 찼던 다윗이 이런 기도를 했습니다. "하나님의 구하시는 제사는 상한 심령이라 하나님이여 상하고 통회하는 마음을 주께서 멸시치 아니하시리이다"(시 51:17).

할렐루야! 하나님은 눈물로 간구하는 자의 기도를 멸시치 아니하시고 더욱 가까이하여 들으십니다.

우리 모두 이 여름에 기도하여 그분을 만납시다. 올해의 절반이 흘러갔습니다. 흔들리고 좌절되며 속히 회복되지 않으십니까? 이 여름, 모든 세상 즐거움과 도움을 포기하고 눈물을 뿌리며 그분께 나아갑시다. 그분은 여러분의 기도 소리에 눈감지 아니하시고 외면하지 아니하실 것입니다. 아니 오히려 더욱더 가까이하사 우리를 도우실 것입니다.

눈물로 기도합시다. 기도하시는 중에 사업과 가정과 직장과 학업이 회복되시기를 바랍니다. 능력을 받으시기를 진심으로 축원합니다.

기도 응답

오늘 본문을 보십시오. 하나님은 히스기야가 그 뜻을 돌이켜 오직 하나님만 바라보기로 작정한 시간에 이미 응답하셨음을 알 수 있습니다.

"이사야가 성읍 가운데까지도 이르기 전에 여호와의 말씀이 저에게 임하여 가라사대"(4절).

놀랍지 않습니까? 이사야가 성읍에 이르기도 전에 하나님은 히스기야가 마음을 정한 그 즉시로 들으시고 소원을 들어주셨던 것입니다. 시작이 반이라는 말이 있습니다. 그러나 기도에 있어서는 시작이 곧 끝입니다. 시작하고 뜻을 정한 그때와 동시에 하나님의 손은 이미 움직이고 있다는 것입니다.

성경은 하나님의 능하신 손이 바로 우리에게 부어 주신 성령이라고 가르쳐 줍니다. 성령께서 이미 우리를 앞서 가시며 문제를 풀어주신다는 것입니다. 히스기야는 15년을 더 살도록 허락받았습니다. 히스기야는 응답을 받은 것입니다. 이 기쁜 소식을 들은 히스기야의 마음이 어떠했겠습니까?

성도 여러분, 무엇보다 기도하기를 원하시는 하나님 앞에 울며 기도합시다. 문제가 있습니까? 어디에 고민이 생겼습니까? 은혜와 자비가 풍부하신 하나님 앞에 가서 전심으로 아뢰면 하나님은 즉각 듣고 구원을 베푸시는 분이십니다. 기도하여 응답받는 귀한 성도 되시기 바랍니다.

21. 민족을 구한 기도

에스더 4장 15~17절

> 에스더가 명하여 모르드개에게 회답하되
> 당신은 가서 수산에 있는 유다인을 다 모으고 나를 위하여 금식하되 밤낮 삼 일을 먹지도 말고
> 마시지도 마소서 나도 나의 시녀로 더불어 이렇게 금식한 후에 규례를 어기고
> 왕에게 나아가리니 죽으면 죽으리이다
> 모르드개가 가서 에스더의 명한 대로 다 행하니라

하나님의 주권적 섭리

아더 핑크는 하나님의 주권적 섭리에 대해 이렇게 말했습니다.
"이 세상의 모든 피조물들은 다 하나님의 주권 아래 있다. 무생물과 비이성적인 피조물이라도 하나님의 명령 아래에서는 창조주 하나님께 순종한다는 것이다."

실로 그렇습니다. 출애굽기 14장에서는 하나님께서 원하실 때 홍해가 갈라져서 벽을 형성했습니다. 민수기 16장에서는 땅이 그

입을 벌려서 반역자들을 산 채로 삼켰습니다. 또 여호수아 10장에 보면 하나님께서 명하셨을 때 태양이 멈추어 버렸습니다. 어떤 경우에는 이사야 38장 8절에 기록된 대로 아하스의 일영표가 십도를 후퇴하기도 했으며, 열왕기상 17장에 보면 까마귀들로 하여금 엘리야에게 음식물을 공급하셨고, 열왕기하 6장 6절에 보면 도끼를 물 표면에서 수영하도록 하셨습니다.

그뿐입니까? 사자로 하여금 다니엘이 그 굴에 들어갔을 때 온순하게 하셨고, 불꽃으로 하여금 세 명의 히브리 청년을 태우지 못하게 하셨습니다.

이는 시편의 노래와 같습니다.

"여호와께서 무릇 기뻐하시는 일을 천지와 바다와 모든 깊은 데서 다 행하셨도다"(시 135:6).

성경은 기적과 기사로 가득 찼다

이런 이야기가 있습니다.

어떤 자유주의 신학을 공부하신 목사님이 자유주의적 관점에서 설교 원고를 작성해 나갔다고 합니다. 그러니 당연히 성경 속의 기적과 기사는 그의 관점에서 비과학적·비논리적일 수밖에 없었습니다. 그래서 설교 불가능한 성경 본문들은 하나씩 둘씩 배제시켜 나가기 시작했습니다. 천지창조는 말할 것도 없고 노아의 홍수, 홍해의 기적도 그가 보기에는 한낱 신화에 불과했습니다. 결국 한 장씩 찢어 낸 성경은 한 페이지도 남지 않고 표지만 남더라는 것입니다.

그렇습니다. 우리가 성경을 남다르게 가까이하고 거기에 기록된 내용을 믿는 이유는 첫째, 성경의 기록이 진실되기 때문이요, 둘째, 신비하기 이를 데 없기 때문입니다.

만약 애굽의 장자 재앙이나 출애굽의 홍해사건, 광야에서 40년간 먹이시고 입히시고 인도하신 하나님의 기적이 없었다면 이 지구상에 유대인이라는 민족이 존재할 수도, 가나안 땅에 국가를 건설할 수도 없었을 것입니다. 또 오늘 우리가 읽은 에스더 왕비의 기도가 없었더라면 바사의 포로가 되고 속국이 된 이스라엘 민족은 지면에서 사라져 버렸을 것입니다.

할렐루야! 성경은 하나님께서 그의 백성으로 선택하신 자들이 이 지구와 우주의 어느 곳에 끌려간다 할지라도 다시 구원해내시고 섭리하신다는 너무나도 놀라운 진리를 우리에게 선포해 주는 엄청난 기록의 파편들입니다.

위기에 처한 백성

위험이란 다른 것이 아닙니다. 그것은 차가 다니는 큰 도로에서 부모의 손을 놓친 아이와 같습니다. 물을 떠난 고기와 같으며, 조금 전 땅에서 뽑힌 나무와 같습니다. 그것은 긴박한 위험입니다. 아직 완전한 죽음에 이르지 않았지만 죽은 것과 같습니다.

하나님을 떠난 이스라엘, 머나먼 이국 땅 적국 바사의 깊숙한 곳까지 끌려온 이스라엘의 운명이 그렇습니다.

오늘 우리 교회와 사랑하는 성도들에게 날마다 찾아드는 위험이란 무엇입니까? 하나님을 잃어버리고 하나님 곁을 떠난 것입니다. 기도의 줄이 끊어지고, 하나님을 향한 소망과 기대 대신 세상의 재물과 권세와 명예가 더 기대되는 것 아닙니까?

성도들이여! 무엇보다 우리에게 임박한 위험을 인지하는 영안이 필요한 줄 믿습니다. 하나님의 임박한 진노를 어떻게 알 수 있습니까? 우리의 모습을 보는 것입니다. 하나님과 나 사이의 거리가 얼마나 됩니까? 100미터쯤입니까? 성경은 얼마나 가까이 있어야 한다고 이야기합니까? 그분이 내 안에, 내가 그분 안에 있어야 한다고 말씀합니다.

그런데 오늘 본문에 있는 이스라엘은 하나님의 성전이 있는 예루살렘 시온 산으로부터 수천 킬로미터나 떨어져 있었습니다. 수백만 명의 유대인들이 앗수르와 바벨론의 침략으로 약 300년에 걸친 전쟁으로 하나님의 도우심과 영광으로부터 떨어져 있었습니다. 그것만 아닙니다. 폭풍우를 동반한 태풍 전선이 북상하여 온 천지를 덮는 것처럼 검은 구름이 그나마 얼마 남지 않은 이스라엘을 향하여 다가 오고 있었습니다.

아말렉 사람 하만

아하수에로 왕의 왕비 와스디가 폐위되고 새로운 왕비로 에스더가 간택된 지 4년 후에 하만이 정치권의 실세로 등장하게 됩니다. 권세의 속성이 그렇듯 그것을 쥔 자는 교만하고 방자해지는 법입니다. 특히 정치 자금줄을 쥐고 있는 권세자는 하나님의 권능에까지 맞섭니다. 하만은 세상에서 자기가 가장 으뜸인 양하여 자기보다 낮은 대신들에게 신적인 경배를 강요했습니다. 그러나 모르드개는 결코 그에게 무릎을 꿇지 않습니다. 에스더 3장 5~6절을 보겠습니다.

"하만이 모르드개가 꿇지도 아니하고 절하지도 아니함을 보고 심히 노하더니 저희가 모르드개의 민족을 하만에게 고한 고로 하만이 모르드개만 죽이는 것이 경하다 하고 아하수에로의 온 나라에 있는 유다인 곧 모르드개의 민족을 다 멸하고자 하더라."

하만은 모르드개를 정적으로 삼고 왕께 거짓 상소를 합니다. 왕은 잘 생각해 보지도 않은 채 하만의 뇌물을 받고 조서를 내리고, 모르드개는 말 그대로 풍전등화의 위기에 처한 것입니다.

어찌하여 이런 일이 일어났습니까? 왜 이런 위험이 이스라엘에게 또다시 닥친다는 말입니까? 왕의 조서는 전국에 반포되고, 한 번 내려진 왕의 명령을 되돌릴 수는 없는 일이었으니, 하룻밤 사이의 일을 알 수 없을 만큼 위기가 온 천지를 술렁거리게 만들었습니다.

아말렉 사람 하만 앞에 무릎을 꿇으면 될 터인데 왜 모르드개는 무릎을 꿇지 않았을까요? 잠시 머리 숙이고 조금 양보하면 민족을 살릴 수도 있지 않았을까요? 모르드개는 개인적인 감정 때문에, 혹은 정치적인 야심 때문에 타협하지 않았을까요? 그렇지 않습니다. 결코 그렇지 않습니다. 성경은 오히려 모르드개의 행동이 옳았다고 이야기하고 있습니다. 그 이유는 무엇입니까?

첫째, 하만은 아말렉 사람이었기 때문입니다.

둘째, 그는 하나님의 영광을 도적질하려고 했기 때문입니다.

셋째, 하만의 교만은 궁극적으로 이스라엘의 미래를 위협하여 비록 지금 타협한다 할지라도 언젠가는 이스라엘 백성을 괴롭힐 것이기 때문입니다. 하만은 그의 야욕을 위하여 왕에게 뇌물을 바쳐서라도 그 욕심을 채울 사람이기 때문입니다.

사랑하는 성도 여러분, 하만이 아말렉 사람임을 기억해야 합니다. 에스더 3장 1절에 보면 하만을 "아각 사람 함므다다의 아들 하만"이라고 기록하고 있는데, 아각은 아말렉 족속의 왕이었습니다. 아말렉은 에서의 후손으로서 이스라엘의 영원한 원수입니다(출 17:14~16). 구속 사업의 영원한 원수, 육신의 법을 따라 태어난 자들입니다. 그들은 출애굽하는 이스라엘 백성들에게 싸움을 걸어왔던 영원한 대적입니다. 곧 우리 육신의 소욕을 따라 유혹하는 사단의 세력을 상징합니다.

성경은 이 육신의 소욕을 대적하라고 이야기합니다. 의의 원수요, 바른 길을 굽게 하는 율법의 노예들입니다. 복음을 막는 거짓 진리입니다. 성경이 결코 이들과 타협하지 말라고 경고하는 이유가 그것입니다. 우리가 항상 고난을 겪고 곤란을 당하는 것도 결국 바로 이 원수 때문입니다. 타협을 하면 우리를 살려 줄 것 같지만 물 귀신처럼 한번 우리가 타협하면 끝까지 물고 늘어지는 못된 습성을 지닌 악의 세력들입니다.

군사로 나선 이스라엘

사랑하는 하나님의 군사이신 여러분!
오늘 여러분의 삶 속에 이런 싸움이 있습니까? 여러분의 마음 속에 이런 갈등과 고민이 있습니까? 하나님의 법과 육신의 법이 벌이는 싸움이 있습니까? 십일조를 내야 하는데 그것을 못하게 하는 핑계가 있습니까? 기도를 하려고 하는데 무릎을 꿇지 못하게 나를 못살게 굽니까?

하나님 앞에 정한 대로 예배드리고 사명자로서 복음을 전하려고 하는데 방해하는 세력이 있어 늘 넘어집니까? 그것이 여러분 속에 있다면 여러분은 지금 영적인 전투 상태에 있는 군인입니다. 그 싸움은 혈과 육의 싸움이 아니요 공중의 권세 잡은 자와 악한 영들에 대한 싸움, 즉 영적 전쟁, 능력의 대결인 것입니다.

할렐루야! 하나님이 우리에게 이 싸움을 하라고 명령하셨습니다. 우리도 주의 군사가 되도록 뽑아 주셨습니다. 군사로 모집해 주셨으니 우리가 누구의 편입니까? 그렇습니다. 우리는 하나님의 편, 십자가 군기를 높이 든 주님의 군대입니다. 이 싸움을 명예롭게 받아들이는 성도 되시기를 진심으로 축원합니다. 이것은 위기가 아니라 축복입니다. 믿으십니까?

우리는 싸움을 이기기 위해 사단의 움직임과 그의 속성을 알아야 합니다. 사단이 노리는 것은 우리의 약점입니다. 결코 적에게 나약함을 보여서는 안 됩니다.

오늘 이 전쟁이 어떻게 끝납니까? 하나님이 이 전쟁을 어떻게 승리로 이끌어 내십니까? 만군의 주, 모든 왕 위에 뛰어나시고 모든 지혜에 뛰어나신 하나님이 어떻게 이 전쟁을 통하여 사단의 세력을 멸하시고 완전 결박하십니까? 어떻게 그의 백성을 구원해 내시는지 가만히 서서 여호와의 구원을 보시기 바랍니다.

하나님은 비록 수천킬로미터나 떨어진 곳으로 그의 백성이 포로되어 갔다 할지라도 다시 살리시고 회복하시는 전능하신 분이십니다. 그러나 하나님은 이 기적과 승리를 위하여 몇 가지를 준비하십니다.

첫째, 사명자를 세우십니다. 무엇보다 하나님은 믿음 있는 일꾼과 함께 일하십니다. 그래서 일꾼부터 세우시는 것입니다. 그 사람은 전적인 믿음과 헌신, 순종의 사람입니다. 하나님은 사명자를 통하여 다른 사람까지도 살려내십니다. 기드온을 부르실 때도, 이사야를 부르실 때도 탄식처럼 그렇게 부르셨습니다.

"……내가 누구를 보내며 누가 우리를 위하여 갈꼬"(사 6:8).

그때에 이사야 선지자는 무엇이라고 대답했습니까?

"내가 가로되 내가 여기 있나이다 나를 보내소서"(사 6:8).

오늘 본문에서도 하나님은 이 대답을 할 수 있는 두 사람을 먼저 세우셨습니다. 그들이 누구입니까? 모르드개와 에스더입니다.

사랑하는 성도들이여! 오늘 우리 민족의 영적인 가난은 모르드개와 에스더 같은 사람이 없다는 것입니다. 신한국 건설이 어려운 것은 거창한 구호가 없어서가 아니고, 사명자가 없기 때문인 줄 알아야 합니다. 오늘 우리 교회의 권능 회복과 부흥은 "내가 여기 있나이다. 나를 보내소서"라고 대답하는 사람이 있어야 해결될 것입니다.

그러므로 여러분, 오늘 모르드개와 에스더의 구국적 기도와 금식을 사람들 앞에 선포하시기 바랍니다. 여러분의 결단과 헌신을 하나님 앞에 내놓으시기 바랍니다. 그리고 절대 다른 사람을 쳐다보지 마십시오. 옆사람이 무엇을 하든 간에 여러분만 마음의 결단을 내리시면 됩니다. 왜냐하면 하나님은 여러분을 향하여 묻고 계시기 때문입니다.

성도들은 아멘할 수 있어야 합니다. 만약 이 대답을 할 수 없다면 여러분은 한켠으로 물러나셔야 합니다. 대답하고 있는 다른 사명자들을 위하여 여러분은 세례 요한처럼 그는 흥하여야 하고 나는 쇠하여야 하리라 하고 자리를 양보할 수 있어야 합니다.

그렇습니다. 하나님은 바로 여러분을 찾고 계십니다.

둘째, 성령의 큰 능력을 주십니다. 하나님의 구원이 어디 사람의 능력으로 됩니까? 믿음과 큰 확신과 능력이 어디에서 옵니까? 그것은 성령으로 됩니다. 선물로만 됩니다. 은혜로만 되는 것입니다.

모세가 좋은 예입니다. 그는 80세의 나이로 자신의 무능력함을 알고 있었습니다. 하지만 그의 무능력을 하나님 앞에 고백했을 때 그는 하늘과 땅의 권세를 얻을 수 있었습니다. 여호수아 역시 그것을 체험할 수 있었습니다.

여러분, 일어나기만 하면 됩니다! 이 싸움은 하나님의 대리전쟁입니다. 하나님이 이 전쟁을 책임 지시기 때문에 성령의 권능을 쏟아 부어 주시는 것입니다. 이때 우리가 해야 할 일이 있다면 기도하는 것입니다. 하나님을 구하는 것입니다.

첫째, 그들은 금식했습니다(에 4:16).

둘째, 그들은 간절히 기도했습니다(에 4:8).

셋째, 그들은 분명하고 구체적으로 기도했습니다(에 4:8, 14).

우리의 기도가 이러해야 합니다. 사업을 위하여 기도하십니까? 하나님을 알고 나 자신을 알고 사람들이 알도록 기도하십시오. 기도했는지 안 했는지 모르는 기도는 헛된 것입니다. 가정을 위해 기도하십니까? 간절히 기도하십시오 얼렁뚱땅 기도해서는 안 됩니다. 건강을 위해 기도하십니까? 그러면 구체적으로 분명하게 기도하시고, 기도 응답 되면 주님께 헌신하겠다고, 복음을 위하여 남은 일생을 살겠다고 분명히 약속하십시오. 꼭 응답이 올 것입니다.

저도 우리 성도들을 위해 체력에 한계가 올 때까지 기도했던 적이 한두 번이 아닙니다. 애끊는 기도, 간절한 기도, 희생적인 기도, 그것이 제게 맡겨진 성도들을 사랑하는 방법이라고 믿었기 때문에 오직 한 방향으로만 나왔습니다.

죽으면 죽으리라

세상에서 가장 무서운 사람이 누구입니까? "죽으면 죽으리이다" 하고 싸우는 사람입니다. 아무도 그 사람을 당할 자가 없습니다. 성령이 임하시면 용기가 생깁니다. 담대함이 있습니다. 적과 정면 대결할 수 있습니다. 모르드개와 에스더의 믿음에 찬 기도는 하나님을 감동시키고 하나님의 마음을 움직였습니다.

성도들이여! 저는 여러분에게 문제를 가지고 기도할 때에 언제나 영적인 전투 속에 있음을 깨닫고 정면 대결하시기를 축원합니다. 나 혼자 살겠다고 꽁무니를 빼면 망합니다. 불 속에서 구원을 얻은 롯같이 부끄러운 구원을 얻게 될 것입니다. 이스라엘은 다른 이를 통하여 구원을 받겠지만 여러분은 구원의 값을 치르지 못하고 죽는 사람이 될 것입니다.

"죽으면 죽으리이다" (에 4:16).

이 일사각오의 정신으로 일어서서 의연히 싸우십시오. 주께서 도우실 것입니다. 우리를 외면하지 않으실 것입니다. 처음부터 타협하지 마십시오. 우리는 복음의 전신갑주를 입었기 때문에 적이 아무리 화살을 쏘아대도 영생이 취소되지 않습니다. 싸우면 살 것입니다. 그러나 살려고 타협하면 실패할 것입니다.

하나님은 결국 모르드개가 달려 죽을 그 장대에 원수 하만이 달려 죽게 만드셨습니다. 그렇습니다. 하나님은 섭리의 하나님이십니다. 우리가 믿음으로 의연하게 싸울 때에 기적 같은 방법으로, 우리의 이성으로는 도저히 상상조차 할 수 없는 역사를 만드십니다.

우리가 비록 수천리나 떨어진 곳에 있을지라도, 아니 땅 끝에 있을지라도 우리를 다시 불러 세우십니다. 십자가가 그것을 증명합니다. 성육신이 그것을 증명합니다. 하나님은 결코 포기하지 않으십니다. 믿음의 사람만 있으면 얼마든지 역사를 바꾸십니다. 저는 오늘 이런 성도를 하나님 앞에서 보고 싶습니다.

사랑하는 성도 여러분, 오늘 우리 모두 "죽으면 죽으리이다" 하고 기도합시다. 그리하여 하나님의 소명을 확인합시다. "주여, 내가 여기 있나이다" 하고 일어서시기를 진심으로 기원합니다.

22. 오직 기도뿐이라

시편 108편 1~13절

하나님이여 내 마음을 정하였사오니 내가 노래하며 내 심령으로 찬양하리로다
비파야, 수금아, 깰지어다 내가 새벽을 깨우리로다
여호와여 내가 만민 중에서 주께 감사하고 열방 중에서 주를 찬양하오리니
대저 주의 인자하심이 하늘 위에 광대하시며 주의 진실은 궁창에 미치나이다
하나님이여 주는 하늘 위에 높이 들리시며 주의 영광이 온 세계 위에 높으시기를 원하나이다
주의 사랑하는 자를 건지시기 위하여 우리에게 응답하사 오른손으로 구원하소서
하나님이 그 거룩하심으로 말씀하시되 내가 뛰놀리라 내가 세겜을 나누며 숙곳 골짜기를 척량하리라
길르앗이 내 것이요 므낫세도 내 것이며 에브라임은 내 머리의 보호자요 유다는 나의 홀이며
모압은 내 목욕통이라 에돔에는 내 신을 던질지며 블레셋 위에서 내가 외치리라 하셨도다
누가 나를 이끌어 견고한 성에 들이며 누가 나를 에돔에 인도할꼬
하나님이여 주께서 우리를 버리지 아니하셨나이까
하나님이여 주께서 우리 군대와 함께 나아가지 아니하시나이다
우리를 도와 대적을 치게 하소서 사람의 구원은 헛됨이니이다
우리가 하나님을 의지하고 용감히 행하리니 저는 우리의 대적을 밟으실 자이심이로다

기도하지 않을 수 없는 세상

입시철만 되면 텔레비전이며 신문이며 빠지지 않고 등장하는

장면이 있습니다. 수험장 철문을 붙잡고 눈을 감은 채 기도하는 어머니들의 모습입니다. 어떤 어머니는 염주를 들고, 또 어떤 이는 묵주를 들고, 또 어떤 이는 십자가 목걸이를 손에 쥐고 애타게 기도하는 모습이 보는 이로 하여금 숙연함마저 느끼게 합니다. 경거망동하던 세상도 그 때만은 잠시 경건해지는 듯합니다.

누가 그 심정을 알겠습니까? 바짝바짝 긴장되어 오는 그 마음을 헤아릴 수 있는 사람은 오직 옆에서 시험 치는 자녀를 들여보내 놓고 매시간 가슴 졸이는 같은 입장에 있는 학부모, 옆에 서 있는 그 학부모뿐일 것입니다. 그 누구라도 그 숨막히는 상황에서는 기도할 수밖에 없을 것입니다.

그래서 많은 믿음의 선배들이 충고하기를 "배를 탈 때는 한 번 기도하고, 전쟁터에 나갈 때에는 두 번 기도하며, 결혼할 때는 세 번 기도해야 한다"고 했는가 봅니다.

그렇습니다. 이 세상은 기도하지 않고, 전능자의 도움을 의지하지 않고는 단 하루도 마음 편하게 살아갈 수가 없습니다. 그 어떤 권력자도, 재벌도 순간순간 예측할 수 없는 위험 속에서 기도밖에는 도리가 없다는 것을 압니다.

무신론자인 한 살인자가 사형을 언도받고 집행을 기다리다가 드디어 사형장으로 가고 있었습니다. 간수들에 의해 양손이 잡힌 채 형장으로 가다가 그만 발을 헛디뎌 뒤로 넘어지고 말았습니다. 손발이 부자유스러운 상태에서 뒤로 넘어진 사형수는 머리가 심하게 깨져 피가 흐릅니다. 흐르는 피를 보는 순간 그는 이렇게 중얼거립니다.

"하나님, 감사합니다. 죽는 줄 알았습니다."

우습지요! 인간이 아무리 지적·의지적으로 신을 부정하고 하나님이 없다고 하여도 궁극적으로 영적으로는 신을 찾고 하나님을 부를 수밖에 없다는 것입니다.

이 땅에 전쟁이 없다고 위험이 사라졌습니까? 이 세상에 석기시대만큼 천재지변이 없다고 인생의 모든 고난이 끝났습니까? 그렇지 않습니다.

지난 한 해 교통사고와 사고로 죽은 사람의 숫자는 6·25전쟁 당시 한 해 동안 전사한 군인의 숫자보다 더 많다는 통계입니다. 어떤 이는 위험을 피하여 차를 빌딩 옆 공터에 세워 두었는데, 주차를 막 끝내고 내리는 순간 공사 중이던 옥상 위에서 콘크리트 벽이 무너져 압사하고 말았습니다. 사고입니다.

어디 그뿐입니까? 고속버스를 타면 위험하다고 기차로 여행을 하던 사람들은 철길이 부너져 내리는 바람에 90여 명이 사망하고, 120여 명이 중경상을 입었습니다. 그러니 어찌 위험과 재난이 과학과 이성의 힘으로 물러갔다 하겠습니까?

그래서 성경은 "하나님께서 인생의 길에 고난과 축복을 동시에 놓으셨다"고 말씀하는 것입니다. 사람들이 여호와의 섭리하심에 따라 고난에 들어가기도 하고 축복에 들어가기도 한다는 것입니다. 그러나 고난이 인생의 길에 더 많은 것은 시편 107편 19절에 있는 대로 "이에 저희가 그 근심 중에서 여호와께 부르짖으매 그 고통에서 구원"하시기 위함입니다.

그렇습니다. 이 세상은 결국 우리로 하여금 여호와께 부르짖게 하는 것입니다. 그렇다면 부르짖어야 할 것입니다.

하나님께만 부르짖자

오늘 우리가 읽은 시편 108편의 시인은 다윗입니다. 군사를 이끌고 전쟁터로 다녀야 하는 장군입니다. 전선에서 천막을 치고 그 속에서 자고, 또 그 속에서 새벽을 맞이하는 살벌한 삶을 사는 군인의 노래입니다. 아래로는 블레셋과, 위로는 길르앗과, 옆으로는 모압의 군대들과 싸워야 하고, 또 국내적으로는 자신의 장인이 기도 한 사울 왕과 싸워야 하는, 언제나 진퇴양난의 위기 속에서 살아야 하는 그였습니다. 그는 도대체 누구와 상의하고 누구와 의논해야 합니까? 누굴 의지해야 옳겠습니까?

어느 교회 안내판에 다음과 같은 메시지가 실려 있었습니다. "무릎이 떨릴 때는 무릎을 꿇으십시오." 참 좋은 충고입니다.

이 시의 저자 다윗이 무릎이 떨릴 때가 한두 번이었겠습니까? 또 여러분은 어떻습니까? 여러분의 무릎이 떨릴 때는 없었습니까?

경제 전쟁입니다. 입시 지옥입니다. 생존경쟁이 치열합니다. 자칫 목숨을 빼앗길 수 있는 상황들입니다. 왜 무릎이 떨리지 않겠습니까? 어찌 우리의 가슴이 떨리지 않으며 손이 떨리지 않겠습니까? 여러분, 다윗을 기억합시다. 그가 무릎 떨릴 때마다 무릎 꿇고 하나님을 찾고 찾으며 하나님의 얼굴을 구하고 구하였던 것을 기억합시다.

첫째, 기도의 대상을 정확하게 불러야 합니다
1절과 3절에서 다윗은 기도의 대상을 바로 정했습니다.
"하나님이여!"

"여호와여!"

그리고 그는 그분을 무엇보다 먼저 높이 찬양했습니다.

"여호와여 내가 만민 중에서 주께 감사하고 열방 중에서 주를 찬양하오리니."

다윗은 결코 인생의 도움을 쳐다보지 않겠다고 했습니다. 12절입니다. "우리를 도와 대적을 치게 하소서 사람의 구원은 헛됨이니이다."

기도에 있어 제일 중요한 것, 절대로 잘못 해서는 안 될 것, 그것은 입구를 제대로 찾아 들어가는 것입니다. 고속도로 입구에는 이정표가 붙어 있습니다. 운전하는 분이라면 한두 번은 이정표를 잘못 보아서 고속도로로 진입할 것을 다시 시내로 되돌아오는 경험을 해보셨을 것입니다.

그렇습니다. 아무리 무릎이 떨리는 상황을 만났다고 해도 기도를 들으시는 하나님 여호와를 찾지 않는다면 결코 그분의 도우심을 얻을 수 없습니다.

둘째, 전심으로 찾아야 합니다

그렇습니다. 성도 여러분, 우리가 주를 만나서 그분의 도우심을 얻으려 한다면 1절에서 보는 대로, 내 마음을 정해야 합니다. 내 심령으로 기도해야 합니다. 전심으로 해야 합니다.

그래서 2절에서 밝히고 있는 대로 "비파야, 수금아, 깰지어다 내가 새벽을 깨우리로다"라고 선언해야 합니다.

기도한 뒤에 용감하게 움직여야 합니다

제가 상록수명륜교회를 담임하면서 지역(구역)장들을 중심으로 한 목회를 결심했을 때 가장 중요한 것이 끊임없이 성장하고 변화하는 저의 셀프 리더십이었습니다. 돌이켜 보면 만사가 셀프 리더십에 달려 있습니다. 나라의 흥망성쇠도, 교회의 부흥 여부도 지도자에 달려 있지 않습니까? 성장하는 목회자가 있는 교회는 성장할 수 있습니다.

성장형 지도자는 소명과 은사와 훈련에 대한 절대 확신을 가져야 합니다. 교회 성장형 목회자는 자신을 창조적으로 개발하기 위한 원리를 명심합니다. 그리고 무엇보다 매일 초 단위로 영적인 전쟁을 치러야만 하는 담임 목회자는 영적 생명으로 충만해야 합니다. 호흡으로서의 생명(Psyche), 활동으로서의 생명(바이오스〈Bios〉)보다 더 차원 높은 관계로서의 생명(Zoe)으로 무장되어야 남을 살릴 수 있습니다.

무엇보다 하나님과의 관계를 확실히 해야 합니다. 말씀과 기도, 경건과 순종, 사랑과 믿음으로 늘 영적으로 깨어 있어야 죽어 가는 사람들을 살릴 수 있습니다. 부정적인 반응, 즉 리액션(reaction)보다 창조적인 반응, 즉 프로액션(proaction)을 하도록 노력해야 합니다.

그러고 보니 저의 성장기 에피소드가 생각납니다. 이전의 책에서도 언급했지만 다시 한 번 말씀드리려고 합니다.

충주 탄금대에 가면 권태응 시인의 "감자 꽃" 시비(詩碑)가 있습니다. 권태응 시인은 아동 문학가였는데, 일제의 창씨개명을 반대해서 "감자 꽃"이라는 시를 썼다고 합니다.

> 자주 꽃 핀 건 자주 감자
> 파 보나 마나 자주 감자
> 하얀 꽃 핀 건 하얀 감자
> 파 보나 마나 하얀 감자

이 시의 요지는 단지 이름을 바꾼다고 해서 한국 사람이 일본 사람이 될 수 없다는 뜻입니다. 저는 그간 너무나 힘들고 어려워 방황 아닌 방황을 할 때가 너무 많았습니다. 그럴 때는 홀로 탄금대를 찾아가 서러운 눈물을 삼켰습니다.

탄금대는 조선시대 임진왜란 때 육군의 선봉장이던 신립 장군이 배수진을 치고 일본군을 맞아 싸우다 장렬히 전사한 곳입니다.

그곳을 홀로 찾은 까닭은 "감자꽃"이라는 권태응 시인의 시가 저를 돌아보게 만들었기 때문입니다. 당시 사춘기였던 제가 하고 싶어도 할 수 없는 학업을 한탄하며, 가난을 원망하고, 운명을 벗어나지 못할 것 같은 공포감을 이기며 혼자 씨름하던 곳입니다. 마치 야곱이 얍복 강가에서 통곡하였듯이 제가 속으로 날마다 가서 통곡하던 곳입니다.

지금도 목회가 힘들거나 지치고 초심을 잃을 때면 고향을 찾곤 합니다. '내가 이렇게 가난하게 살다가 평생 아무것도 할 수 없지 않을까? 과연 하나님이 약속대로 나를 크게 들어서 쓰실까?' 하는 절망과 희망이 교차하던 곳이었기 때문입니다. 그 때마다 저는 그 시비(詩碑) 앞에 가서 하나님 앞에 기도하며 이렇게 다짐했습니다.

'그래, 내 인생에 좋은 감자를 심자. 그럼 꼭 좋은 감자가 맺힐 거야.' 저는 무엇이든 심은 대로 거두리라는 성경 말씀을 되뇌이면서 삶에 대한 의욕을 새롭게 불태우곤 했습니다.

사랑하는 성도 여러분, 지난밤에 새벽이 오도록 기도하셨습니까? 전심으로 주를 찾고 부르며 찬양하고 의지하셨습니까? 그러면 아침에 일어나 싸움터로 나가 보십시오. 주께서 희한한 능력으로 길을 열어 놓으셨을 것입니다. 하나님은 결코 묵묵부답하시는 신(神)이 아니십니다. 문제가 물러가게 하실 것입니다. 사람들이 몰려오게 하실 것입니다. 내 마음을 심히 고통스럽게 하던 것, 무릎 떨리게 하던 일이 물러갈 것입니다. 아침이 되어 불안과 근심이 다시금 여러분을 번민케 하기 전에, 무기력과 낙심으로 여러분을 주저 앉게 하기 전에 용기 있게 나아가십시오.

도대체 다윗은 어떻게 하였기에 승리할 수 있었습니까?

다윗은 하나님이 그의 군대와 함께, 그와 함께 나아가심을 믿었습니다(11절).

하나님이 도우셔서 대적을 물리칠 것을 믿었습니다(12절).

그리하여 하나님을 의지하고 용감히 행하였습니다(13절).

하나님은 사랑하는 백성들을 괴롭히는 모든 대적과 싸우십니다. 할렐루야! 그분은 우리의 대적을 완전히 밟으실 것입니다. 그러나 우리가 용감히 행하지 않는다면 결코 이런 기적은 일어나지 않을 것입니다.

우리에게 용기가 있다면, 하나님이 함께하신다는 확신이 있다면 싸움은 이미 이긴 것입니다. 적이 아무리 크다 해도, 적이 아무리 많다고 하여도 우리가 용감히 행한다면 문제는 이미 해결된 것입니다.

무릎이 떨리는 이유는 두려움과 근심 때문입니다. 하지만 무릎을 꿇는 이유는 무엇입니까? 하나님이 주시는 용기를 얻기 위해서입니다. 용기가 생기십니까? 용감하게 일어서십시오. 주께서 우리와 함께 싸우실 것입니다.

우리는 기도할 수밖에 없는 세상에 살고 있습니다. 세상의 구조가 아무리 강한 인생이라도 기도할 수밖에 없게 합니다. 그래서 노래한 것입니다. 그 고난 속에서 하나님을 찾게 만들고 하나님을 체험케 만들기 때문입니다.

참으로 무릎 떨리는 일을 만나셨습니까? 세상이 점점 우리를 나약하고 무기력하게 만든다고 생각하십니까? 이대로는 도저히 인생에서 승리할 수 없겠다고 생각되십니까?

어떤 목사님을 만났더니 자신은 달동네에서 살았는데 가끔 삶이 나태해지거나 사명감이 시들해질 때면 옛날 살던 곳에 가본답니다. 지금은 재개발에 들어가서 헐리고 흔적도 찾아볼 수 없는 곳도 많지만 그곳에만 가면 어려웠던 시절이 떠오르면서 '내가 이만큼 사는 것도, 이만큼 사역을 하는 것도 다 하나님의 은혜지' 하면서 자신을 추스르게 된다고 합니다.

어떤 목사님은 꼭 신학교를 1년에 한두 번쯤 들른다고 말씀하셨습니다. 가난한 신학생 시절 결심하고 기도하고 밥을 굶으면서도 다녔던 신학교 교정에 들어서면 '아골 골짝 빈 들에라도 보내주시기만 하면 주를 위해 헌신하리라' 고 다짐했던 때가 떠올라 활력이 솟는다고 합니다.

그러고 보면 하나님도 이스라엘 백성에게 하나님의 구원의 기적이 있고 난 뒤면 꼭 돌을 쌓든지 단을 쌓으라고 하셨습니다. 그리고 그것을 기념하라고 하셨습니다. 기념이 무엇입니까? 영어로 메모리얼, 즉 기억을 반추하라는 것입니다. 저는 이러한 기억의 반추가 얍복 강가라고 생각합니다. 저의 얍복 강은 탄금대였습니다. 셀프 리더십의 요체는 이와 같이 자신의 위치를 재확인하고 사명을 새롭게 함으로 목적 의식이 분명해지는 것으로부터 시작되어야 합니다.

여러분의 얍복 강은 어디입니까? 여러분의 탄금대는 어디입니까? 목회가 시들하고 삶에 지쳐 있다면 다시금 그곳으로 가서, 하나님을 처음 만나고 감격하고 뜨거웠던 그곳으로 돌아가서 기억을 새롭게 하시기 바랍니다.

기도해야 합니다. 그러나 기도는 정확한 대상을 알고 구해야 하는데, 기도를 들어주실 하나님은 오직 인자와 긍휼에 풍성하신 여호와 하나님뿐임을 알아야 합니다. 내가 비록 죄인이라도, 자격 미달이라 하더라도 그분은 자신을 찾는 자를 결코 멸시치 않으십니다. 오히려 그분은 자기 아들을 아끼지 아니하시고 내어 주신 분이십니다. 그런 분이 어찌 모든 것을 우리에게 은사로, 선물로 주지 않으시겠습니까?

기도할 수 있도록 의지할 이름을 주셨는데, 그분은 예수 그리스도이십니다. 그 이름의 뜻은 임마누엘이요, 그 이름은 '여호와는 나의 구원이시다' 라는 뜻입니다. 예수님을 보내 주신 여호와 아버지를 향하여 기도합시다.

그리고 전심으로, 온 맘으로 새벽이 올 때까지 기도합시다. 하나님을 깨우는 심정으로, 그분의 마음이 움직일 때까지 기도합시다. 그렇게 기도가 끝나면 아침 일찍 그 어떤 인생의 말들이 내 마음에 들어오기 전에 믿는 맘으로 용감히 행합시다. 이 용기 속에 우리의 대적은 물러가고 하나님을 체험하는 사건이 일어날 것입니다. 저는 여러분이 이러한 주님을 만나시기를 전심으로 기원합니다.

☐ 판권소유

에벤에셀의 하나님을 경험하라

2008년 8월 20일 인쇄
2008년 8월 25일 발행

지은이 | 이상철
발행인 | 이형규
발행처 | 쿰란출판사

주소 | 서울 종로구 이화동 184-3
TEL | 02-745-1007, 745-1301, 747-1212, 743-1300
영업부 | 02-747-1004, FAX / 02-745-8490
본사평생전화번호 | 0502-756-1004
홈페이지 | http://www.qumran.co.kr
E-mail | qumran@hitel.net
　　　　　qumran@paran.com
한글인터넷주소 | 쿰란, 쿰란출판사

등록 | 제1-670호(1988.2.27)

책임교열 | 박은아 · 오완

값 10,000원

ISBN 978-89-5922-597-2 93230

* 이 출판물은 저작권법에 의해 보호를 받는 저작물이므로 무단 복제할 수 없습니다.
  잘못된 책은 교환해 드립니다.